墨人著

本全集保留作者手批手稿

墨人博士作品全集【全60冊】

第十二冊 紅塵2

文史哲出版社印行

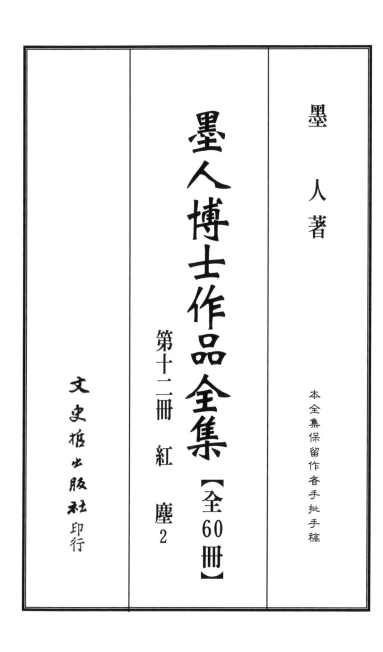

紅塵2目次

第二卷

第十一章 老夫人逗趣尋樂 外孫女發窘心驚

文珍一看見老太太，就摸在她懷裏半天說不出話來。

老太太拍拍她，笑著打趣：

「先前我還以為妳長大了呢！原來妳還是我的小乖乖呀！」

「外婆，妳又拿我開心？」文珍慢慢抬起頭來，雙手搖搖老太太。

「外婆老了，又沒有一個人肯和外婆談心，外婆不拿妳開心又拿誰開心呢？」老太太笑問。

「外婆，娘叫我來就是要我替她盡一份孝心，讓您高興高興。」

「看見了妳外婆就會高興，」老太太笑吟吟地說：「這一高興外婆就捨不得離開這個世界了。」

「外婆，您放心，您會長生不老的。」

「那我還得去神仙洞修仙了。」

「我也跟您去。」文珍說。

「妳花兒未開，果兒未結，妳怎麼可以去？」老太太笑著白她一眼。

「是呀！表小姐，聽說修仙的人，不能有七情六慾，這種事兒是很不容易辦到的。」香君說。

「跟著外婆一塊兒去，也許就能辦到的？」文珍說。

「不行，不行！」老太太笑著搖搖頭：「外婆要想成仙，就不能帶妳去。」

「外婆，那為什麼？」

「修仙念佛都要清心寡慾，我要是帶妳去，熱的我怕妳燙了，冷的我怕妳冰了，妳讓我牽腸掛肚，那我怎能清心？」老太太笑問。

「外婆，您修您的，別管我就是了。」

「仙人洞冬天冰天雪地，鳥兒都不見一隻，人影兒也沒有一個，不凍死也會餓死，妳以為像我們在家裏這麼舒服？茶來伸手，飯來張口，處處有梅影她們服侍。在仙人洞就沒有人管妳死活，我怎麼能不管妳？」

「老夫人，修仙既然這麼難，依我看，那您老人家就不必修了。」蝶仙笑著插嘴。

「本來我是不想修的，我孝順的外孫女兒要我長生不老，我才臨時起了這個念頭。」

「外婆，我真沒有想到，修仙還有那麼多困難？」文珍不禁失笑。

「如果不難，那不人人都成神仙了？」老太太望著文珍一笑：「妳以為修仙像妳們辦家家酒？」

「其實，我們這兒就是神仙府，人人都是活神仙，何必去神仙洞自討苦吃呢？」香君說。

「我們這兒比神仙府還要舒服得多，可是我們都是些凡人，就是成不了神仙！」老太太說。

「既然不能兩門抱，我們就做這樣的凡人不也很好？」蝶仙說。

「凡人再好，可就是難免一死。」梅影說。「連皇帝老子也不能例外。」

「那像老夫人這樣，在家裏念念佛不也很好？」蝶仙說。

「念佛也不能不死。」老太太說。

「死了是不是能去極樂世界？」蝶仙問。

「那可不一定？」老太太搖搖頭：「說不定還會墮入畜生道，打入阿鼻地獄？」

「照這樣說來，您老人家不知道念了幾輩子的佛了？」

「我也不知道，」老太太淡然笑道：「說不定前生是個好尼姑也說不定？」

「老夫人這樣天天念下去，那下一輩子一定可以投一個更好的胎，當上皇后了。」

「人要知足，我倒不想當皇后，下一輩子有這一輩子這個樣兒我也就很滿足了。」

「說來說去，那還是成仙最有意思。」蝶仙說。

「怎麼成仙最有意思？」梅影問蝶仙。

「神仙可以不死，不食人間煙火，永遠活下去，古往今來，那要看多少世界呀？妳說還有什麼比神仙更有意思？」

「可是神仙也有不願意看見的事兒。」老太太說。

「什麼事兒?」大家同聲發問。

「比方說:兩國相爭,人與人殺來殺去啦,你搶我奪啦,你害我我害你啦,你整我我整你啦,你嫉妒我我嫉妒妳啦……」

「嘿!老夫人,不但神仙不願意看這些事兒,我也不願意看啦!」蝶仙搶著說。

「妳別這麼猴急,」老太太笑著白蝶仙一眼:「我的話還沒有說完呢!」

「老夫人,您老人家一個人說了一籮筐,還有話說?」蝶仙笑著抗議。

「婆婆經本來就唸不完,」老太太自我嘲笑:「只是還有一樣事兒我不能不說?」

「那是什麼稀奇古怪的事兒呢?」蝶仙睜大眼睛問。

「桃花臉上汪汪淚……」老太太一個字兒一個字兒地吟了起來。

蝶仙、香君她們都噗嗤一聲笑了起來,笑得花枝震顫。文珍卻把頭埋進老太太懷裏。老太太輕輕推開她,看了一眼,又笑對天行說:

「你給我看看,這兒有誰流過貓尿?」

「婆婆,這兒沒有貓,那有貓尿?」天行故意裝傻。

「好,你的胳膊往外彎,我白疼你了。」老太太笑罵。

「婆婆,您手掌是肉,手背也是肉,說什麼裏外?」天行望著老太太笑道。

「二少爺說的不錯,老夫人本來就沒有分什麼裏外。」站在老太太身後的梅影笑著接口。

文珍先聽見天行那樣說，心中已暗自高興，她這才知道天行不是不解人意，而且有心維護她，只是她不明白老太太和蝶仙她們怎麼會知道她抄的那首詩？究竟是誰給老太太看的？她正自狐疑時，又聽見梅影這樣說，心裏更加安慰，不過她還是故意撒嬌地說：

「梅影姐，妳雖然是這麼說，可是誰也不知道外婆心裏在怎麼想？」

「我的乖外孫女兒，妳看我在怎麼想？」老太太指著自己的心口，笑著反問文珍。

「外婆，俗話說：『人不可貌相，海水不可斗量。』您過的橋比我走的路還多，我怎會知道您在怎麼想？」文珍也故意裝佯。

「妳是真不知道？還是假不知道？」老太太又笑著反問文珍。

「當然真不知道。」

「妳既然真不知道，那我就索性糊塗下去好了。」老太太望著她笑，梅影、蝶仙都好笑，香君卻忍不住說：

「表小姐，老夫人一點兒也不糊塗，不然怎麼會叫二少爺去接妳呢？」

文珍看著老太太，又望了天行一眼，老太太指著文珍笑說：

「當初我未嫁給妳外祖父前，也是為賦新詩強說愁，什麼『無那，無那，好個淒涼的我』啦；『桃花臉上汪汪淚，愁到更深枕上流』啦……」

老太太還未說完，大家都哄笑起來，文珍又羞又惱不停地跺腳。老太太卻拉著她笑說：

「其實當年我的眼淚流得比妳還多呢！」

「老夫人，您老人家流了多少？」蝶仙笑問。

「那時我還是金枝玉葉般的小姐，不像現在這麼老朽，一流就流了一缸，不止流在枕上。」

老太太的話使大家笑得前撞後仰，文珍也忍不住笑，邊笑邊揉老太太：

「外婆，您老人家也不害臊？」

「人老了，臉皮也厚了，妳都這麼大了，外婆還害什麼臊？」老太太看著文珍說：「難道妳要外婆返老還童不成？」

「外婆，您要是真的返老還童，那也很好。」

「妳要我陪妳說悄悄話是不是？」老太太瞄著她一笑。

文珍也嗤的一笑，老太太又說：

「其實，妳心裏有什麼話，不妨對外婆講，外婆雖然老了，還愛聽悄悄話呢！」

文珍紅著臉不作聲，老太太又問：

「妳這次回家，哥哥有沒有欺負妳？」

「那倒沒有，」文珍搖搖頭：「他和爹整天都難得和我打一次照面。」

「他們忙些什麼？」老太太問。

「我也不知道。」

「妳娘知不知道？」

「娘也未必知道。」

「現在時局這麼亂糟糟，他們父子兩人在外面搞些什麼鬼？妳娘怎能不聞不問？」

「爹像條泥鰍，娘怎麼抓得住？」

「他們父子兩人要是正正當當做生意，倒也罷了，要是參加了義和團，那就會出大紕漏。」

「婆婆，您放心，姑爹和表哥都不是參加義和團的人。」天行說。

「何以見得？」老太太望著天行說。

「參加義和團的人只是無知，但他們還有一股義憤。姑爹和表哥都是算盤打斷了橋的人，他們怎麼會做那種傻事？」天行說。

「你說的也有道理。」老太太點點頭，又問文珍：「妳看呢？」

「我看也不會。」文珍搖搖頭。

「那他們會不會和洋人攀上關係？」老太太又問。

「這就難說得很。」天行說。

「你這又何以見得？」

「姑爹精明得很，他不是普通小商人，他知道洋人勢力大，他要賺大錢，當然會和洋人攀關係。」

「他要是真的走洋人路線，那義和團會把他當二毛子，那就會若禍上身。」

蝶仙她們聽老太太這麼說，都不敢作聲，她們知道天行、卜天鵬遇到義和團追殺二毛子的事，王仁儒也說過義和團燒右安門教民房屋，燒順治門教堂，又殺了很多二毛子，連小孩子都不放過，連王仁儒都主張燒殺，那些無知的人就可以想見了。老太太看大家鴉雀無聲，便問文珍：

「妳說說看，妳爹到底有沒有和洋人攀上關係？」

文珍又怕又窘，她一直瞞著老太太，連天行面前也不敢說，心裏痛苦、矛盾極了。這次爹又警告她不准走漏半點消息，她該不該講出來？不講，心裏像塞著一塊石頭；講呢，又怕走漏消息，這是性命交關的大事。想來想去，真不知如何是好？老太太看她左右為難的樣兒，早已猜出八、九分，便責怪地說：

「妳這孩子，外婆面前還有什麼話兒不好說的？」

文珍又急又怕又有幾分內疚，頓時兩眼汪汪，終於忍不住倒在老太太懷裏哭泣起來。老太太拍拍她說：

「有話實說，不要老憋在心裏。」

文珍慢慢抬起頭來，用手絹擦擦眼淚說：

「表哥猜的不錯，爹不但和洋人攀上了關係，而且我們一家人都受了洗，信了教。」

大家都怔住了，老太太也半天說不出話來，過了一會，突然想起什麼似的說：

「難怪上次我過生日，他連佛堂都不進來！妳娘也太糊塗，這種大事為什麼也不先告訴我一聲？」

「是爹不讓娘說的，當時的情形也沒有這麼嚴重。」文珍說。

「你爹一個人信倒也罷了，為什麼要拖著一家人信。」

「爹是為了討好司徒威，好讓司徒威對他更有信心。」

「司徒威是什麼人？」

「是一個英國牧師的中國名字。」

「看來這洋人到是個老狐狸！」老太太冷笑一聲。

「司徒威有什麼法寶？」蝶仙問。

「他有個大洋行，又和他們的領事親近得很。」文珍說。

「這就對了！」老太太又一聲冷笑：「這就和他當年看上妳娘是一個樣子。」

「外婆，這件事兒可千萬不能聲張。」文珍耽心地說。

「這我知道，」老太太苦笑：「只怕紙包不住火。」

「外婆，爹很機警，他做事都是神不知鬼不覺的。」

「你們信教難道就沒有別人知道嗎？」

「我們是單獨受洗的。」

「你們不上教堂作禮拜？」

「司徒威也是單獨和我們講道的。」

「姑爹真有一套！」天行說。

「難道妳爹真的信教？」老太太歪著頭問。

「這很難說，」文珍有些遲疑：「我看他也是『醉翁之意不在酒』。」

「我看只有妳和妳娘兩人是傻瓜。」老太太憐愛地看看文珍。

「娘和我一樣的無奈。」

「幸好我把妳接了過來，不然我真耽心妳這條小命。」

「婆婆，可千萬不能給王老師知道。」天行說。

「對了，妳們要千萬小心！」老太太對蝶仙她們說：「今天的話不能出這個門，要是走漏了半點消息，唯妳們是問。」

「老夫人，您放心，我們大門不出，二門不邁，話不會長翅膀飛出去的。」蝶仙回答。

「我更耽心王進士來時，怕妳們說溜了嘴。」

「王進士向來把我們看作下人，不和我們講話的。」

「反正妳們記住就是，現在風聲緊，隨時都會出人命。」老太太再三叮嚀。

梅影知道老太太起先是為了使文珍高興，故意逗她，使大家都快樂了一陣，現在卻因為姑老爺信教的事弄得很不開心。梅影乘機勸老太太休息，老太太歎了一口氣說：

「真想不到！在這種鋒頭上，會發生這種事兒？」

梅影、蝶仙一左一右地扶老太太進房休息，文珍不好跟過去，香君、天行也沒有走動，這件事兒使天行感到有些意外，香君更是做夢也沒有想到文珍也會信洋教？

「都是我不好！外婆接我來了反而使她不開心。」文珍自責地說。

「這也不能怪妳，」天行安慰她：「不過誰也想不到姑爹會要一家人去信耶穌教。」

「表小姐，妳怎麼不早點兒告訴二少爺？」香君問。

「生米已經煮成熟飯，早告訴他也無益。」

「當初妳不受洗不行？」

「我是未出嫁的女兒，在家從父，我娘都拗我爹不過，我還能拗過他？」

「難道表少爺和姑老爺也一個鼻孔出氣？」

「我哥哥比我爹還熱心，他說受了洗就是半個洋人，將來好處多得很。」

「奇怪，表哥怎麼會有這種思想？」天行望著文珍說。

「他和洋人做了幾次生意，吃了不少甜頭，自然也長了不少見識。他覺得我們處處不如洋人，什麼都是外國的好，彷彿月亮也是外國的圓？」

「要說洋人個兒比我們高大，身體比我們強壯，我倒服氣；如果把洋人的狐騷臭，也說得比我們好，那真笑死人，這我就不服氣。」香君笑著接嘴：「外國的月亮我沒有看過，我就不敢亂說了。」

「洋槍大砲是比我們的好，洋人有很多地方也比我們強，這都是事實。但不能以為信了洋教，自己就是半個洋人，比自己的同胞就高一等，這倒未必。」天行說。

「是呀！怎麼說表少爺他還是黃皮膚、黑頭髮、黑眼睛。要是老夫人聽見他說這種話，不教訓他才怪！」香君說。

「要是王老師聽他說這種話，那真會賞他兩個耳光。」天行說。

「現在王進士可不同了，說不定他會要義和團殺了他！」香君說。

「所以我一直不敢講，」文珍皺眉苦臉地說：「我心裏實在悶得慌。」

「不講真會慜出病來，」香君說：「現在講出來了，反面好些。」

「香君，妳不知道，要是我爹和我哥哥知道了，我就變成了豬八戒照鏡子，兩面都不是人。」

「我倒替他們著心，萬一義和團找上了他們，把他們當二毛子辦……」

文珍聽了香君的話臉色突變，青一陣，白一陣，香君還未說完，天行就連忙堵住她：

「香君，不要再講了。」

香君看看文珍的臉色不對，連忙向她道歉：

「表小姐，請恕我心直口快。」

「香君，我不怪妳。」文珍又作苦笑：「要是義和團真的找上他們，那他們也只好認命。」

「希望這個劫不要來臨。」天行說。

這時天放突然闖了進來。他這一向很少在家，有時也到景德瓷莊和萬寶齋幫幫忙，但他坐不住。愛在外面東跑西跑，因此外面的事情他知道的比較多。一進門他看了文珍一眼就說：

「今天我也碰見義和團殺二毛子。」

「殺了沒有？」香君搶著問。

「當然殺了！」天放大聲說：「而且一下殺了五個。」

「阿彌陀佛！」香君嚇得雙手合十大聲念佛。

文珍嚇得臉色發白，身體發抖，天行連忙阻止他：

「哥哥，不要再說這些血腥的事了。」

「怕什麼？我們家裏又沒有二毛子！」天放毫無顧忌地說。

天行和香君都有口難言，文珍啞子吃黃連，苦在心裏，天放什麼也不知道，他還一個勁兒地說下去：

「今天我還去看了王老師。」

「你去看他幹什麼？」天行問。

「他是我們的老師，又是義和團的軍師，我怎麼不能看他？」天放反問。

「哥哥，現在時局亂得很，小心惹禍上身。」

「橫豎我都是個一品老百姓，有什麼禍好惹的？」

「話不是這麼說，城門失火，也會殃及池魚。」天行說。

「奇怪，怎麼你的膽子變得這麼小了？」天放上下打量他。

「大少爺，不是二少爺的膽子變小了，是二少爺看得多了。」香君插嘴。

「香君，妳和二少爺去了一趟廬山，怎麼口氣也不同了？」天放也上下打量她。

「大少爺，香君還是往日的香君，只是出了一趟門，膽子反而小了。」

「到底是女孩子！」天放望了香君一眼說：「一陣風都會吹倒的。」

「哥哥，你去找王老師到底有什麼事兒？」天行問。

「事兒是沒有什麼，既然他當了軍師，也算是走了老運，看看他有什麼錦囊妙計？」

「我總覺得王老師不是諸葛亮那種料。」天行說。

「何以見得？」天放問。

「正如柳老師說的，他除了會寫寫八股文章之外，上不通天文，下不通地理，人情世故方面也很有限，又歡喜意氣用事，這怎麼能當軍師。」

「可是王老師倒很自負。」

「這就是王老師沒有自知之明的地方。」

「他要我當他的助手，你看怎樣？」

「你答應了沒有？」天行連忙問。

「我答應考慮考慮。」

「哥哥，這種事兒不能考慮。」

「為什麼？」

「我們既不少吃，又不少穿，你還年輕得很，犯不著鑽狗洞。」

香君嗤的一笑，天放瞪了她一眼，然後對天行說：

「我不是為個人著想，我總覺得大毛子、二毛子是有點可惡，朝廷又沒有辦法，我們總不能袖手旁觀，也該出出力才是。」

文珍聽了天放的話十分尷尬，又不能作聲，香君緊緊靠著她，使她感到一陣溫暖。

「吊頸也要找大樹，義和團不是你賣命的地方。」

「照你這樣說，我們只好坐在黃鶴樓上看翻船了？」

「我並不是這個意思，不過我覺得這是一樁大事，我們不要輕舉妄動才好。」

天放望望文珍，問她：

「文珍，妳的意思呢？」

「大表哥，你教我怎麼說好？」文珍無可奈何地苦笑。

「算了，算了，你們是一個鼻孔出氣，算我白說。」天放搖搖頭逕自走開。

「要是大表哥知道我的情形，那該怎麼辦？」天放走後，文珍望著天行不知如何是好？

「這得和婆婆仔細商量一下，暫時也不能讓他知道。」天行說。

「家裏這麼多人，瞞得住張三，也瞞不住李四。再說，舅舅、舅媽，總不能瞞著他們？」

「妳先別急，我想婆婆會有萬全之計。」

「要是我會連累大家，我情願回去讓義和團把我這個假二毛子殺死。」文珍說著不禁飲泣起來。

「不要盡往壞處想。妳放心，有福我們共享，有禍我們同當。」天行說。

文珍睜著淚眼望著他，悽然一笑。香君搖搖她說：

「表小姐，有二少爺這兩句話兒妳就可以放心了。」

「難得他說這兩句話兒，縱然死了我也安心。」文珍擦擦眼淚笑道。

「別死呀活的，還沒有那麼嚴重。」天行安慰她。

「是呀，別說家裏還有卜師傅他們可以保護妳，王進士又是妳的老師，要是真的抖出來了，他總不能不念師生之情？」香君說。

「王老師是靠不住的，他迂得很，說不定還會來個『大義滅親』呢！」文珍說。

「義和團是烏合之眾，人多手雜，他認識誰？他又不是大師兄，誰又會聽他的？」天行說。

這時龍從雲忽然從外面回來，匆匆趕到佛堂來見老太太，老太太不在，他打發香君去請，他看見文珍，便問：

「妳是什麼時候來的？」

「剛來不久。」文珍回答。

「妳來得正好，」龍從雲說：「外面亂的很，妳要是沒來，我正打算派人去接呢！」

「多謝二舅。」文珍欠欠身子回答。

「天放在不在家？」龍從雲又問天行。

「哥哥也是剛回來。」天行回答。

「他成天往外跑，小心闖禍。」龍從雲臉色凝重地說。

過了一會，梅影、蝶仙、香君她們攙扶著老太太過來。原來她回房去後因為文珍家中的事心煩，一時不能入睡，剛剛闔上眼睛，香君又來請她，她不能不過來。

龍從雲迎著她，扶她坐下，老太太問他：

「你找我有什麼事？」

「娘，外面是愈來愈亂了，義和團到處殺人放火，聽說又要剿義和團了。」龍從雲說。

「剿得了嗎？」老太太問。

「我也懷疑。一會兒剿，一會兒撫，一會兒說他們是拳匪，一會兒又稱他們是義民，這樣反反覆覆，顛三倒四，老百姓遭殃，如何得了？」

「你回來得正好，我也有件事兒要和你商量。」老太太說。

「娘，是什麼事兒？」龍從雲問。

老太太掃了大家一眼，對梅影他們揮揮手說：

「你們統統給我退下。」

天行、文珍他們統統退到後面花園裏來，在東邊一個八角亭裏坐下。花園依舊，雜草不生，繁花似錦，蟬聲不斷，管理得有條不紊。可是今天他們的心情不同，無心欣賞，文珍更是心亂如麻，她暗自埋怨自已給大家帶來這麼大的困擾，她抱歉地對梅影說：

「梅影姐，我看外婆精神不好，一定沒有好好休息。」

「老夫人是有點兒心煩，好半天都沒有闔眼。」梅影說。

「剛一闔眼，香君又來請她。」蝶仙說。

「都是我不好！」文珍眼圈一紅，含淚欲滴。

「表小姐，這怎麼能怪妳？」梅影說。「又不是妳心甘情願的。」

「是呀！妳也是身不由己。」蝶仙說。

「現在固然是西風令，但我真想不透，姑老爺為什麼要下這麼大的賭本？」香君說。

「誰也猜不透，爹的葫蘆裏賣的什麼藥？」文珍艾怨地說。

「表小姐，妳有沒有問過姑老爺？」梅影問。

「當初我懵懵懂懂，不知道利害；這次回去問他，他又不講真話，這兩天我連他人影兒都見不到。」

「我看姑老爺是在玩火？」梅影說。

「但願他不要燒了自己，也不要燒了別人。」蝶仙說。

「姑爹不會燒到自己，別人可說不定。」天行說。

「二少爺，此話怎講？」蝶仙問。

「姑爹精明過人，他向來不做賠本的生意。」天行說。

「真奇怪，表小姐怎麼一點也不像他？」梅影望望文珍說。

「我看表小姐七成兒像姑奶奶。」蝶仙說。

「還有三成呢？」香君搶著說：「那三成兒像誰？」

梅影和蝶仙望著文珍揣摩了一會，蝶仙嘴快，她說：

「我看那三成兒像老夫人。」

「蝶仙姐，我要是有一成兒像外婆，我就不會這麼尷尬了。」文珍感慨地說。

老太太正在佛堂和兒子商量這件麻煩的事。龍從雲起先一聽到母親說明原委，大為詫異，他幾乎不相信這是事實。他自言自語：

「妹夫家大業大，不是要領那兩袋洋麵的人家，他信什麼洋教？」

「現在我要和你商量的不是他信不信的問題，是我們怎樣面對這個事實？」老太太說。

「現在義和團殺的燒的都是二毛子，不管是真是假？統統遭殃！」

「你妹夫既然瞞著我們，我們也不能聲張。」

「那我怎麼能幫得上他的忙？」

「不傳揚出去，就是幫他的忙。」

「那我們只好裝作不知道了。」

「我也是這個意思，但我不能不跟你講。」

「現在有幾個人知道？」

「只有當時在場的幾個人。」

「那幾個？」

「梅影、蝶仙、香君、天行。」

「這還好辦。」龍從雲稍稍放心：「丫頭大門不出，二門不邁，天行也不會講。」

「我已經交代清楚，他們不會出岔兒。現在除了你以外，不能再讓任何人知道。」

「淑卿呢？」

「也不能告訴她。」

「天放呢？」

「他花腳貓兒似的，更不能告訴他。」

「娘，那我還能做什麼？」

「文珍現在在我們家裏，你看該怎麼辦？」

「只要她不出門，大概不會有什麼大危險。」

「還有沒有什麼更好的辦法？」

「那就是早點兒替她和天行圓房。」

「這不大妥當。」老太太搖搖頭。

「這是唯一的應急辦法，怎麼不妥。」

「一則這是他們兩人的終身大事，必須和你妹夫商量，過去一向沒有提他們圓房的事，現在他更不會有心思辦這件事；二則天放還未完婚，長幼次序不合；三則他們兩人年紀還輕。依我們家的規矩，男的要滿二十，女的要滿十八，他們還差兩三歲。」

龍從雲沈思了一會，若有所得，連忙對母親說：

「娘，我看這樣好了！」

「你想到什麼妙策？」

「要卜天鵬和天行護送文珍回九江老家，那是萬全之策。」

「我也曾想到這一點，但是行不通。」

「怎麼行不通？」

「一來文珍還未過門，不能算是我們龍家的人，必須先徵求你妹夫的同意，你妹夫的為人你是知道的，他未必同意。」

「如果妹夫同意呢？」

「現在時局這麼亂糟糟，河北一省就寸步難行，九江千里迢迢，你負得起這個責任？」

「娘，我倒沒有想到這一點，這責任實在太大了。」

「再說，養兵千日，用在一朝，現在正是需要卜師傅的時候，我們的生命財產，都在京城，你怎麼能在這個節骨眼兒上把卜師傅調走？」

「娘說得有理！娘說得有理！」

「所以娘想來想去，就是想不出一個更好的辦法。」

「兒子智短，只有李逵的這三板斧，再也想不出別的開門計了。」

「你妹夫的板眼倒多得很，可就是不能和他商量。」

「娘，那還用說？這個麻煩就是他惹起來的！」

第十二章　老女傭平地興波　俏丫鬟冤枉受氣

龍從雲召集管家高宗義、卜天鵬、天放、天行和他太太鄧淑卿，開了一個會，他先說明外面的情形：

「現在局勢很亂，義和團到處殺人放火，市井無賴又趁火打劫，朝廷拿不定主意，洋人卻在暗中摩拳擦掌，眼看大禍就要臨頭，我們也要立刻準備自保，千萬不可疏忽。」

大家都知道這種情形，高管家還聽到更多可怕的傳聞，他說：

「我已經囑咐下人小心門戶，禁止閒雜人等進門，現在只等老爺示下，要我怎麼辦我就怎麼辦。」

「好，」龍從雲點點頭：「從今天起，前面大門統統關閉不准進出，任何人都只准走右邊的耳門，家裏所有的護院男女下人，都由你監督指揮，日夜輪流看守門戶，聽候使喚，我不在家時，凡是重要的事兒就請示老太太和太太決定。」

「老爺，護院最好由卜師傅指揮。」高宗義說。

「卜師傅和天放要隨時跟我行動，不能分心。」

「爹，我呢？」天行問。

「你專門侍候婆婆，照顧文珍和那幾個丫頭，不能有半點疏忽，婆婆年紀大了，不能受任何騷擾驚嚇，文珍和那幾個丫頭都是紙紮的人兒，風一吹就倒，你要特別小心。」

「老爺，你自己也要小心。」他太太鄧淑卿特別提醒他。

「我不能躲在家裏，我要出去照顧骨董店和瓷莊，聽聽風聲，有卜師傅和天放在我身邊，大概沒有什麼問題。」

「大少爺、二少爺平日練的寶劍，昨天我已經拿去開了口。」卜天鵬說。

「那兩把劍也管用嗎？」龍從雲問。

「那是兩把好劍，一開口就削鐵如泥。」卜天鵬說。

「兵凶戰危，我希望備而不用。」龍從雲說。

「非到萬不得已，我也不會動用兵器。」卜天鵬說。

龍從雲隨即吩咐天行搬到後邊，住在老太太旁邊。他帶著卜天鵬、天放、棄兒一道出去，卜天鵬、天放都隨身佩著寶劍，天放一佩上寶劍，彷彿如虎添翼，精神抖擻，膽氣更壯，龍從雲卻警告他說：

「你不要『初生之犢不畏虎』，遇事要冷靜小心，不到萬不得已，不能動手，你要知道，

『人外有人，天外有天』。」

天放也知道京裏高手多的很，天橋那種地方就藏龍臥虎，連柳老師都深藏不露，他自然不敢高估自己。

「爹，你放心，我不敢輕舉妄動，一切我都聽您的。」

「我是帶你出來歷練歷練，你要是好勇鬥狠，以後就待在家裏。」

天放不敢再作聲，他最怕待在家裏不能出來。

天行等父親一走，就到後面來報告老太太。老太太聽說兒子已經作好應變準備，大為放心。後面的房間還很多，而且都打掃得乾乾淨淨。老太太住的一間最大，梅影、蝶仙為了服侍方便，一直和老太太住在一個房裏，香君住在老太太隔壁，天行問老太太該住那一間？老太太考慮了一下說：

「你就住在文珍的隔壁好了，這樣照顧起來比較方便。」

「香君呢？」天行又問，香君原來是住在他的隔壁，他搬到後面來，香君自然也得搬動。

「就讓香君住在文珍房裏，給文珍壯壯膽，她服侍你們兩人也比較方便。」老太太說。

老太太一決定，香君就通知高管家派人搬東西。兩個男工替天行搬，兩個嬤嬤替香君搬，四十來歲的黃嬤嬤一半嫉妒一半羨慕地對香君說：

「妳真好命，名份上是丫頭，其實和千金小姐一樣，不像我們粗手笨腳的，既服侍不上老爺、太太，也服侍不上少爺、小姐，只好服侍妳了！」

「黃嬤嬤，妳說這話兒就折死我了。」香君連忙陪著笑臉說：「我實在是搬不動，不然怎敢勞駕？」

「唷，唷，看妳這張小嘴兒倒真會講話。」黃嬤嬤歪著眼睛看看香君說：「誰又是生來就能搬床、搬凳的？還不是十磨九難磨出來的？」

「是，是！今天多謝黃嬤嬤，以後我會慢慢磨練自己。」香君盡量陪小服低。

「香君，看妳小姐身份丫頭命，不是我黃嬤嬤說妳，現在妳雖然吃的是油，穿的是綢，將來妳要是像我一樣，嫁了一個窮小子，現在我黃嬤嬤就是妳的好榜樣。」

香君紅著臉不作聲，心想這黃嬤嬤好沒來由，平時又沒有得罪她，怎麼竟無緣無故地給自己晦氣？這些話簡直是在咒她，要是將來真嫁了一個窮小子，和她黃嬤嬤一樣，那怎麼活下去？三十來歲的劉嬤嬤看香君紅著臉又羞又惱又不敢作聲，便笑著打圓場：

「人是說不定的，或許她的造化好，將來嫁個有錢的大少也未可知？」

「劉嫂，人就怕投錯了胎，一投錯胎就一輩子翻不了身！半夜起來吃盌肉，那有那樣的好事兒？」

「說不定遠在天邊，近在眼前呢！」劉嬤嬤看了香君一眼說：「我看我們二少爺待她很不錯，要是日後納她作小，那也是她的大好造化啦！」

「我們這位二少爺命好人也好，只是俗話說娶妻娶德，娶妾娶色，他既有了那位如花似玉又有學問的表小姐，恐怕別人他就看不上眼了？」

香君臉上紅一陣、白一陣，劉嬤嬤用手肘輕輕碰了黃嬤嬤一下，黃嬤嬤雖然會意，但她還是補了幾句：

「其實我這也是一番好意，人總不能這山望著那山高，二十年前我又何曾想到我會是現在這個樣子？」

香君實在忍耐不住，終於紅著臉對黃嬤嬤說：

「黃嬤嬤，我和妳往日無仇，近日無怨，我們一樣都是下人，妳何苦說這番話來傷我！」

「哎唷，我的千金大小姐，我怎麼能和妳比呀？妳可不要狗咬呂洞賓，不識好人心啦。是我心直口快，才提醒妳，要是別人，我才不會說這種話兒，讓妳將來自個兒去碰壁吧！」黃嬤嬤說一句話拍一下手。

「多謝妳的好意，我心領就是！」香君說著拿起手邊應用的東西轉身就走，走到門外又扭轉頭來對黃嬤嬤說：「黃嬤嬤，妳要是怕失了妳的身份，那就別搬好了！大不了我在表小姐房裏打個地舖，讓老夫人罵我生得賤好了！」

香君身子一旋，辮子一甩，氣沖沖地走了。

黃嬤嬤冷不妨香君會有這一招，楞在房裏，搬也不是，不搬也不是。劉嬤嬤望著她苦笑：

「她辮子一甩，翹起屁股走了，妳看搬是不搬？」

「真想不到這小蹄子還是個小辣椒？該我倒楣，今天算我栽了！」黃嬤嬤自下臺階。

「她本來是老夫人的貼身丫頭，現在我們那位二少爺和表小姐又都寵她，妳怎麼好端端地要去戳這個黃蜂窩？」

「劉嫂，我也是嚥不下這口氣，妳想想看：她一個黃毛丫頭，和我們一樣都是人下人，我們為什麼要聽她使喚？」

「是高管家吩咐我們的，可不是她自己發號施令。」

「是高管家吩咐的固然不錯，我生都生得她出來，她去侍候二少爺、表小姐，反而要我侍候她，真叫人肺都氣炸！」

「她站在高枝兒上，我們兩人都站在樹底下，她撒泡尿都會滴在我們頭上，我們吐口痰卻沾不上她的身，這就大不相同了。妳還是忍口氣吧！」

「她不要以為自己年輕，又有幾分姿色，就興過了頭！想當年我當黃花閨女時，還不是和她一樣眼睛長在頭頂上？」

「黃嫂，我們都是立春的蘿蔔打秋的瓜，過時候兒了，還提那些陳年濫帳幹什麼？」劉嬤嬤向她笑道。

「命，萬般皆是命，半點不由人。今天我認了！」黃嬤嬤咬咬牙跺跺腳，又開始搬東西。

「妳早認命就不會生這個閒氣了。」劉嬤嬤又向她一笑。

香君回到文珍這兒，臉還是紅紅的，氣也未消，文珍問她是怎麼一回事兒？她一五一十地告訴文珍，最後還說：

「小姐，妳看我今天是不是起早了？怎麼會遇上這種晦氣？」

「黃嬤嬤是過份了一點兒，妳不要和她一般見識就是。」文珍安慰她。

「她仗著多吃了幾盌飯，就以大壓小，我又沒有招惹她，她何必找我的碴兒？」

「她在這兒是做粗活兒的，眼看著妳比她舒適，可能是有點兒嫉妒？」

「河水不犯井水，這有什麼好嫉妒的？」

「女人多半眼光淺，心眼兒窄，年紀大了，又愛嘮叨，這也不足為怪。」

「小姐，妳也是女人，妳為什麼心眼兒不那麼窄，又不愛嘮叨？」

「等我年紀大了，或許也會和黃嬤嬤一樣？」

「太太比她大，老太太更比她大，為什麼也不和她一樣？」

「太太、老太太都是大家閨秀出身，又知書識禮，黃嬤嬤怎麼能比？」

「劉嬤嬤比她年輕，怎麼也不和她一樣？」

「香君，人心不同，各如其面，這就很難說了！」

「幸好她只是個嬤嬤，她要是太太，我們做丫頭的就不要活命了！」

她們說著，說著，黃嬤嬤、劉嬤嬤已經把東西搬了過來，黃嬤嬤向文珍請示擺放的位置？文珍給她一一指點。她們兩人放好之後，又端詳了一番，覺得位置很相稱，黃嬤嬤望了香君一眼，笑著對文珍說：

「表小姐，先前我冒犯了香君，請您不要見怪。」

「這是那兒的話？香君年輕，萬一有什麼得罪的地方，還請黃嬤嬤包涵包涵。」文珍說。

「表小姐，香君命好，能夠侍候您和二少爺，真是她的造化，不知道是幾世修來的？」

「黃嬤嬤，大家都在一個屋簷下，彼此彼此。」

「表小姐，這可大不相同啊！像我這樣沒造化的，年輕時沒有侍候上您這樣的好小姐，後來又沒有嫁到一個有出息的丈夫，就這樣窩窩囊囊一輩子，真是人奈命不何呀！」

「黃嬤嬤，妳在這兒不是很好嗎？」

「表小姐，不瞞妳說，要不是我在這兒掙幾個辛苦錢，一大家子早就喝西北風了。」

劉嬤嬤暗中扯扯她的衣角，她還不想走，繼續嘮嘮叨叨，文珍從小提箱內拿出兩串錢，一人賞了一串，黃嬤嬤這才千萬個多謝，眉開眼笑地走了。

「小姐，這雖然是妳一番好意，可是沒有這個規矩。」香君望了黃嬤嬤的背影一眼才對文珍說。

「這也不算什麼規矩。」文珍淡然一笑：「剛才我是看她說得可憐，才賞她幾文小費。」

「小姐，那有對家中用人賞小費的道理？」

「香君，我還是客，自然該客氣一點兒。」

「小姐，妳這個規矩一興，日後妳怎麼當這個屋裏的主人？」

「香君，我還沒有想到這一層。」文珍向香君笑笑。

「像黃嬤嬤這種人，妳要是給了她四兩顏色，她就要開染坊了。」

「香君，多謝妳提醒我，我是看她說得怪可憐的。」

「小姐，妳是沒有看見她先前對我的那副德性。」

「妳還在恨她？」

「我不是恨她，」香君搖搖頭：「我只是覺得像她這種人，無論男的、女的，無論在什麼地方，都不是好事兒。」

「香君，妳看得真遠。」

「小姐，我這都是為妳和二少爺著想。」

「香君，我還不知道有沒有這個福氣呢？」

「小姐，妳怎麼說這種話？」

「『天有不測風雲，人有旦夕禍福』，現在時局這麼亂，還不知道會鬧成怎樣的下場？」

「天塌下來有長子頂，鬧來鬧去，也鬧不到妳和二少爺的頭上。」

「這可說不定？二少爺現在不是要看家護院了？」

「這也真想不到，我們到隔壁去看看二少爺好不好？」

文珍點點頭，香君牽著文珍的手走了過來。

天行正坐在書桌前把玩那把開了口的寶劍，他用毛邊紙在劍鋒上一拖，紙就裂成兩半。

「好利的劍！」香君讚歎一聲。

「以後妳可不要動它。」天行說。

「我碰都不敢碰一下，還去動它？」香君笑著回答。

「劍氣森森，看了我都會發毛？」文珍說。

「我也希望永遠不要用它。」天行把劍塞進劍鞘，掛在牆上。

他的劍剛掛好，忽然前面人聲鼎沸，一片哭鬧。天行取下劍，一個箭步飛奔出去。

文珍、香君頓時大驚失色，不知如何是好？

天行跑到前面一看，原來是黃嬤嬤的大兒子要進來，護院的不讓他進來，他又哭又鬧，直到聽說他是黃嬤嬤的兒子，他父親被義和團殺了，他是來向他母親報喪的，這才放他進來，黃嬤嬤一聽說丈夫被義和團殺了，便石破天驚地嚎哭起來，又哭又罵：

「殺千刀的義和團！你們太沒有良心了……。我一家七、八口，上有八十歲老母，不信教，不領那兩袋洋麵怎麼活得下去？我男人在教堂掃地也是萬不得已？不然誰給他工做？誰給他飯吃？你們就認定他是二毛子，殺了他，這還有天理？……」

高管家正在勸她、安慰她，一看見天行飛奔過來，就向天行說明原委，請天行拿個主意。

「現在還沒有到我擅自作主的時候，得先報告太太和老太太。」天行說

正說話間，天行母親已由丫鬟秋月、玉蘭陪著走了過來，黃嬤嬤一看見她，立刻停止哭泣，一把眼淚一把鼻涕地向她訴說，她聽完之後，隨即囑咐她：

「黃嬤嬤，妳先安靜一會兒不要哭鬧，我去後面同老太太商量一下再來。」

天行陪著母親到老太太這邊來。

文珍、香君也在老太太身邊，她們兩人和梅影、蝶仙同樣焦急驚恐，不知道到底出了什麼事

故？但誰也不敢作聲。老太太臉色雖然沈重，卻十分鎮靜。

大家看見天行帶劍陪著母親過來，都急於揭開謎底，但誰也不敢開口發問，還是老太太不慌不忙地問媳婦：

「前面什麼事兒這樣雞飛狗跳的？」

「娘，是黃嬤嬤的丈夫被義和團殺了，她兒子來報信，她才哭哭啼啼的。」

「她丈夫怎麼會被義和團殺了呢？」

「她丈夫信了教，又在教堂掃地，所以惹下了殺身之禍。」

「這些情形妳知不知道？」

「黃嬤嬤從來不講，媳婦自然也不知道。」

「我們家裏有不少傭人，這種事兒可麻煩得很。」老太太說。

「娘，都是些老人，過去沒有問，現在更不好查問。」

「那這件事兒妳打算怎麼處理？」

「媳婦正是來向娘請示。」

「這雖然是她家裏的私事，但彼此主僕一場，也不能不給她一點兒照顧。」

「媳婦也是這個意思，只是不知道該給多少？」

「她家中情形怎樣？」

「婆婆，剛才她哭著說一家七、八口，上面還有一個八十歲的老母親。」天行插嘴。

「這就難了！」老太太低頭沈吟了一會，然後慢慢抬起頭來對媳婦說：「我看這樣吧：要高管家給她三十塊大洋，再准她七天假，讓她回去料理後事就是。」

「娘的決定很好，這筆錢等於她十個月的工錢，很對得起她。」

「但是有一件事兒必須向她交代清楚。」老太太鄭重地說。

「娘，什麼事兒？」

「囑咐她千萬不可聲張。」

「媳婦一定交代。」

「要是別人家，會趁這個機會打發她，不蹚這一塘混水。我們不能這樣落井下石，她辦好了喪事還是要她回來，但千萬不能聲張，我也不要沽名釣譽、落個慈善名兒。我只希望一家大小逃過這一劫，大家平安無事。」

「娘的顧慮十分有理，媳婦照著辦就是。」

天行把劍交給香君，香君起初不敢接，隨後還是壯著膽子接了過去，天行又陪著母親到前面來，她向高管家和黃嬤嬤交代得清清楚楚，黃嬤嬤向她磕了一個頭才走，剛走到耳門她又突然把黃嬤嬤叫住，黃嬤嬤睜大眼睛望著她，不知道還有什麼吩咐？龍太太看她身上帶了三十塊大洋，人又精神恍惚，外面很亂，趁火打劫的人很多，怕她有什麼差池，因此才叫住她，關照她說：

「妳慢走一步，我請高管家派個人護送妳回去。」

黃嬤嬤感激得兩淚直流，連說：「多謝太太的恩典！」

高管家派了一位護院送黃嬤嬤母子回去。

天行覺得祖母和母親把這個突如其來的意外事件處理得很好，便如釋重負地回到後面，老太太問他，他照實報告後便回到自己房間休息。

不久，香君也陪著文珍過來。香君看天行坐在那兒發呆，笑著對他說：

「少爺，先前你帶著劍衝出去，真嚇死我了！」

「當時我也不知道前面發生了什麼可怕的事故？真替你擔心。」文珍說。

「要是義和團打進來了，我也得和他們拼命。」天行說。

「別再提義和團了，愈說我愈害怕！」文珍膽顫心驚地說。

「唉！真想不到，黃嬤嬤的丈夫也是教民？又居然遭此不幸。」天行歎了一口氣說。

「我真替我爹娘擔心，真急死人！」文珍哭喪著臉說，兩眼淚珠滾滾。

「這我倒不怎麼擔心。」天行的口氣十分冷靜。

「這樣的生死大事，你怎麼一點兒也不關心？」文珍十分奇怪，幾乎生氣起來。

「姑爹不是升斗小民，他的頭腦、手段，靈活得很，義和團這些土包子怎麼翻得過他的手掌心？」

「有王進士當軍師，義和團就不土了。」香君說。

「十個王老師，也不是姑爹一人的對手。」

文珍聽他這麼說，又破涕為笑。香君打趣地說：

「少爺，你好像是姑老爺肚子裏的蛔蟲嘛！」

「姑爹莫測高深，我就是他肚子裏的蛔蟲，他的心思我也未必摸得清楚？」

「人算不如天算，你也不必把爹估得太高。」

「猴子和豬賽跑，妳就會知道誰輸誰贏？」

「我不管誰輸誰贏，我只希望我們兩家平安。」

「那妳就多多禱告吧？看耶和華能不能保護我們兩家人？」

「人家說正經話，你反而故意嘔人家！」文珍紅著臉白他一眼。

「我不是嘔妳，我也是說正經話。」天行向她陪個笑臉。

「你這是假正經。」文珍向他手一指。

香君嗤的一笑，天行也笑著說。

「我覺得不但鬼怕惡人，神也怕惡人。」

「少爺，你這話就不對了！俗話說神通廣大，神怎麼會怕惡人？」香君說。

「神不怕惡人，怎麼不保護黃嬤嬤的丈夫？怎麼不保護教堂？濟南那個店小二怎麼會無緣無故地被那個王二毛子欺負，又白白地挨了一頓板子？有冤無處申，只好自己撞死在櫃檯上？」

香君被天行問得目瞪口呆，她望望文珍，文珍也答不出話來。過了好一陣子才說：

「說來說去，還是黃嬤嬤可憐。」

「原先我真有點兒恨她，現在又覺得她是真可憐。」香君說。

「香君，你們兩人河水不犯井水，妳為什麼恨她？」天行不明白她們兩人的過節，禁不住問香君。

香君將先前那段過節告訴他，天行聽完之後，淡淡地說：

「這也是人之常情。妳是比她好嘛，她自然會嫉妒。」

「劉嬤嬤為什麼不嫉妒？」

「劉嬤嬤是老實人嘛。」

「少爺，依你看，這是不是報應？」

「這是因為她家裏窮，她丈夫要領那兩袋洋麵，才去信教，因為信教，才能在教堂掃地，因此義和團就認定他是二毛子，所以殺了他。這和黃嬤嬤與妳的過節，八竿子都打不到，那有什麼因果關係？」

「少爺，聽你這樣說倒也有理，原先我還以為是現世報呢！」

「香君，妳怎麼這麼多婆婆經？」天行望著她好笑。

「少爺，我要是有你這麼多見識，那就好了。」香君紅著臉一笑。

「香君，在這種亂世，不論男人女人都應該有點兒見識，不然人頭落地，還不知道是怎麼死的呢？」

「少爺，你別說得這麼嚇人好不好？」香君兩眉一皺說。

「我不是嚇妳，像黃嬤嬤的丈夫，他就不知道他是怎麼死的！」

「少爺，他要是能像你，讀了這麼多的書，那就明白了。」

「讀多了書也不一定有見識。」文珍說。「讀死書反而會變成書獃子。」

「小姐，妳是不是說王進士？」香君笑問文珍。

「他是我們的老師，我怎麼敢說他？」文珍也笑著回答：「不過我爹總是罵他書獃子。」

「姑爹要是再多讀幾本書，誆它個把功名，那就是治世的能臣，亂世的梟雄了。」

「你怎麼這樣說爹？」文珍望著天行似惱非惱地苦笑。

「我是就事論事，就人論人，不能因為她是姑爹，我就把他說成聖人哪。」天行向文珍坦然一笑。

「那你是太史公了？」

「豈敢，豈敢？」天行笑著向文珍拱拱手：「雖然我不是太史公，但我不能不說真話。」

文珍無可奈何地笑笑。香君看他們兩人一問一答，更覺得有趣，她笑著對他們說：

「少爺、小姐，我看你們兩人抬槓也很有意思，不像黃嬤嬤和我吵嘴，那麼嘔氣。」

「妳和誰嘔氣？」蝶仙人未到聲音先到。

「妳怎麼有空過來？」文珍笑問蝶仙。

「剛剛服侍老夫人睡下，我才抽個空兒溜過來。好在梅影還在老夫人身邊。」蝶仙笑著回答。

「梅影姐真好，她跟著外婆寸步不離。」文珍說。

「託她的福，不然我怎麼能離開？」蝶仙笑道，隨後又笑容一斂說：「真想不到，今天會發生這種事故？」

「當時婆婆可受了驚嚇？」天行問。

「我和梅影著實嚇了一跳，老夫人倒很鎮定。」蝶仙說。

「薑還是老的辣。」天行說。

「要是二少爺你不在家，今天我們就更沒有膽了。」蝶仙說。

「但願我是聾子的耳朵。」天行說。

「二少爺，此話怎講？」蝶仙笑問。

「我要是派上了用場，那準會鬧出人命。」

「真有那麼可怕？」香君歪著頭問。

「劍一出手，不是我殺別人，就是別人殺我。」

「哎呀，我的二少爺！你最好還是坐在房裏納福吧！」蝶仙笑著搖頭，雙手合十。「我情願侍候你，不要你保護。」

「蝶仙姐，妳說對了。」天行向她笑道。

「蝶仙姐說話，就是這麼一針見血。」文珍向她點頭微笑。

「這樣說來，二少爺在家裏最安全也最危險了？」香君說。

「可不是？」蝶仙說：「還不如大少爺跟著老爺、卜師傅在外面跑跑輕鬆。」

「要是哥哥打不過人家還可以溜，我可不能鑽狗洞，也不能撂下妳們不管。」

蝶仙她們被天行說得笑了起來。蝶仙忽然止住笑說：

「對了，我們家的黑虎倒是一條好狗，說不定可以助助二少爺的威？」

「黑虎雖然是一條好狗，用來對付義和團的矛子、刀，或許比人還靈光。要是遇上洋人的槍，那就不管用了。」天行說。

這時楊仁突然闖了進來，大家感到十分意外，文珍更是驚喜交集，連忙發問：

「哥哥，你怎麼突然不聲不響地進來？」

「外甥走娘舅家，難道還要報門而進？」

「表哥，你有什麼事嗎？」天行問。

「我倒沒有什麼事兒，是來看看文珍。」楊仁一面說話，兩眼一面四處掃視，「妳這兒好像發生了什麼事兒似的？」

「表少爺，你的鼻子真靈！」香君笑著說。

「香君，妳怎麼這樣說話？」天行笑著責怪她。

「少爺，表少爺又不是外人，說句玩笑話兒未必就得罪了他不成？」香君裝瘋賣傻地說。

「香君，不是我的鼻子靈，是這兒的氣味兒不大對勁。」楊仁毫不在乎地說。

「表少爺，你看那兒不對勁？」香君笑問。

「本來我走慣了大門，今天卻大門緊閉；我走耳門，耳門又有人把守。幸好我是娘舅家的狗，常出常進，不然還真得先通報一聲。這到底是怎麼回事兒？」

「現在外面風聲緊，這是舅舅特別吩咐的。」文珍說。

「舅舅是防義和團還是防洋人？」楊仁笑問。

「外面亂紛紛，小心門戶總是好的。」文珍說。

「表哥，外面的情形到底怎樣？」天行問。

「很多人像斷了頭的蒼蠅，亂飛亂竄。」楊仁回答。

「表少爺，你不怕？」香君故意問他。

「我一不偷，二不搶，我怕什麼？」

「義和團呀！」

「義和團又不是聾子瞎子，難道他們還閉著眼睛殺人？」

「可是今天黃嬤嬤的丈夫就被他們殺了。」香君大聲說。

「黃巢殺人八百萬，那也是在數的難逃。」楊仁平靜地回答。

「表少爺，你知道你不在數？」香君盯著他問。

「我雖然不是邵康節、劉伯溫，可是我知道義和團是怎樣的人。」楊仁胸有成竹地回答。

天行阻止香君再說下去，文珍也趁機問楊仁：

「哥哥，這幾天家裏的情形怎樣？」

「還不是和平時一樣？」楊仁坦然笑答：「不過娘有點兒想念妳，特地要我來看看妳。」

「我在這兒很好，請娘寬心。」文珍說。

「我是未卜先知，可是娘硬是要我冤枉跑這一趟路。」楊仁瞇著眼睛打量著文珍說：「女兒到底是娘的心頭肉。」

「哥哥，你別說冤枉話，娘幾時虧待過你這個寶貝兒子？」

「只怕兒子還不如女婿咧？」楊仁笑著掃了天行一眼。

「哥哥，你是來看我還是找我嘔氣？」文珍紅著臉說。

「好，好，我不說了！妳可別像黃蜂一樣準備螫人好不好？」楊仁笑著搖搖手，隨後又問文珍：「我問妳：要不要跟我一道回去？」

「你和爹整天不和我打個照面，你要我回去閉關面壁是不是？」文珍氣惱地說。

「好，好，我知道這句話又是白說了。」楊仁嬉皮笑臉地說：「好妹妹，今天我可是來看妳了，領不領情在妳？妳該寫幾個字兒讓我帶回去，也好讓我向娘交差呀？」

「我心亂如痲，沒有什麼好寫的！」文珍說著眼淚幾乎掉了下來。

楊仁看情形不妙，便向蝶仙說要看看外婆再走，蝶仙告訴他老太太正在休息，他就自打圓場：

「剛才我要看舅媽，秋月說太太在休息；現在我要看外婆，她老人家也在休息，那我只好失禮了。」

他一面說一面向天行打個招呼，就搖頭擺尾地走了。天行要送，文珍卻對天行說：

「你不必送，讓我送哥哥一步。」

文珍陪楊仁走到第三進時，看看無人，便悄悄問他：

「哥哥，義和團在外面殺人放火，難道你吃了豹子膽不成？」

「妳放心，義和團殺的都是些傻瓜蛋，妳以為哥哥像他們一樣笨？」

「哥哥，我真不明白你們在搞什麼鬼？」

「女孩兒家，在家從父，出嫁從夫，妳要知道那麼多幹嘛？」楊仁似笑非笑地說。

「你們為什麼要把我蒙在鼓裏？」

「難道爹和我對妳還有惡意？」

「那你們也不應該讓我乾著急呀？」

「妳急什麼？天塌下來也不要妳去頂。」

文珍真猜不透他怎麼這麼大膽？這麼篤定？想和他吵架也吵不成，只好把他送到耳門口，輕輕對他說：

「我在這兒安穩，你們倒要小心。」

楊仁頭一昂，揚長而去。

文珍回到天行房間，大家正在議論紛紛，一看文珍回來，蝶仙就悄悄問她：

「表少爺到底有什麼法寶？」

「天知道？」文珍悵然回答。

「牆有縫，壁有耳，別再談表哥的事了。」天行說。

正好天放匆匆回來，手上還提著寶劍，壁人跟了過來，伸手接過寶劍說：

「大少爺，你連自己的房門都沒進去，怎麼就匆匆地趕到二少爺這邊來？」

他不回答壁人的話，卻急著問天行：

「聽說黃嬤嬤的丈夫被義和團殺了，是不是真的？」

「這還假得了？」天行好笑。

「難道黃嬤嬤的丈夫也是二毛子？」天放說。

「連黃嬤嬤自己也承認的。」天行說。

「耶穌教有什麼好信的，真是冤枉送掉一條命。」

「西洋人為它送掉性命的更多得很呢！」

「無聊，真是無聊！道教、佛教就沒有這種流血的事兒。」

「因為道教、佛教與政治無關。」

「宗教是宗教，政治是政治，西方人為什麼要把宗教和政治扯在一起？」

「我們別談這個問題。我問您，外面的情形怎樣？」

「像打翻了黃蜂窩。」天放回答。

「你們有沒有遇著危險？」

「幸好我們有兩把隨身寶劍，那些趁火打劫的人知難而退，三幾個義和團也不敢輕舉妄動，不然我和卜師傅就要大開殺戒了！」

「大少爺，我看你們真是船頭上跑馬？」蝶仙搖搖頭說。

「我們既非二毛子，也不是義和團，人不犯我，我不犯人，如果他們雙方耳不聾，眼不瞎，那也不會有什麼危險。」天放說。

「你們去了些什麼地方？」天行問。

「瓷莊、骨董店和爹的幾個在位的朋友家裏。」

「聽到什麼消息沒有？」

「據說老佛爺又決定重用義和團，準備和洋人大幹一場了。」

「她沒有想到後果？」天行問。

「人爭一口氣，佛爭一爐香。據說她是吃了秤鉈鐵了心了。」天放說。

第十三章　龍天行死而復活
楊文珍淚中有笑

龍從雲回家後，已經天黑，他先到自己房間休息了一會，龍太太把黃嬤嬤的丈夫被殺的事告訴他，他默默無語，隨即過來看老太太，和老太太還沒有談上三句話，景德瓷莊的夥計就氣急敗壞地跑來報信，說正陽門外商場大火了，請他趕快派人去救。他和天放、卜天鵬已經在外面跑了一天，還沒有吃晚飯，又累又餓。一聽說大火，他來不及細問，起身就走，他知道正陽門外商店密密麻麻，一家失火，大家遭殃，何況外面又十分紊亂？這時夥計還加上兩句：

「老爺，是有人放火，有好幾處火頭。」

天行看他累了一天，還沒有吃晚飯，便對他說：

「爹，你不要去，我去。」

他望了天行一眼說：

「萬事莫如救火急，我怎麼能不去？不過你跟我去幫幫忙也好。」

於是他吩咐高管家好好照顧家裏，自己又帶著卜天鵬、棄兒和天放、天行，匆匆趕到正陽門外。他們一心只想到救火，反而沒有攜帶寶劍。

景德瓷莊是在鬧區中心，店面很寬、很深，上下兩層，後面還有一個院子，一口深井，他們趕到時，現場一片紊亂，男哭女嚎，看熱鬧的閒雜人比救火的人還多，大火正從左邊店鋪向景德瓷莊燒來，有些夥計正在後院打井水向火上潑來，但杯水車薪，無濟於事，火愈燒愈大。龍從雲叫後院的夥計快趕逃到前面來，不然大火封了門戶會活活燒死。於是大家趕快搶救貴重的東西，帳房先生馬福康匆忙中把一隻手提保險鐵箱向天行手上一塞，要他趕快逃出火窟，好好看守，不要再進來。這時大家只顧搶救東西，搶到外邊又跑進去，誰也沒有顧誰。

手提鐵箱相當重，天行知道裏面一定是大洋錢票之類的貴重東西，牢牢抱著不敢放手。站在旁邊看熱鬧的幾個人也看準了這隻鐵箱，於是一起動手來搶，天行當然不肯放手，奮力抵抗，冷不防一個人在他腰上捅了一刀，他大叫一聲倒了下去，卜天鵬、天放都趕了過來，天放連忙扶起他，卜天鵬看那幾個傢伙已經提著鐵箱跑了，連忙追上去攔截，那幾個傢伙都不是善類，身手都很靈活，一人提著箱子跑，其餘的人都纏住他打鬥，使他脫不了身，他打倒一個又上來一個，加上街上的人又多又亂，施展不開拳腳，轉眼之間那個提著箱子的傢伙已經不見蹤影，卜天鵬雖然已經打倒三個，但是火海茫茫，人聲鼎沸，街上的人擠都擠不動，他略一張望，那三個傢伙已經爬起來鑽進人堆裏溜走，他只好望著火海歎氣。

等他趕回現場時，龍從雲、天放父子二人已經匆匆把天行包紮了一下，天行臉色蒼白，血仍在汩汩地流，龍從雲吩咐趕快送到博愛醫院，這時既無擔架，人又擠不開，卜天鵬把天行往背上一揹，快步往醫院跑，天放緊跟在後面，預備替換，龍從雲跟不上他們，一面跑一面喘氣，後來實在跑不動，只好由棄兒扶著他慢慢走了。等他們趕到醫院時，天行已經躺在手術檯上暈過去了，因為流血太多，臉色蒼白如紙。

這家醫院本來有幾位洋醫生，外科手術很有名，但大都躲進教堂、使館，平時只留一位住院主治大夫應付一下，今天正是這種情形。

這位洋主治大夫帶著兩位中國助手，仔細檢查、消毒，發現沒有傷到要害，沒有再開刀，只是傷口很寬，流血過多，給他打了一針強心針，便裏外縫合包紮起來，天行清醒了一會，送到病房又昏昏沈沈睡去。

龍從雲要天放、棄兒一道回家通知母親，要香君來醫院照顧，但一再囑咐天放：

「暫時不能讓祖母知道，千萬不可聲張。」

天放匆匆趕回家裏，悄悄告訴母親，龍太太臉色一沈，但沒有哭泣，只輕輕吩咐天放：

「快去叫香君和我一道去醫院。」

天放悄悄來到文珍、香君房裏，她們正在著急，一聽說天行受傷，文珍眼圈一紅，眼淚直流，香君又急又怕，快要哭出聲來。天放連忙用手把她的嘴巴堵住。

香君奉命去醫院照顧，文珍也堅持要去，龍太太只好讓她一道過去。由天放、棄兒兩人護送。

他們趕到醫院時，天行仍然昏睡未醒，文珍看他睡得像個死人，不禁哇的一聲哭了出來，龍太太也傷心流淚，香君陪著她們流淚。

龍從雲並沒有要太太來，既然來了，他也不希望她久留，他覺得家中需要人照顧，因此他對太太說：

「妳還是趕快回去，妳一出來就群龍無首，家裏不能再出事了。」

「你回去好了，我要在這兒照顧天行。」她說。

「正陽門一片火海，瓷莊燒得一塌糊塗，我匆匆跑來，又沒有交代清楚，我怎麼能回家？」龍從雲無可奈何地說：「這兒有醫生、護士，再加上香君就行了。」

龍從雲一說完就帶著棄兒、卜天鵬一道走，天放也打算跟去，他手一擋，對天放說：

「你快點兒送娘回家，留在家裏照顧。」

龍太太看天行昏睡未醒，放心不下，文珍擦擦眼淚對她說：

「舅媽，您先回去，免得外婆空著急，我和香君在這兒照顧就行了。」

「孩子，難為妳了！」龍太太含著眼淚拍拍她，又對香君說：「要是有什麼風吹草動，妳要及時回家告訴我。」

香君點點頭，目送天放送她回家。

文珍目不轉睛地望著天行，仔細注意他臉上的變化，他臉色由慘白如紙變成黃蠟片兒，兩頰陷了下去，氣如游絲，她心裏非常害怕，萬一這一絲氣兒斷了，那怎麼得了？她不時用手靠近他的鼻孔試試，彷彿有一絲絲氣息？又彷彿什麼都沒有。她屏聲靜氣，眼淚汨汨地流。香君也陪著她流淚，不敢出聲。時間彷彿停止了，空氣也彷彿凍結了。她真想不到，不久前他還是那麼生龍活虎，還故意逗她嘔氣，怎麼一會兒就變了一個人？躺在這兒什麼也不知道？人的生死怎麼這麼不可測度？黃嬤嬤的丈夫不也是那麼一刀嗎？她那天看見義和團追殺那幾個教民不也是一刀就把人砍倒了嗎？天行會不會這樣一睡不起呢？她愈想愈怕，終於忍不住用手絹蒙著嘴倒在香君身上哭了起身。她哭得很悲痛，可是始終沒有出聲。香君在她背上輕輕拍拍，眼淚滴在文珍身上，她們變成兩個淚人兒了。

過了很久，天行才幽幽吐出一口氣，微微睜開一下眼睛，文珍哭著說：

「老天！你終於醒了！」

她連忙握住他的手，發覺他的手有些微溫，他無力地握著她的手，她緊緊握著，他臉上露出一絲微笑，眼睛還是閉著，無力睜開。她靜靜地握著他的手，感覺到他的脈搏在微微跳動，她的心也跟著一道跳，她覺得他的生命抓在她的手裏，她不能放，一放就怕他飛走了。

她握著他的手很久很久，他才再度微微睜開眼睛，輕輕吐出三個字：

「我好怕！」

「不要怕，我在你身邊。」文珍湊近他耳邊說。

「少爺，我也在這兒。」香君說。

他嘴角露出一絲笑意，眼睛又閉上了。

她們兩人互望了一眼，無限焦急。

護士進來，又給他打了兩針，打完之後文珍悄悄問她：

「小姐，該不要緊吧？」

「他失血太多，身體十分虛弱，希望傷口不要發炎才好。」護士小姐回答。「要小心照顧，隨時與我聯繫。」

「我會寸步不離。」文珍回答。

護士小姐打量她一眼，指著天行笑著問她：

「請問妳是他的什麼人？」

文珍臉一紅，沒有立刻回答。香君卻搶著說：

「她是我家少爺的表妹，也是未過門的少奶奶。」

「看來倒是很好的一對兒。」護士小姐一笑離開。

護士走後不久，天行又慢慢睜開眼睛，文珍連忙握住他的手，感覺到他的脈膊比先前強些，手心也熱一點兒，她欣慰地一笑，天行看她們兩人都在身邊，嘴角也露出一絲笑意，還有氣無力地說了一句話：

「我剛才好像去了另外一個世界？」

外面一片漆黑，醫院內靜得可怕，房間裏的燈光也昏昏暗暗。她們兩人聽了他的話，汗毛直豎，彼此靠得更緊，文珍更用力握住天行的手，生怕他真的去了另外一個世界。文珍顫著聲音湊近他耳邊說：

「有話明天再說。」

天行又無力地閉上眼睛，不再講話。隨後又昏昏沈沈地睡去。文珍倒抽一口冷氣，卻不敢把手抽出來，生怕驚醒了他。

「小姐，我替少爺念阿彌陀佛，妳也替他禱告吧！」香君說。

「禱告什麼嘛？」文珍紅著臉，不知道如何開口？因為禱告的詞兒她還沒有記熟，也很不習慣，但她虔誠地說：「但願神不像我們人一樣偏私，明爭暗鬥，我也唸阿彌陀佛，希望神明共鑑。」

「心到神知，只要我們誠心，不論是耶穌、釋迦牟尼佛，總該不會打架才是。」

文珍被香君說得失聲一笑，隨即斂容默念起來。

兩人默念了一陣，天行又微微睜開眼睛，說了一聲：「好渴！」她們兩人都不敢給他水喝，因為護士小姐早有交代，只能用毛巾給他沾沾嘴唇。香君用毛巾在水瓶裏沾濕，遞給文珍，文珍輕輕在他的乾裂蒼白的嘴唇上沾沾。他覺得舒服一些，不讓她把手巾拿開，他抓住她的手連毛巾一起壓在自己的嘴唇上，文珍心裏十分高興，知道他的體力在慢慢恢復，這也是他第一次這麼抓住她的手，她也不想移開，因為這兒只有香君一人，很多事兒她們兩人都是心照不宣的。

好不容易熬到天亮，護士小姐又來打針，問他有沒有打嗝？有沒有放屁？文珍、香君不知道是什麼意思？只說剛才打了一個嗝。護士小姐笑著走了，不久就送了一杯熱牛奶過來，囑咐文珍說：

「餵他喝下去。」

文珍接過牛奶，一小匙一小匙地餵天行喝，他比任何時候都饞，因為他口乾舌燥，如飲甘露瓊漿。

一杯牛奶喝下之後，他的精神好多了。他突然想起昨夜昏昏沈沈地進入那個從來沒有到過的世界情形。

「我大概死了一次吧！」

「你暈過去一次，也昏昏沈沈睡了很久。」文珍說。

「我以為我不能回來，現在總算逃出鬼門關了。」

「少爺，昨夜你恍惚中提了一下，小姐和我不敢讓你說，我們都很怕，那到底是個什麼世界？」香君說。

「那是一個很奇怪很可怕的地方，我也不知道是怎麼進去的？」天行慢吞吞地說。

「和我們這個世界相不相同？」香君問。

「有些同，有些不同。」

「你說說看。」

「那個地方有很多教堂，比我們北京的教堂更高更大，還有五色大理石砌的，到處都是洋人、神父、修女、牧師，很多很多……。」

「那大概是外國吧？」

「可是同時還有許多大寺院，比北京的廣濟寺還大得多，一座大寺裏可以住好幾百個和尚，尼姑也很多，還有許多道觀，道士、道姑也很多。」

「他們有什麼不同？」

「洋神父很有權威，那些大主教更像皇帝，他們住的地方也像皇宮，他們分新舊、分派，打得血流成河，屍骨堆山，真是順我者生，逆我者亡，不像和尚、尼姑、道士、道姑，大家河水不犯井水，各行各的道，各信各的教，誰也不妨礙誰，誰也不說自己是獨一無二的王麻子剪刀店。」

「你見過天堂沒有？」文珍問。

「沒有，我見過地獄。」

「地獄裏是人是鬼？」香君問。

「都是和我們一樣的人，我剛說過的那些人統統下了地獄。到處是戰爭、殺人、放火、搶劫、嫉妒、愚蠢、自私、欺詐、強暴、指鹿為馬、弱肉強食……」

「那麼可怕？」

「不過吃人的人都編了一套冠冕堂皇的好詞兒，讓人聽來還怪舒服的，好像別人生來就是該被他吃的，他們要吃得你心甘情願，五體投地。」

「你看過吃人沒有？」

「看得很多，不過他們的吃法和我吃魚、吃肉不大一樣。」

「怎麼不一樣？」

「他們吃人不吐骨頭，把整個身體從頭到腳吞下去。」

「那多貪心可怕？」香君說。

「所以我拼命想逃，可就是逃不掉。」

「後來你是怎麼逃出來的？」

「不知道是那位閻王爺在我屁股上猛力踢了一腳，把我踢了回來，現在還很痛。」

「是不是傷口痛？」文珍連忙問。

「不是傷口痛，是胸口痛。」

「少爺，你這話真有點兒好笑。」香君看天行喝了牛奶能說話，心裏高興起來，又笑著打趣：「你剛說閻王爺踢你的屁股，又沒有踢你的胸口，怎麼胸口會痛？」

「因為看了地獄我好傷心，大概是心痛。」

文珍想伸手摸摸他的胸口，看他那麼清醒，反而有些羞怪，突然把手縮了回來。

「少爺，昨夜你昏昏沈沈，真把小姐和我嚇壞了！」香君說。

「昨夜是你們兩位一直守在這兒？」天行問。

「可不是？」香君笑答。

「真難為妳們了！」天行十分抱歉。

「你流血太多，曾經暈了過去，我們怎麼敢離開一步？」文珍說。

「老爺要大少爺叫我來照顧你，但是小姐一定要來，而且不肯走，幸好小姐在這兒，不然我會嚇死。」香君說。

「舅媽也來過，舅舅要她和大表哥回家照顧，舅舅又和卜師傅趕回火場，不知道那邊燒得怎樣？」

「我們的瓷莊是完了，不知道是誰放了這把火？」

「放火的人真沒有良心！這一把火要毀滅多少人？」香君說。

「正陽門外有四千多商戶，我看一戶也救不了。」天行說。

「你怎麼會被人捅了一刀？」文珍問。

「馬福康交給我一口保險箱，沒有想到還有那麼多人趁火打劫？身上還帶著刀子？」

「幸好還留住這條命。」文珍說。

「少爺，我們昨夜念了不少阿彌陀佛。」香君說。「或許是菩薩保佑？」

「但願真有菩薩。」天行慘然一笑，又問香君：「香君，我受傷的事老太太知不知道？」

香君搖搖頭，文珍接著說：

「當時舅舅不敢讓外婆知道。」

「不知道最好，免得她憂心。萬一我死了，我真不知道她會怎樣的傷心呢？」

「一大清早你怎麼說這種話？」文珍望著他似惱非惱。

「人就是難過這一關。」天行又慘然一笑。

「少爺，你好像突然悟道了？」香君說。

「我能悟什麼道？」天行望著香君苦笑：「大概是剛下了一次地獄吧？」

這時那位洋大夫帶著中國助手、護士來替他量體溫、看傷口、打針，過了十多分鐘才走，文珍趕到房門口悄悄問那位中國助手：

「大夫，該沒有什麼問題吧？」

「小姐，算他命大，要是昨夜他遲來五分鐘，他早就沒救了。」中國助手回答。

文珍心中的一塊石頭一下子移走了，接著龍從雲、卜天鵬、棄兒、天放也先後來到，還帶來一些吃的東西，文珍告訴龍從雲一夜經過情形和剛才那位中國醫生的話，龍從雲吐了一口氣，又對文珍、香君兩人說：

「辛苦妳們兩位了。」

「舅舅何必客氣？」文珍說。

「文珍，妳還沒有過門，這真難為妳了。」

「舅舅，您更辛苦，景德瓷莊怎樣了？」

「沒有什麼好說了！」龍從雲搖搖頭說：「以後妳會知道，妳們兩位和我一道回家休息吧，這兒由天放照顧。」

「舅舅，我還能挺得住。」文珍說。

「別傻了，人不是鐵打的。」龍從雲笑著拍拍她。「和舅舅一道回去。」

龍從雲又囑咐天放幾句話，就和卜天鵬一道帶文珍、香君一起回家。文珍、香君先看老太太，龍從雲和太太談了幾句話就到老太太這邊來。一見面老太太就問他：

「正陽門的大火怎樣了？」

「娘，整條街都燒光了。」

「我們的瓷莊呢？」

「也完了。」

「能不能救一點兒？」

「馬福康帶著夥計正在清理，瓷器一碰就破，看樣子救不了多少。」

「有沒有傷人？」

「天行受了傷，昨夜沒敢告訴娘，請娘原諒。」龍從雲低著頭說。

「傷得怎樣？這種大事兒你怎麼不先告訴我？」老太太說。

龍從雲一再告罪，又將昨夜救火天行受傷的情形細說一遍，老太太要立刻去看孫兒，龍從雲苦苦相勸：

「娘，外面很不平靜，天行已經沒有危險，您老人家何必要去冒那個風險，讓兒子耽心？」

老太太這才打消去意，但她對香君著實誇獎了一番，又賞了她一件禮物。對文珍更是又憐又愛，把她摟在懷裏，笑著對她說：

「等外婆找著了好藉口，就先替你們成親。」

文珍羞紅著臉掙開老太太，老太太要蝶仙陪文珍、香君去吃早飯，老太太已經吃過了。

蝶仙一夜沒有見到她們兩人，就像幾年未見似的，和她們兩人絮絮叨叨沒完，香君笑著在蝶仙耳邊輕輕說：

「患難見真情，昨兒晚上我們小姐真把心都掏出來了！」

「香君，妳還不是流了不少眼淚？」

「我是看著您難過，我才陪著流淚的。」

「妳還說風涼話？妳心裏想什麼？妳以為我不知道？」

「小姐，我不過是禿子跟著月亮走嘛，您又何必點破呢？」香君天真地一笑。

「那不就得了？妳何必掀我的底兒？」

「小姐，蝶仙姐又不是外人，這是我們的悄悄話，不向她講又向誰講？」

「其實妳們不講，我心裏還是雪亮的。」蝶仙向她們兩人眉開眼笑。

「蝶仙姐，妳千萬不要在外婆面前講，不然她又要把我當笑話兒了。」文珍央求說。

「這我知道，」蝶仙拍拍文珍的肩笑說：「我在老夫人面前決不會掀妳的底兒。」

文珍、香君走後，老太太繼續向兒子探問火災情形，當然她最關心瓷莊，她問：

「這次瓷莊損失了多少？」

「娘，現貨還無法估計。據馬福康說，那口被搶走的小保險箱裏，有一千多大洋，一萬多銀票，還有帳簿。房屋已經燒光了，要想重建，也得好幾千大洋。」

「這真是五撈七傷！」老太太歎口氣說：「這把火到底是誰放的？」

「聽說是義和團放的。」

「義和團為什麼要做這種蠢事？」

「他們本來就是烏合之眾，商戶之中也有教民，說不定他們就這樣找上了一個目標？」

「蠢！蠢！蠢！」老太太一連罵了三個「蠢」字。

「最近還有很多地痞、流氓、無賴，從四面八方湧到京裏來，他們都是亡命之徒，趁火打劫的東西，他們也是什麼事兒都幹得出來的。」

「王進士這一陣子都沒有到我們家裏來，你得空也不妨去問問他，到底是怎麼回事兒？」

「娘，王進士這個人還有什麼好問的？」龍從雲苦笑：「他那個腦袋裏裝些什麼東西，您又不是不知道？」

「魏晉清談之士，空言固然誤國，像王進士這種食古不化的假道學，盲人騎瞎馬，那就更危險了！」

「反正遭殃的總是老百姓，正陽門這場大火，就毀了好幾代人的基業。」

第十四章　外國使節兩條命　龍府女傭遍體傷

黃嬤嬤辦完丈夫的喪事回來了。她頭上戴著白絨線作的孝花，容顏憔悴，瘦了很多。她先向太太叩謝，又特地到後面來向老太太磕頭，同時流著眼淚說：

「這次要不是老夫人的大恩大德，我那死鬼還出不了門。」

「快別這樣說，這也是我們的一點兒心意，能把你丈夫送上山就好，妳還是在這兒安心工作好了。」老太太說。

「我也知道府上遭了火災，損失很大，老夫人還能留我，我一家人都感激不盡了。」

「我們都是受了無妄之災，再困難我們也不會辭妳，妳放心好了。」

黃嬤嬤聽老太太這麼說，又磕了一個頭才走。

她回來後好像變了一個人，不再嘮叨，不再長舌，整天沈默不語，見了香君總像有分歉意，連香君也很同情她了。

天行在醫院住了十天，由天放、棄兒、文珍、香君兩人一班，日夜輪流照顧。天放、卜天鵬護送他回來時，老太太看他清瘦了許多，十分心疼。她天天替他念經祈福，一回來又要他向觀音菩薩上香磕頭。他十天未見祖母、梅影、蝶仙，心裏也非常想念，見了她們就更加親熱。

「婆婆，我在醫院裏好想念您們。」

「你爹不讓我去醫院看你，我只好在家裏乾著急。」老太太說。

「二少爺，真抱歉，老爺也不讓我和蝶仙去，恕我失禮。」梅影說。

「二少爺，梅影姐代我說了，我就不再客氣。」蝶仙說。「你受傷了我們不但著急，你不在家，我們更覺得沒有意思。」

「我一人受傷，害得大家著急，我真不知道怎麼感激呢？」天行望望大家說。

「你不用感激我們，你應該感激那一位……」蝶仙用手指指文珍，又用手指指香君：「和這一位。」

「蝶仙姐，我還真不知道怎麼說好呢？」天行望望文珍、香君，向蝶仙笑道。

「二少爺，來日方長，不急在今朝，她們兩位以後夠你報答的了。」蝶仙語意深長地說。

「蝶仙姐，以後的事兒難說得很！要是那傢伙的刀子再攮深一點兒，或是遲到醫院五分鐘，這次我就見不到你們了。」天行毫無顧忌地說。

文珍聽他這麼說，馬上心一沈，臉色發白，香君也不自在。老太太連忙白他一眼：

「天行，你一句砂糖一句狗屎，婆婆要生氣了！」

「婆婆，對不起，您就當我沒有說好了。」天行陪個笑臉。

「你還不向文珍道歉？」老太太指著文珍向天行說。

「文珍，恕我說溜了嘴，」他雙手向文珍一揖：「但願我們都能活一百歲。」

文珍眼圈一紅，滾下兩粒淚珠。天行看香君有點兒不自在，他又向香君一揖：

「香君，我們彼此彼此。」

「少爺，只要你們兩位長命百歲，香君也就心滿意足了。」香君慘然一笑。

「奇怪，你以前說話不是這麼一句砂糖一句狗屎的，是不是那天在火場受了驚？中了邪？」

老太太望望天行說。

「婆婆，您別多疑了，」天行淡然笑答：「我這麼大的人了，受什麼驚，中什麼邪？」

「老夫人，少爺那天晚上暈了過去，又昏昏沈沈地睡了很久，他說他到了……」

香君還未說完，文珍便以目示意，阻止她說下去。

老太太會意，但她也不追問，只對天行說：

「以後每天跟我誦念《金剛經》，定定神。」

「婆婆，您要我做什麼都可以，反正我閒著也是閒著。」天行說。

「你現在第一件事是培元補氣，養好身體，多吃多睡，少用心思。」老太太說。

「婆婆，您這豈不是養豬？」天行好笑。

「你元氣大傷，我也只好把你當豬來養。」老太太也笑著回答。

「好，那我先去做一會兒豬。」天行傷口雖已癒合，但體力未復，容易疲倦，他就一面說一面走了。

老太太笑著搖搖頭，大家也都好笑。

香君連忙跟著過去服侍，照顧他睡好之後才過來。

老太太這才問香君先前被文珍打斷的話，她原原本本地告訴老太太，老太太沈吟了一會才對文珍、香君說：

「他是從鬼門關回來，能保住這條命也算祖上有德。現在他體弱神虛，妳們兩位最好小心照顧。」

「老夫人，我一直很小心，這次二少爺受傷，表小姐也破例侍候，真是難得的很。」香君說。

「這我知道，」老太太連忙點頭：「不過梅影、蝶仙不大方便，妳本是我撥給他的，照顧他是順理成章的事兒；至於文珍嘛，以後也不必再避什麼嫌，反正遲早是要成親的，妳和文珍又合得來，將來正好湊成一對兒，這樣彼此也有個照應。」

文珍、香君都紅著臉不作聲，蝶仙卻笑著說：

「老夫人想得真周到！難怪黃嬤嬤那天和香君過不去，香君果真好造化。」

「蝶仙姐，妳也笑話人家？」香君紅著臉說。

「我不是笑話妳，我是慶賀妳。難道妳不願意？」

香君起先紅著臉不作聲，過後又望了蝶仙一眼，低著頭說：

「妳教人家怎麼說嘛！」

「這不就得了！」蝶仙望著香君一笑。

「老夫人看人看事都很準，我們是一輩子也學不來的。」梅影也笑著說。

「我也是盡力而為，但願天從人願，不要再有什麼風吹草動才好。」老太太說。

這次正陽門大火，燒毀了景德瓷莊，天行又被趁火打劫的人殺傷，險些送了性命，這都是她沒有想到的。

景德瓷莊損失很大，現貨雖然清理出來，但瓷器損壞了十之七、八，搭了一個臨時攤棚，出清現貨，加上時局很亂，也不敢立刻重建，所有商戶都是存著同樣的觀望心理。什麼時候能恢復舊觀？那只有天知道了。

就在這時，日本使館書記杉山彬在永定門被官兵殺了。一波未平，一波又起，在東單牌樓又陰錯陽差地出了一個大紕漏。

原來總理衙門限各國使節在二十四小時內下旗回國，但理由並不充足，偏巧德國公使克林德性情十分急躁，德國人做事又特別認真，這位公使便帶著翻譯衛士坐著轎子去總理衙門交涉，但他知道京裏很亂，怕遇上義和團，所以在轎子裏預藏了一把手槍，以便緊急時自衛，想不到經過東單牌樓比國使館時，手槍走火，館中守衛以為是官兵來攻，於是蜂湧衝出，開槍掃射。這時恰巧有一隊武衛軍經過，以為館中守衛是向他們開槍，便立刻還擊，頓時彈雨橫飛，這位公使正好被流彈打死，那位膽小的翻譯，一看情形不妙，便棄轎而逃，衛士都逃回使館說武衛軍殺死了公使，德國使館立刻通告各國使節，各國使節人人自危，紛紛加強自衛，不願出京，也不肯就此罷休，而此時大沽砲臺已被日、英、德、俄四國軍隊佔領，京城城門已經關閉，如臨大敵，城內已成為義和團的世界了。

當這個意外事件發生時，龍從雲帶著卜天鵬也正好從這兒經過，他也差點兒被流彈所傷。他匆匆趕回家，告訴老太太，老太太怔了半天，深深歎口氣說：

「老天，怎麼在這個節骨眼兒又出了這麼大的紕漏？」

「有人正愁兜著豆兒找不到鍋炒，這下義和團更可派上用場了！」龍從雲說。

「天意，莫非天意？」老太太搖頭歎氣：「眼看著我們真要遭劫了！」

「娘，您看我們有什麼法子逃過這場劫？」

「覆巢之下無完卵，現在城門已閉，我們成了甕中之鱉，要是洋人打進京來，還不是大家一鍋兒爛？」

「我們既不是教民，也不是義和團，為什麼要遭這種無妄之災？」蝶仙斗膽插嘴。

「因為我們是中國人，又住在京裏。這就叫做『禍福與共，休戚相關』。」老太太說。

「福我們是沒有享到，看樣子禍倒逃不掉了。」梅影說。

「俗話說：『女人屙尿撒不過籬笆。』說來說去，我看這要怪我們女人了！」老太太說。

蝶仙想笑，又不敢笑。龍從雲接著說：

「如果娘不說這句話，兒子還不敢講。事情弄到這等地步，那幾位糊塗的王公大臣固然難辭其咎，老佛爺的小心眼兒……」

龍從雲剛說到這兒，前面忽然傳來「王進士駕到」的聲音，龍從雲連忙住嘴，又警告蝶仙她們說：

「妳們小心了，千萬不可多嘴。」

龍從雲一說完，王進士便手持長菸桿，正邁著方步走來，後面還多了一個頭上纏著一塊紅布的跟班。

「王兄，今天是什麼風吹來的？」龍從雲笑著拱手相迎。

「雲兒，今天是特地來看看您和老夫人的。」王進士滿面春風地回答。

「勞駕了，不敢當，不敢當！」龍從雲一面說一面引他進來。

老太太看他進來，起身相迎。王進士自個兒進來，讓跟班的站在門外，彷彿守衛似的。

「王進士，許久未來寒舍，這一向可好？」老太太笑問。

「託老夫人的福，比往日是好多了，就是太忙。」王仁儒說。

「能者多勞，自古皆然。」老太太說。

蝶仙奉上好茶好菸，又替他上好菸絲，點燃紙捻，他大模大樣地吸了一口，吐出一道菸圈，喝了一口熱茶，望望龍從雲說：

「雲兒，聽說府上最近出了一點事兒？」

「王兄，家門不幸，運氣不好，是出了一些事故。」龍從雲回答。

「聽說黃嬤的丈夫是個二毛子，有沒有這回事兒？」

「不錯，已經被義和團殺了！」

「那是他該死。」王仁儒說：「一個堂堂正正的黃帝子孫，為什麼要去當二毛子？」

「因為他家裏太窮，沒有那兩袋洋麵活不下去。」

「餓死事小，失節事大。再窮也不能去當二毛子。」

「雲兄，他一個升斗小民，又沒有讀書，真是未聞君子之大道也，他怎麼懂得您講的這般大道理呢？」

「王進士，他白白地送了一條命，實在冤枉。」老太太說。

「老夫人，您是慈悲為懷，依我看倒是一點兒也不冤枉。」王仁儒說。

「一條活生生的人命，一下子不明不白地完了，怎麼不冤枉？」

「老夫人，如果大家都數典忘祖，去當二毛子，那不但會亡國，還會滅種。所以義和團要殺一儆百。」

「古人說：『不教而殺謂之虐。』他沒有知識，連自己是怎麼死的都不清楚。您說冤不冤枉？」

「老夫人，現在再教也來不及了。古人也說：『治亂世，用重典。』不殺這些私通大毛子的不肖子孫，又何以對列祖列宗？」

「王進士，既然你這樣說，我就不敢冒大不韙了。」

「王兄，正陽門的大火，很多苦主都說是義和團放的，你知不知道？」龍從雲問。

「義和團像滾雪球一樣，愈滾愈大，人也愈來愈多，這我就不大清楚了。」

「聽說有些無賴，把紅布、黃布往頭上一包，他們也就是義和團了，有沒有這回事兒？」龍從雲笑問。

「這倒難說得很，反正我不管這種事兒。」王進士說。

「王兄，燒正陽門商場你不知道，是人是鬼也入義和團，你也不知道，這真太危險了！」龍從雲暗自捏把冷汗。

「雲兒，成大功者不拘小節，雞鳴狗盜之徒都有用，韓信將兵，多多益善，只要大家同心扶清滅洋，那又何必斤斤計較，拒人於千里之外呢？」王仁儒說得十分輕鬆。

「這次正陽門商場大火，很多人趁火打劫，這裏面難免沒有義和團？」

「人上一百，良莠不齊，這也難說。雲兒這次損失多少？」

「不但瓷莊全都燒光了，天行還差點兒送了性命。」

「這我倒未聽說。」

龍從雲便將經過情形告訴他。他敲敲菸斗說：

「這是府上有德，天行大難不死，必有後福。」

「王進士，現在還說什麼後福，我正耽心眼前這場大劫如何度過呢？」老太太說。

「老夫人，這您大可放心，這次一定可以把洋人統統消滅，永絕後患。」王仁儒說。

「日本書記、德國公使這兩樁公案，恐怕不容易了結吧？」

「到時候不了自了。」王仁儒神祕地笑笑。

「王兄，你們有何妙策？」龍從雲問。

「雲兄，事關國家大計，現在還不便講。」王仁儒雙手抱拳向龍從雲拱拱手。「不過，我可以告訴雲兄：太后老佛爺、王爺和大師兄已有萬全之計，一定可以報仇雪恥。」

「聖上的意思怎樣？」

「他能保住腦袋瓜子就很不錯了。」

「這樣說來，朝廷的意見並不一致呀？」

「王爺大權在握，一龍二虎已經不敢吭氣了。」

龍從雲也不敢再講下去，王仁儒起身對老太太和龍從雲說：

「老夫人、雲兄，您們不必耽心，靜聽好消息好了。」

王仁儒又邁著方步離開，那位頭纏紅布的跟班亦步亦趨，走到前面突然被黃嬤嬤發現，她像隻偷咬人的母狗，發瘋似地從後面竄上去，抓住跟班的右手臂，狠命的咬了一口，跟班的痛得大叫一聲，轉身一腳，把黃嬤嬤踢倒在地上，又趕上去連踢幾腳，黃嬤嬤痛得在地上打滾，嘴裏卻又叫又罵。王仁儒走在前面，不知道發生了什麼事故？起先頭子一縮，雙手抱頭，準備奪門而逃，隨後回頭一看，發現是黃嬤嬤，而且被跟班的踢倒在地，他立刻頭一昂，胸脯一挺，大聲地對跟班的說：

「給我打，打死這個賤人！」

跟班的正舉腳要踢，想不到卜天鵬卻從老遠一個箭步躍到他的身邊，右手輕輕一抄，把他的一隻腳抄到手裏，跟班的一動也不能動，要不是卜天鵬扶了他一把，差點兒跌個仰面朝天。卜天鵬卻笑著對他說：

「這位大哥，請腳下留情，再踢就會出人命了。」

王仁儒一怔，他沒有想到卜天鵬身手這麼矯捷，跟班的更傻了眼，他被卜天鵬制住，動彈不得，卜天鵬如果雙手一抬，可以把他拋得很遠；如果一隻手向上一托，他會跌個仰面朝天；如果那隻握住他的手用力一捏，他的腳脛骨會被捏碎，正好這時龍從雲從後面趕來，連忙向跟班的抱拳道歉：

「真對不起，想不到黃嬤嬤這麼無知，有眼不識泰山，冒犯了這位大爺。」

卜天鵬也把跟班的腳放下，抱拳向他一揖：

「得罪，得罪！我卜天鵬向這位大哥陪禮。」

跟班的氣得滿臉通紅，但又不敢對卜天鵬怎樣。

龍從雲又連忙向王仁儒說：

「王兄，你知道黃嬤嬤是個無知的婦道人家，請你原諒她這一次。」

「雲兒，她丈夫私通大毛子，該誅九族，她不知悔過，反而這樣無禮，其罪當誅。今天要不是看在與雲兄幾十年的交情份上，我一定要活活把她打死！」

「王兄息怒，她現在傷得很重，改天我一定要好好地備一桌酒席，讓她向王兄和這位大爺磕頭陪禮。」

王仁儒看看黃嬤嬤像隻洩了氣的皮球，癱在地上，動彈不得，口裏也不再叫罵，無聲無息，如同死屍一般，便悻悻地說：

「今天我就饒了這個賤人！不過我倒要奉勸雲兄一句：最好立刻打發她，免得惹禍上身。」

「王兄千萬包涵，我一打發她，她就沒有生路，一人哭，一家哭。家母念經禮佛，更不能見死不救？」

王仁儒悶聲不響，又歪著眼睛打量黃嬤嬤一眼，看她真像個死人，便賣弄地說：

「雲兄，我還是這句話：看在我們幾十年的交情份上，這次我饒了她，她要是給我在外面碰上，她就休想活命了。」

「多謝王兄和這位大爺的海量。」龍從雲抱拳向他們兩位拱拱手，親自送到門口，門口還停著一頂轎子，他眼看著王仁儒上了轎，轉身進來。他想王仁儒真的發跡了！

龍太太吩咐劉嬤嬤和丫鬟秋月、玉蘭把黃嬤嬤扶了起來，但她伸不直腰，站立不穩，她開始哼聲歎氣，聲音很弱很低，龍從雲看她這副形象，知道受了內傷，連忙吩咐卜天鵬請跌打損傷醫生，這種醫生都是武術行家，卜天鵬認識很多。

黃嬤嬤知道龍從雲替她揹了很大的責任，又替她去請醫生，她流著眼淚對他們夫妻兩人說：

「老爺、太太，真對不起！我替您們惹了這麼大的麻煩。」

「不必說了，妳好好休息。」龍從雲說。

「老爺，我實在有冤無處訴，我報不了仇也要咬下他一塊肉。」

「殺你丈夫的未必就是他？」龍太太說。

「我顧不了許多，他們都是一個窯裏的貨。老爺、二少爺也是受害人，我咬他一口也替老爺、二少爺出口氣。」

「黃嬤嬤，這樣報復不是辦法。其實大家都是自己人，這樣相互仇恨，自相殘殺，真是笑死洋人。」龍從雲說。

「老爺，我丈夫信教是為了掃地，為了吃飯，我婦道人家，更不懂什麼洋教。王進士平日講仁義，說道德，他為什麼也這樣作踐我們？」

「王進士想做曾國藩第二，他愛國並沒有錯，只是他比曾文正差遠了，他的想法做法都離了譜。他這樣下去不但會害了大家，說不定也會害了自己。」

「老爺，恕我說句放肆的話，他雖然是個進士，我是不識一個大字，可是我心裏很不服他，您要我改日向他磕頭陪禮，我是寧死也不願意的！」

「黃嬤嬤，妳怎麼這樣不明白？老爺要是不這樣說，當時怎麼下得了臺？」秋月提醒她。

黃嬤嬤不再作聲，只嚶嚶地哭泣。龍太太吩咐秋月她們扶她進房休息。

龍從雲夫婦到後面來報告老太太，其實蝶仙、香君已經趕到前面來看過，先報告了老太太，老太太的心情很沈重，她一看見兒子、媳婦便說：

「我們家過去像口古井，平靜得很。現在一連發生這麼大的事故，真令人耽心。」

「娘，王進士已經見風落篷，我想他也不能不顧幾十年的老交情，您不必太耽心。」龍從雲說。

「他要是通氣兒的話，就不該對黃嬤嬤那麼凶神惡煞，打狗也要看主面。我看要不是卜師傅及時把那個跟班的制住，恐怕你還收不了場？」

「娘說得有理，我看王進士是有點兒吃硬不吃軟。」

「以後我們可得敬鬼神而遠之。你吩咐下去，要是王進士再來，人人都要敬他三分，千萬不可得罪；要是他斷了我們這條路，我們也不必高攀。」

「兒子一定照娘的意思辦。」龍從雲說著就和太太一道離開。

香君又回到天行房裏來，天行歪在床上休息，文珍坐在床邊陪他聊天。香君把前面發生的事情和老太太的話都告訴他們。天行半天沒有作聲，文珍歎口氣說：

「黃嬤嬤又白捱了一頓拳腳了。」

「她也咬了那傢伙一口，不算白捱打。」香君說。

「男人的皮厚，她未必咬得痛他？」文珍說。

天行笑了起來，香君也好笑，接著又說：

「照妳這樣說，那黃嬤嬤該用刀子捅他一刀了？」

「那會捅出人命的。」文珍說。

「咬又咬不痛，捅他一刀又怕出人命，那該如何是好？」香君笑問文珍。

文珍也不禁失笑。天行卻說：

「看不出黃嬤嬤倒有幾分烈性？」

「丈夫、兒子是女人的命根，義和團殺了她的丈夫，她不狠也狠，不烈也烈。」文珍說。

「這樣說來，女人倒還真不好惹？」天行笑說。

「人怕傷心，樹怕剝皮，做任何事都不要做得太絕。」文珍說。

「妳看王老師有沒有做絕？」天行問文珍。

「我看他是在耍威風，不過做得有點兒過火。」文珍說。

「卜師傅真是及時雨，不然黃嬤嬤的性命難保。」

「我看她不死也去了半條命，那傢伙也是有兩下子的。」香君說。

「不知道卜師傅有沒有請到高手？」天行望望香君說：「妳到前面去看看好不好？我和她同病相憐，妳就說我和小姐問候她好了。」

香君來到前面，劉嬤嬤正陪著一位看來四、五十歲的跌打損傷醫生在黃嬤嬤房裏大費口舌。因為醫生要黃嬤嬤解開衣服推拿，她死也不肯。她抓緊衣褲說：「我情願死，也不能丟人現眼。」

「卜師傅好不容意請來這位高手，妳不肯推拿，妳怎麼會好？」劉嬤嬤說。

「當初我不知道是這樣子治傷的？我要是知道，就不會讓卜師傅去跑這一趟路。」黃嬤嬤說。

「大夫，您還有沒有別的法子？」劉嬤嬤問。

「受了傷立刻推拿最有效，貼膏藥只是輔助辦法。」醫生說。「我看這位大嫂受的傷不輕，也不止一處，她如果想早點兒好，我只要推拿一次，再貼幾張膏藥，保險七天見效。」

「黃嬤嬤，大夫說只要推拿一次就行，妳就想開一點兒吧？」劉嬤嬤笑著勸她。

「劉嬤嬤，我們都是女人。那狗東西陰毒得很，我有些傷是見不得人的。」黃嬤嬤哭喪著臉說。

醫生聽她這樣說，連忙從口袋裏掏出幾張大狗皮膏藥交給劉嬤嬤：

「那就偏勞你這位大嫂，先用燒酒替她在受傷的地方多揉揉，活活血，然後把膏藥在火上烤熱，再貼上去。兩天一換，今天我帶來的膏藥大概只夠貼一次，過兩天麻煩卜師傅再去多拿幾張好了。」

說完他隨即退了出去，卜天鵬在外面等他，他見了卜天鵬笑著搖搖頭說：

「婦道人家，我無能為力。」

「那她的傷怎麼會好？」卜天鵬說。

「光貼膏藥要多拖些日子，那只好偏勞您多跑幾趟了。」醫生說著就拱手告辭。

卜天鵬塞給他一個紅包，把他送到門口，約好時間再去拿膏藥。

卜天鵬將經過情形報告龍從雲，龍從雲沈吟了一會說：

「先貼膏藥試試看，萬一不好，再送醫院。」

「一上醫院那就由不得她了，洋人是一定要親眼看的。」卜天鵬揹天行去醫院時外科大夫就把他的褲子褪下，幸好天行是男人，又暈了過去。如果也像黃嬷嬷這樣，那就太費手腳了。

「那就等著瞧吧！」龍從雲也無可奈何地說。

香君也將黃嬷嬷的情形報告天行、文珍。天行笑著說：

「這樣看來，女人是受不得傷的？」

「我們女人大門不出，二門不邁，受傷的機會本來就少。」文珍說。

「黃嬷嬷受傷的地方也稀奇古怪，看來那傢伙也太下流了！」香君憤憤地說。

「『相罵無好言，相打無好拳』，人在氣頭上。他還會管你什麼地方踢得，什麼地方踢不得的？」天行笑著說。

「少爺，你到底是男人，」香君杏眼圓睜地望著他：「看樣子你倒有點兒偏袒那個傢伙了？」

天行看香君兩眼睜得大大的，連忙笑著搖手：

「沒有，沒有，我怎麼會偏袒兇手呢？」

「你要是偏袒那個傢伙，我真恨不得那天夜裏那傢伙沒多捅你一刀呢！」香君眉眼一挑，似笑非笑地說。

天行和文珍相視一笑，文珍調侃他說：

「誰叫你自己討賤呢？」

第十五章　柳敬中偶爾月旦　古美雲一身風塵

天行的身體一天天復元，老太太十分高興，對文珍、香君兩人的照顧，更加滿意。她也逼著天行一早一晚陪著她念《金剛經》。天行記性好，念了幾遍就背得滾爪爛熟，老太太更加高興。一天晚上閒聊時，她當著文珍、梅影、蝶仙、香君的面說：

「天行學什麼像什麼，很有幾分慧根，希望他能成為我們龍家的傳人。」

「二少爺大概是天上文曲星下凡吧？」梅影說。

「聽說二少爺出生的時候，正是冬天裏難得的小陽春天氣，風和日麗，而且滿屋子都是香氣。」蝶仙說。

天行不作聲，只是暗笑。梅影平時不大說話，生怕自己說錯了話，首先問他：

「二少爺，難道我說錯了？」

「梅影姐，妳太抬舉我了！」天行笑著回答：「婆婆把我當豬來養，我那會是天上的什麼星宿。不要說不是什麼文曲星，連天蓬元帥都不夠格呢！」

「妳們看，他還恨我呢！」老太太也好笑：「可惜我還沒把他養成天蓬元帥那個樣兒。」

「老夫人，無論您怎麼養？也不會把二少爺養成個豬八戒呀！」蝶仙笑著接嘴。

「要是二少爺變成了豬八戒，那不笑死人？表小姐才不會喜歡咧！」香君望望天行又望望文珍說。

「妳又不是表小姐，妳怎麼知道？」蝶仙故意望著香君黠笑。

「蝶仙姐，人家這麼猜嘛！」香君紅著臉說。

「我看是此地無銀三百兩呀！」蝶仙掩嘴一笑。

「蝶仙姐，妳剛才說的那些話，又何嘗不是捕風捉影呢？」香君問她。

「我是聽老夫人說的，可有根有據呀！」蝶仙理直氣壯地回答。

「說不定那也是老太太自個兒編的，找妳開心呢？」天行故意望了老太太一眼說。

「才不呢！老太太為什麼要編這個故事尋我開心？」蝶仙一面回答天行，一面望著老太太說：「老夫人，您說是不是？」

「我可記不得我什麼時候說過這樣的話呀？」老太太笑著故意否認：「我好像記得那是個暴風雪的夜裏，聽見一個丟在我家大門外的野孩子哭得可憐，我一時心軟，才叫人把他撿回來的。」

老太太一說完，大家都笑得前撞後仰，蝶仙笑得伸不直腰，過了一會，雙手撫著肚子，笑著對老太太說：

「老夫人，您這是當面耍賴，明明是您講的，您現在反而編個故事來否認，您教我們做下人的怎麼說話算話呀？」

「蝶仙姐，我說了那是老太太自個兒編的找妳開心的吧？」天行笑著說。「現在不是當面揭穿了！」

「二少爺，那您也承認您是撿來的了？」蝶仙反問他。

「我是怎樣來的，我自己並不知道。老太太既然這麼說，我不承認也得承認了。」天行坦然笑道。

「要是我才不承認呢！」蝶仙笑著搖頭。

「老太太是金口玉言，妳敢不承認嗎？」天行笑問。

「二少爺，我上了一次當，學了一次乖。照您這樣說來，以後老夫人無論說什麼，我都當作耳邊風，我只望風點頭好了。」蝶仙狡黠地笑笑。

大家又笑了起來，老太太指著蝶仙笑罵：

「妳這丫頭，妳就有許多鬼心眼兒！」

「老夫人，這叫做上樑不正下樑歪呀！您不教我我還不會呢？」蝶仙笑嘻嘻地望著老太太。

「梅影，妳還不快去給我掌嘴？」老太太笑著對梅影說。

梅影站著直笑，文珍也笑著調侃：

「外婆，您的話不靈了。這可是您自己砸掉金字招牌的呀！」

蝶仙更好笑，老太太笑著對文珍說：

「那妳快給我掌嘴好了？妳總不能不顧全外婆的面子吧？」

「外婆，您看蝶仙姐給您養得那麼細皮白肉的，我怎麼打得下手？」文珍笑著指指蝶仙又白又嫩的臉蛋說。

「好，妳們都憐香惜玉，那我也做個順水人情，饒她一次好了。」老太太笑著說：「免得她在背後說我不通人情。」

「老夫人，您這就冤枉我了！」蝶仙連忙抗議：「我幾時在背後說過您老人家半句壞話兒？」

「誰人背後無人說，那個人前不說人？我又不是聖人，妳說得再多，我也只好裝聾作啞了。」老太太故意逗她。

老太太逗得大家都笑，蝶仙卻喊冤似地說：

「老夫人這一釘鈀打下來，可真冤死我了！」

「我的景德瓷莊燒光了我都沒有喊冤，那妳去喊吧？像黃嬤嬤一樣，看有誰聽妳的？」老太太望著蝶仙還自發笑。

「老夫人，照您這樣說來，那我只好打落門牙和血吞了？」蝶仙自我解嘲地說。

「不吞也得吞，」老夫人指指天行說：「像我們這位二少爺，被人家捅了一刀，他還不是不吭一聲?」

大家又被老太太逗笑了，天行也好笑，他望著老太太說：

「婆婆，剛才您還說希望我做龍家的傳人，像我這樣的窩囊廢，怎麼傳得下去?」

「所以剛才蝶仙說你出生的時候是什麼風和日麗的小陽春啦，滿屋子都是香氣啦，我都不敢承認。」老太太說。

「老夫人，那您又為什麼希望二少爺成為龍家的傳人呢?」香君急著問。

「那不過是我趕鴨子上架，一廂情願罷了。」老太太說。

「唉!反正我是撿來的，所以一會兒豬呀!一會兒鴨呀!那是什麼文曲星啦?蝶仙姐說的真比唱的還好聽!」

天行一說完大家已經笑作一團了。老太太也笑彎了腰。

「唷，好一幅天倫樂圖!」柳敬中突然出現在門口，笑盈盈地望著大家說。

老太太抬起頭來，看他神定氣閒地站著，連忙起立歡迎，同時笑著回答：

「我們是黃連樹下彈琴，苦中作樂。老前輩是什麼風吹來的?」

柳敬中笑著走了進來，看了大家一眼。天行、文珍趨前問好，他含笑點頭，在老太太對面坐下，從容不迫地回答老太太的話：

「我是被一陣狂風吹來的。」

「什麼狂風?」

「難道老夫人不知道？」

「老前輩不明說，我怎麼敢亂猜？」

「火燒正陽門商場老夫人可知道？」

「那自然知道，我們家的瓷莊已經燒光了。」

「殺死日本使館書記、德國公使，老夫人知不知情？」

「也知道。」

「外面的人像瘋狗，亂咬亂叫，老夫人大概還不知道吧？」

「統統知道。」

「上上下下像發了狂，這陣風不是狂風是什麼？」柳敬中望著老太太一笑。

「『城門失火，殃及池魚』，我們家接連出了幾件禍事，老前輩知不知道？」老夫人問。

「恐怕傳聞失實，今天我特來求證一下。」柳敬中說。「老夫人可不可以明告？」

「老前輩不是外人，我自然照實奉告。」

老太太便將最近發生的幾件事故詳細地告訴他。他看著天行，笑問：

「復元了沒有？」

「好是好了，不過精神體力還比不上從前。」天行回答。

「這都是無妄之災。」柳敬中說。「現在正是盲人騎瞎馬，夜半臨深池呢！」

「老前輩，這怎麼得了？」老太太說。

「總是國家倒楣，老百姓遭殃。」

「正陽門一把火，我們已經元氣大傷了。」

「老夫人，我還要告訴您一個更不好的消息。」

「什麼消息？」

「天津丟了！」

「前天我還聽說官軍和義和團打了個大勝仗，賞了十萬兩銀子，怎麼今天就丟了？」老太太十分奇怪。

「那是哄老佛爺的，何曾打過什麼鬼的勝仗？其實天津早幾天就丟了，現在聯軍已經出了安民告示。」

「難道義和團的引魂旛、混天大旗、雷火扇、陰陽瓶、九連環、如意鉤、火牌、飛劍八寶，一點兒都不靈光？沒有派上用場？」蝶仙問。

「派是派上了，不過一遇上洋槍大砲，一寶都沒有用上，三千義和團當時就死了一大半，其餘的都作鳥獸散，四處打家劫舍，變成土匪了。」

「那紅燈照呢？也不管用了？」蝶仙又問。

「那像小孩兒吹豬尿泡，早吹炸了。」柳敬中笑著回答。

「那些仙姑呢？」老太太問。

「還有兩種傳說。」

「那兩種？」

「一是說她們的黃蓮聖母、五仙姑、九仙姑，前幾天就逃出天津了，躲在船上，被淪為盜匪的義和團逮住，獻給都統衙門，領了重賞。」

「另外一種呢？」

「另外一種說法是被洋人逮住，送往歐洲各國巡迴展覽了。」

「那真丟人丟到外國了！」蝶仙說。

「我們在天津看到的那麼多紅燈照仙姑，難道都被逮住了？」老太太又問。

「當然也有許多漏網之魚。本來她們多半是風塵女子，樹倒猢猻散，大都重操舊業，送往迎來，洋人自然分不清楚誰是仙姑誰不是仙姑了。」

「笑話，這真是一場大笑話！」老太太直搖頭。

「老夫人，以後的笑話兒恐怕還多著呢？」柳敬中說。

「老前輩，最近你有沒有碰到過王進士？」

「老夫人，現在他正發燒，我躲避他都唯恐不及，還敢碰他？」

「唉！大家都是幾十年的老朋友了，他過去不走運的時候，還能相處，一走運了反而格格不入，真沒有想到？」老太太感慨地說。

「老夫人，有些人只能共貧賤，不能共富貴，您看王進士是不是這種人？」

「我看是愈來愈像了。」

「說真格的，我倒有點兒替他耽心？」

「老前輩，上次我問您您不肯講，這次您可不可以告訴我到底替他耽的什麼心？」

「老夫人，天津丟了，您就知道義和團有多大的用處？那就不用我再說了。」

「這早在我意料之中，京城的義和團當然也不會出現什麼奇蹟。」

「王進士和那幾位王公大臣，還把義和團當做對付洋人的法寶，簡直把趙福星、李大成當作天神一樣供奉，您看這還會有什麼好結果？」

「要是再出大紕漏，那就更不可收拾了？」

「現在是『箭在弦上，不得不發』，而且也有點兒騎虎難下。」

「老前輩，人已經殺了不少，教堂也燒過，正陽門也放了火，日本書記、德國公使都死了，他們還想把地翻過來？」

「聽說他們要圍攻使館。」

「真會這樣胡鬧？」老太太差點兒從椅子上跳了起來。

「老夫人，無風不起浪，而且是寧壽宮傳出來的消息，大概假不了？」

「我是但願王進士他們成功，替我們中國人出口氣，只怕老天也幫不上這個忙？」

「老夫人說的不錯。我真不知道王進士心裏到底想些什麼？冷板凳坐了這麼多年，臨老還要湊這個熱鬧？」

「這大概就叫做不甘寂寞吧？」

「王老師大概是愛國愛得發狂了吧？」天行說。

「不過我的看法倒有點兒不同？」柳敬中說。

「老前輩有何高見？」老太太連忙問。

「王進士的書沒有讀通。」

柳敬中這句話一出口，大家都面面相覷。王仁儒是二甲進士出身，誰也不敢說他的書沒有讀通，柳敬中是第一個說這話兒的人，他看大家都不作聲，再加上兩句：

「因為書沒有讀通，一切毛病都出在這兒。」

「老前輩，您說他書沒有讀通，他還以曾湘鄉自許呢！」

柳敬中笑了起來，隨即正容說：

「今天的洋人不是當年的洪秀全，今天的義和團更不是當年的湘軍，他王進士更不是曾國藩，這二者之間實在差得太遠了！」

「老前輩，若論功名，王進士倒真是科班出身。」老太太笑著說。

「老夫人，功名不過是唬人騙人的幌子，而且這不是功名問題，而是學問的關係，王進士實在是個書獃子。當年曾湘鄉雖然起自民間，但他對付打著耶穌教旗號的洪秀全卻使出了一個大擋箭牌。」

「柳老師，那是什麼擋箭牌？」天行問。

「孔聖人哪！」柳敬中笑道。

「王老師也是開口聖人閉口聖人的呀！」天行說。

「光是嘴裏喊喊聖人有什麼用處呢？」柳敬中說：「必須要有一套好作為才行，王進士有嗎？」

大家都不作聲，他們心裏反對的也正是王進士的行為和做法，柳敬中看看大家沒有話說，他又接著說下去：

「再說，曾湘鄉的器度修養那王進士更是相去十萬八千里了。」

「這點我也看得出來。」老太太說。

「曾湘鄉不但知人善任，不驕不餒，當他掃平太平天國，功高震主的時候，王瘋子勸他取而代之，他用手在桌上暗暗寫下『荒唐荒唐』四個字，這就是識時務，知天命的通達之士。而江湖術士王鐵嘴的一句話，王進士竟信以為真，這就是沒有自知之明。」

「老前輩，我以為曾湘鄉的《冰鑑七篇》，就是一門大學問，也是他知人善任的根本。」老太太說。

「那不但是他知人善任的根本，也是他有自知之明的明證。可是一般人只知道他的《家書》有名，卻忽略了他的《冰鑑》。」

「柳老師，我以為他的《家書》只是表面文章，《冰鑑》才是他用人用世的法寶。」

柳敬中霍然而起，一手抓住天行的手臂，一手拍拍他的肩膀，一疊連聲地說：

「難得你有這份悟性！難得你有這份悟性！」

「老師過獎。」天行向他一鞠躬。

柳敬中又坐回原處，笑著對老太太說：

「老夫人，曾湘鄉可謂陽儒陰道。假道學、書獃子是不能用世的。」

「前輩高明，前輩高明！」老太太欠欠身子說：「王進士不但不懂《冰鑑》，他還認為那些學問和一切科學家的東西都是旁門左道呢。」

「王老師只讀《家書》，不讀《冰鑑》。天行說：「有一次他碰見我看《冰鑑》，還訓了我一頓。他說讀書人只要正心、誠意就行，半部《論語》就可以治天下的。」

柳敬中啞然失笑，隨後又望望老太太說：

「老夫人，那這次我也樂觀其成了。」

「老前輩，好在這次王進士不在，我們又少有機會這樣暢談一番，說實在的，我也很關心他，他一輩子都沒有走什麼好運，花甲之年了，才走上這部好運，但您好像不以為然似的，這究竟是什麼道理？」

「老夫人，生死大事，不敢信口雌黃。」柳敬中向老太太拱拱手說：「那次我看過他之後，心裏一直嘀咕，但願王鐵嘴對，是我看走了眼。」

「老前輩，大家聊天，只當作是一句戲言好了，您但說何妨？」

「老夫人，我怕他們嘴上無毛，」柳敬中笑著掃了天行、文珍、蝶仙他們一眼：「所以我不敢說出來。」

「老師，您說好了，我們不會隨便亂講的。」文珍說。

「你們留意王進士的印堂沒有？」

文珍她們搖搖頭，她們根本不知道什麼是印堂？又在什麼地方？老太太、天行知道，但沒有仔細留意，因此也搖搖頭。柳敬中又說：

「王進士印堂懸針，本來不利六親和官場。上次我看見他印堂紫後發黑，準頭兩顴也有一層愁雲慘霧，這都不是好兆頭。」

「老前輩，這關什麼吉凶？」老太太問。

「輕則削職丟官，重者刑戮。」柳敬中回答。

「老前輩，你看重不重？」

「當時就很不輕，不知道這幾天如何？」

「可惜我沒有留意！」老太太有些後悔：「不過我看他臉上好像有一股晦氣？」

「那就八、九不離十，是轉壞不是轉好了。」

「那會怎樣？」

「不是我危言聳聽，恐怕會大禍臨頭。」

「昨天他來我家時，不但有跟班，還坐轎子呢！」

「這就是老子說的『禍兮福所倚，福兮禍所伏』了！」

「老前輩，說真格的，我真希望您看走了眼。」老太太向柳敬中笑道。

「老夫人，但願如此。我也不願見王進士身遭橫禍。」柳敬中笑著回答。

這時前面突然傳話過來：

「狀元夫人來了！狀元夫人來了！」

老太太一怔，她心想莫非是許狀元許鼎文的如夫人，她的乾女兒賽西施古美雲來了？自從許鼎文去世後她便去蘇州、上海了，後來又聽說到了天津，開什麼「書寓」？但沒有去查證，不敢確定？許鼎文在世時和柳敬中是好朋友，和龍家交往更為密切，古美雲和龍老太太更為投緣，因此拜了老太太作乾娘。她去到南方後起初常有信來，後來漸漸稀少，終至音訊不通，杳如黃鶴。老太太知道她生長蘇州，那是個好地方，以為她回到江南故鄉後生活安定，或是再嫁他人？因為她嫁許鼎文做如夫人時才十四歲，許鼎文死時她還不到二十歲，這般花樣年華，又是如花似玉的美人還愁找不到一個好的歸宿？因此老太太雖然聽到一些流言，但不相信，更不相信她會在天津開書寓，送往迎來。而賽西施因為嫁給許鼎文做如夫人後，就隨這位欽差大臣到了德國，交遊廣闊，遍遊歐洲，回北京後又與北方名公巨卿、富商大賈更多往來，丈夫死後回到蘇州、上海住了一段時間，有頭有臉的熟人反而不多，她耐不住寂寞，便到天津開起書寓來了。但這畢竟不是什麼體面的事兒，所以她也不好意思和老太太聯絡。現在她突如其來，所以老太太和柳敬中都十分詫異了。

老太太和柳敬中還未定下神來，她便像一朵花兒似的飄到門口。老太太起身相迎，她碎步跑到老夫人面前，童子拜觀音似地向老太太一跪，喊了一聲「乾娘」，眼淚便如斷線的珍珠滾了下來。老太太連忙把她扶起，她又轉身向柳敬中喊了一聲「老前輩」，道了個萬福。

老太太拉著她在身邊坐下，又介紹天行、文珍給她認識，她端詳了一眼，慨歎地說：

「真是『十年一覺揚州夢』，二公子已經風度翩翩，表小姐也亭亭玉立了！」

天行、文珍也打量她一陣，他們還依稀記得她當年來往時，還不到二十歲，雖然已經結婚多年，正是十七、十八一朵花的少女年華，只是她比一般少女更成熟、更美。他們以前還沒有見過這樣的美人：瓜子臉、皮膚又白又細，真的吹彈可破；眉似春山一脈；眼如明星而汪汪似水；鼻子挺秀而直；嘴形端正，有稜有角，不大不小，嘴唇不厚不薄，而自然紅潤；牙齒雪白。偶然一笑，眉、眼、嘴、鼻彷彿都會說話似的，給人一種十分親切、和悅、愉快的感覺。現在雖然隔了十來年，她一身風霜，而風華未減，言談舉止更加成熟，又添幾分少婦之美。他們記得她很喜歡他們，他們也同樣喜歡她，老太太要天行叫她雲姑，要文珍叫雲姨，他們覺得她更像大姐姐。

老太太也在打量她，看她一身日常打扮，衣著不像以往那麼華麗，而且行色匆匆，驚魂未定，禁不住問她：

「美雲，這些年來妳都沒有和我通信，妳的情形到底怎樣？」

「乾娘，真是一言難盡。」她黯然笑答：「這幾年我一直在天津，生活雖然過得去，但並不十分光彩，我是盡量忘記過去，總是對自己說：『今天的古美雲，不再是狀元夫人，不再是欽差大臣的夫人了。』我心裏雖然很想念乾娘，可就是提不起筆來寫信。」

「那妳這次是從天津逃出來的了？」柳敬中問。

「是，老前輩。」她欠身回答。

「這真是難為妳了！」老太太同情地望望她那張白嫩的臉，和那雙三寸金蓮。

「在那種兵荒馬亂之下妳怎麼逃得出來？」老太太問。

「乾娘，您忘記了我會說洋人的話？」古美雲望著老太太笑說。

「啊，對了，我真忘記了妳會說好幾國洋話。」老太太也高興地一笑。

「天津的情形到底怎樣？」柳敬中問。

「我逃出來時正是雞飛狗跳，義和團放火、搶劫，洋人更是無惡不作，我實在害怕，才花了不少銀子逃出來。」

「就只你單人匹馬？」老太太問。

「乾娘，我一個人能逃出虎口來已經不容易，還能帶個累贅？」

「那妳還是一個人啦？」

她先點點頭，隨後又說：

「乾娘，我不是什麼三貞九烈的女人，但要想再嫁可也真不容易。高不成，低不就，所以一個人晃蕩到如今。」

「那妳是直接到我這兒來的了？」老太太問。

「不，我怎麼敢冒冒失失的過來？」

「妳怕我死了是不是？」老太太笑問。

「乾娘，您老人家真是劉伯溫，未卜先知。當初我心裏是有這麼一點兒顧慮，所以我先在旅館落了腳，休息了半天，才過來探望您老人家，而且先在前面看了二嫂，二嫂說您老人家老而彌堅，我這才三步併作兩步趕了過來。」

「妳真是心細如髮。」柳敬中笑著讚她一句。

「老前輩，不是我心細，是世界變得太快，今天不知道明天是個什麼樣兒？何況我和乾娘一別十來年？我也沒有想到會在這兒再見到老前輩？」

「人生如夢，我們都是過客。」柳敬中說。

老太太望著她，雖然依舊芙蓉面，卻難免風霜之態，因此又憐又愛地對她說：

「我看這樣好了，妳立刻寫張條子，我要高管家去旅館替妳把東西搬過來，妳就在我這兒住，京裏也很亂，住在我家裏比在旅館裏要穩當得多。」

「乾娘，那怎麼好意思？」她紅著臉說。

「美雲，天津丟了，妳落了難，我怎麼能不管妳？」老太太笑道：「誰教我是妳乾娘呢？」

「乾娘……」她拖長著聲音叫了一句，頭靠著老太太，眼淚撲簌簌地掉下來。

「妳快點兒寫張條子，我要高管家立刻去。」老太太扶起她的頭來，替她擦擦眼淚。

蝶仙捧出紙筆墨硯，她在茶几上匆匆寫了一張條子交給蝶仙說：

「麻煩妳告訴高管家，我只有一口箱子一個舖蓋捲兒，但這兩樣東西是我的全部家當，不能有任何疏失。」

她隨即在身上摸出一塊大洋，交給蝶仙，作為旅館的開銷，老太太阻止她說：

「這妳就別管了！」

「乾娘，我雖然落了難，也不能太寒傖，叫別人看不起？多少我還帶了一點兒細軟出來。」

老太太望著她又憐又愛，隨即對蝶仙說：

「那妳就交給高管家，要他快去快回，兩樣東西一樣也不能少。好在高陞客棧不是黑店，老闆又認識我們。」

蝶仙風擺柳地趕到前面去，一會兒又趕回來向老太太報告，說高管家帶著一個護院走了。

古美雲心中一塊石頭這才落下來。

柳敬中已經來了不少時候，他起身告辭，古美雲說：

「老前輩，怎麼我剛來您就要走？」

「我已經坐了很久，妳們娘兒倆一定有很多體己話兒要談，我怎麼好在這兒作蠟燭？」柳敬中風趣地說。

他說來就來，說去就去，老太太也不強留，要天行送他，天行和他邊走邊談：

「老師，洋人還沒有打到京裏，我們家就一連出了許多想也想不到的事故，真叫人納悶！」

「這就叫做『小船靠在大船邊，不起火也生煙』。」柳敬中說。「像賽西施這個弱女子，她還不是一樣受了無妄之災？」

「老師，您先前談的王老師和曾湘鄉的事，使我有許多感想。」

「你有什麼感想?」

「我覺得一個人如果書沒有讀通，又不識大體，既無自知之明，更無知人之明，還要假道學，不甘寂寞，攘臂而起，做衛道之士，那真危險。」

柳敬中望著天行一笑，拍拍他說：

「幸好你不是王進士!所謂：『一言興邦，一言喪邦。』就是這個道理。」

「王老師如果能安貧樂道，不也很好?」

「安貧樂道是要大學問、大智慧的，談何容易?孔子『用之則行，舍之則藏』，一般人就不容易做到；諸葛亮高臥南陽，怡然自得，劉先主三顧茅廬，他才出山，這更不是功名中人所能想像。」

「老師，我覺得今天的讀書人只想誆個功名，好去做官，要是做不到官，就如喪考妣，一做到官又不知民間疾苦，天下大勢，徒然誤國誤民，而且也不知道讀書的真正意義。」

「你說的對，真正的讀書人，一定要能出能入。」

「老師，能出能入是什麼意思?」

「能出才能入，不能出者入亦無用，能出能入，能入能出，才是高人。」

「老師，我懂了。」天行深深點頭。

「這話可不足為外人道啊!」柳敬中望著他說。

天行連連稱是，恭恭敬敬地把他送到門外才回來。

老太太正和古美雲娓娓而談，看他回來便抬起頭來問：

「柳老前輩走了？」

天行點點頭。

「奇怪，十年不見，柳老前輩還是老樣子？」古美雲說。

「他清心寡慾，養生有道。」老太太說。

「兩位少爺能從兩位名師，將來一定能出人頭地。」

「柳老前輩是學不到的，王進士不學也罷。」

「乾娘，此話怎講？」古美雲奇怪地望著老太太。

老太太便將王進士最近的情形告訴她，古美雲詫異地說：

「想不到，真想不到！天津已經被義和團害慘了，北京可不能再鬧了！」

可是，就在這天晚上，武衛軍虎神營、神機營和義和團便奉命圍攻東交民巷使館了。

第十六章　王仁儒量小心窄　古美雲見廣識多

守衛使館的洋兵不過四百人，圍攻使館的官兵卻有一萬多人，義和團也有幾千人，把使館區圍得水洩不通。

義和團持著引魂旛、混天大旗、雷火扇、陰陽瓶、九連環、如意鉤、火牌、飛箭等八寶和矛子、刀，在前面衝鋒鼓噪，喊聲震天動地，洋兵在使館內嚴陣以待，等義和團一衝到門口，或爬上圍牆，就放一陣排槍，人便像滾瓜一樣地統統倒下。咒語唸了也不靈光。還有很多人心一慌，手軟腳抖，什麼都忘了，子彈打在身上，痛得只會喊爹叫娘。沒有打死的人也被踩死了。後退的人又被督戰的官兵在後面開槍打死不少。

劉嬤嬤的丈夫就在這種情形之下身體被打成了黃蜂窩，又加上眾人踩踏，第二天拖回家時，已經不成人形。劉嬤嬤得知這個噩耗時沒有像黃嬤嬤那麼哭叫，她只是癡癡呆呆地流淚。黃嬤嬤卻忍不住說：

「想不到妳丈夫是個義和團？要是早知道，我真會和妳拼命！」

「黃嬤嬤，我也是苦命人。」劉嬤嬤哭著說：「我知道我丈夫平日歡喜使槍弄棒，但我不知道他當了義和團，又白白地送了一條命。」

「怎麼這種大事妳都不知道？」黃嬤嬤說。

「我一個月難得回去一次，他又霸道得很，向來不准我過問他的事，我怎麼知道？」

高管家照上次黃嬤嬤的例子，給了她三十塊錢，七天的假。

「怎麼這種事故都出在我們家？」老太太慨歎地說。

誰也不能解釋，只有納悶。

古美雲畢竟去過歐洲，見過世面。這次在天津更知道洋槍大砲的厲害，她對老太太說：

「乾娘，我真想不透，那些王公大臣怎麼會做這種糊塗事？使館也是攻得的？『兩國交兵，不斬來使』，古有明訓，現在全世界也沒有這個例子。」

「大概他們都給豬油蒙了心？」老太太說。

「義和團的矛子、刀和咒語，又怎麼敵得過洋槍大砲？這不是做白日夢？」

「雲姨，妳要是早來京城就好了。」文珍說。

「我既不是軍機大臣，又不是王爺，早來又有什麼用？」古美雲好笑。

「妳也可以勸勸那些王公大臣和王老師呀！」

「以前宮裏宴請各國公使，一時無人翻譯，有人想請我去湊數，都被王爺擋駕，他們怎麼會聽我的話？」

說也湊巧，沒想到王進士又帶著跟班的來了，大家都有些緊張，老太太也不自在。古美雲客氣地向他請安，他打量了她一陣，冷冰冰地說：

「賽西施，妳是什麼時候進京的？」

「昨天才來。」她說。

古美雲起初像被澆了一頭冷水，以前她丈夫在世，王進士對她不是這樣子的，他還在老太太面前說她什麼沈魚落雁啊，閉月羞花啊，如今十年不見，怎麼變成了這種態度？好在她已經久歷風塵，人情世故十分練達，她並不怎麼在意，還是照常說笑。

「王進士，今天到舍下有何見教？」老太太問。

「老夫人，雲兒不在家？我是想來商量一件事兒的。」

「什麼事兒？」

「卜師傅的武功很好，我想借用一下。」

「王進士，你想借他做什麼？」

「當我的保鑣。」

「你不是有一個保鑣嗎？」老太太指指門外的跟班說。

「不瞞老夫人說，比起卜師傅來，他還差得很遠。」他湊近老太太，輕輕地說。

「我們家現在正是需要卜師傅的時候，怎麼離得開他？」

「我這是情商，雲兄的需要恐怕沒有我急？」

「是不是時局更緊了？」

「不錯，昨天夜裏已經開始圍攻使館了。」

「我家劉嬤嬤的丈夫已經打死了，聽說不大順手是不是？」

「劉嬤嬤的丈夫也是義和團？」

「不錯，可是以前我們並不知道。可惜他白送了一條性命！」

「老夫人，勝敗兵家常事，開頭不順沒有什麼關係，我們人多，一人吃一口也會把那幾百個大毛子吃掉。」

「你們的咒語怎麼不管用了？」

「打前鋒的都是生手，他們忘了唸，所以才被打死。好在我們人多，死一、兩百人也不在乎。」

「要是天天這樣死下去，那也死不了多久。」

「五臺山普濟法師還有十萬神兵，王爺就要請來助陣，何愁洋人不滅？」

「王進士，再多的人也擋不住砲子兒。」古美雲說。

「妳婦道人家懂得什麼？」王進士白了她一眼。

「以前我在德國親眼看過他們的軍隊演習，這次在天津又親眼看到洋人的砲火厲害。」

「妳這是在長他人志氣，滅自己威風！」王仁儒兩眼一瞪，望著古美雲說：「莫非妳私通外夷？」

「王進士，我是好意，你千萬別誤會。」古美雲連忙陪個笑臉：「私通外夷的帽子我可戴不起。」

「妳別水仙花兒不開——裝蒜。妳在天津幹些什麼，妳以為我不知道是不是？」

大家都沒有想到王進士會說出這種話來，都替古美雲難堪，古美雲臉上也一陣紅一陣白，但她還是鎮定地說：

「王進士，人無千日好，花無百日紅，三十年河東，三十年河西，我在天津雖然不很體面，但我絕不賣國，絕未私通外夷。」

「我要是找到了憑證，我絕不會饒妳！」

王進士氣鼓鼓地站了起來，又對老太太說：

「老夫人，賽西施早已不是狀元夫人、欽差夫人了。她過去出過洋住過德國，這幾年她在天津又不清不白，府上怎麼能收容她？」

「王進士，她現在落了難，我們總不能不念舊情？人不能落井下石，何況她只是個弱女子，並沒有十惡不赦。」老太太說。

「老夫人，我是看在我們幾十年的交情份上，才說直話，現在外面風聲更緊，小心惹禍上身。」

「謝謝您的好意，我心領就是。」

「卜師傅的事，還請老夫人和雲兒商酌商酌。」

說完他就走了。

王仁儒一走，古美雲就倒在老太太懷裏哭了起來，一面哭一面說：

「乾娘，今天我真起早了，我沒有想到王進士會這樣侮辱我、為難我？我不知道我幾時得罪了他？」

古美雲大概不知道她的狀元丈夫許鼎文沒有把王仁儒這個二甲進士看在眼裏。有一次許鼎文和龍繼堯幾位同年榜眼、探花、翰林、進士雅聚，因為是龍繼堯作東，他順便把王仁儒邀來作陪，大家一時興起，即席限韻賦詩，大家都是詞章義理兼長的高手，唯獨王仁儒平日獨重義理而薄詞章，當時雖然勉強湊成一首七律，仍不免相形見拙，反而、大言不慚，說什麼詞章不過雕蟲小技，經世文章才是大學問，許狀元立即駁斥說：

「不擅詞章即無才情，無才情即同泥塑木雕，人生亦了無情趣，流弊所及，難為真君子，易成假道學。」

許狀元是以八股文章名列榜首，王仁儒不敢反駁，卻懷恨在心。這件事兒龍老太太也不知道，所以她說：

「妳沒有得罪他，大概是他在發瘋了？」

「一位有鼎鼎功名的讀書人，怎麼會這樣不通人情？」古美雲擦擦眼淚說。

「柳老前輩說他書沒有讀通，現在我才完全相信。」

「乾娘，聽他的口氣，他是要您撵我走的？」

「這可由不得他。」

「他要借卜師傅做保鑣就是一個難題目，萬一他栽誣我，說我私通外夷，那您老人家的麻煩就大了。」

「美雲，妳不要怕。是福不是禍，是禍躲不過，我們龍家沒有對不起他的地方，我也活了七十歲，隨他好了。」老太太十分堅定地說。

「老夫人，要是王進士真不識相，找雲姑奶奶的麻煩，卜師傅正好派上用場。」蝶仙說。

「蝶仙，王進士找我的麻煩，卜師傅怎麼派得上用場？」古美雲問。

「姑奶奶，妳不知道，上次王進士那個跟班打黃嬤嬤，王進士也要威風，卜師傅一出手，不但制住了他的跟班，也唬住了王進士。」

「真有這回事兒？」古美雲望望大家，老太太點點頭。

「打狗也要看主面，王進士居然做得出來？」

「王進士也是籮筐裏挑柿子，撿軟的吃。只要卜師傅給他一點兒顏色，保險他不敢再找姑奶奶的麻煩。」蝶仙說。

「蝶仙姐，妳以為王進士真會那麼笨，親自出馬？」香君問她。

「妳是說他會走馬換將？」蝶仙也反問香君。

「義和團有那麼多人，他不會支使？」

「妳也別把王進士看得太神通廣大了。」蝶仙說：「像他那種假道學、書獃子，誰也不會重用他。」

「蝶仙姐，妳怎麼敢下這樣的斷語？」

「王進士這個人我們太清楚了，我看他是成事不足，敗事有餘，我要是什麼王爺、大師兄，我才不會用他呢！」

蝶仙、香君兩人一問一答，逗得老太太、天行、文珍都好笑，天行笑著對蝶仙說：

「蝶仙姐，我看妳倒有知人之明啦！」

「我看她就是沒有自知之明。」老太太笑著故意貶她。

「外婆，蝶仙姐要是讀了王老師那麼多年的書，那她可比王老師高多了啦。」

「這倒是持平之論。」老太太點點頭。

「他是男，我是女，我就是讀了他那麼多年書，也不會讓我考什麼進士，派什麼用場，還不是給老夫人當丫頭？侍候老夫人一輩子？」蝶仙說。

蝶仙的話說得大家都笑了起來。老太太笑著說：

「這是有點兒不公平，太平天國還出了個女狀元呢！」

「要是男女一樣看待，我們家出個把女舉人、女進士是大有厚望的。」天行說。

「那我臨時抱佛腳也要去弄他個把秀才、貢生過過癮。」蝶仙眉飛色舞起來。

「那我可不讓妳去考。」老太太說。

「老夫人，那為什麼？」蝶仙連忙問。

「妳要是考取了秀才啦、拔貢啦，那誰來侍候我？」老太太笑問。

「老夫人，我說了我就是考取了進士也會侍候您的。」蝶仙說。

「妳現在說得好聽，要是真有那麼一天，妳就騎到我頭上來了。」老太太笑著逗她。

「老夫人，您以為我會過河拆橋？」

「可不是？人往高處走，水向低處流，我看得多了。」老太太笑說。

大家正談得高興，龍從雲突然從外面回來，他看見古美雲先是一陣驚喜，寒暄幾句後就憤憤地對大家說：

「真丟人！什麼八寶啦、符咒啦，全是自欺欺人的，義和團、官兵，又被使館那三四百個守衛打得落花流水了！」

「王進士剛才還說什麼勝敗是兵家常事，他們人多，一人吃一口也要把那三四百個大毛子吃掉的。」老太太說。

「他還在做夢！」龍從雲說。

「他不但還在做夢，我看他簡直是在發瘋呢！」

「娘，他來過了？」

老太太點點頭，把剛才來的情形都告訴他。

「他真是異想天開？在這個節骨眼兒卜師傅怎麼能借給他？」龍從雲說。

「我看他是有點兒心虛，想借卜師傅去壯壯膽。」老太太說。

「不管他是什麼理由，說什麼我也不能借。」

「你不怕他翻臉？」老太太故意試探兒子。

「娘，我們已經吃了義和團的大虧，給足了王進士的面子，別說我們正需要卜師傅，就是不需要他，也不能讓他去蹚這塘混水。他要翻臉就讓他翻好了！」

「你有什麼對策？」

「要是他自己來，我會和他打開天窗說亮話。不借就是不借！」

「要是他羞惱成怒，借美雲找岔兒呢？」

「那也簡單！」

「怎麼個簡單法子？」

「我四門緊閉，來一個殺一個，絕不能讓他胡作非為！」

龍從雲平日十分隨和風雅，樂於與人為善，看來像個好好先生，大家都沒想到他會這樣斬釘斷鐵，都睜大眼睛望著他肅然起敬，老太太頻頻點頭，笑著對他說：

「好，這倒不愧是我的兒子！」

「娘，我只是不像王進士那樣熱衷功名利祿，可也不是孬種呀。」

「所以你老子留下的這份基業，我就讓你去風雅了。」老太太欣然一笑：「不過這件事兒你還是要和卜師傅琢磨一下，讓他好有個準備。」

龍從雲立刻要香君去把卜天鵬找來，當面告訴他這回事，隨即問他：

「你的意思怎樣？」

「要是老爺不問我，要我去保護王進士，那我只好遵命；既然問我，我就不能不直說。」

「你直說好了，我不會勉強你的。」

「王進士是有功名的人，我當然不敢不尊重他；不過他平時眼睛裏完全沒有我卜天鵬這個戲子，今天怎麼會突然抬舉起我來了？」卜天鵬說。

「當然是看上了你的身手，想你保護他啦！」

「憑他王進士和我的私交，還沒有到我為他賣命的程度；憑他個人的德性，我更犯不著替他出生入死。我雖然是個戲子，但到了真該我賣命的時候，搜孤救孤的公孫杵臼我也幹。」

「話說開了最好，你放心，我也不會答應他的。」

「多謝老爺，那就免得我豬八戒照鏡子，兩面都不是人了。」

「要是王進士找你的時候，你就說你不去好了。」

「老爺，你想左了，他是不會找我的。」

「何以見得？」

「他怕失身分啦！」

「現在他有求於你呀？」

「我可無求於他呀！即使他不怕失身分，我還不想高攀呢！」

「有志氣！」老太太向他笑說。

「老夫人，人窮志不窮。我雖然是個唱戲的，可唱慣了趙子龍、武松、林沖，向來不唱三花臉的。」

「卜師傅，我歡喜看您的《長坂坡》、《甘露寺》裏的趙子龍，和《獅子樓》裏的武松、《夜奔》的林沖。」古美雲說：「可惜後來您倒嗓了。」

「如果我不倒嗓，那有機會在這兒護院？」

「現在你是英雄有用武之地了！」

「我倒希望我是聾子的耳朵，老爺永遠不要用上我。」

「你的話倒是正理。」古美雲點點頭。「不過這年頭的事兒卻很難說，一切都不按牌理出牌，我也想不到我會落到今天這種地步？您又怎麼想得到王進士要借您當保鑣？」

「夫人說的也是，往往人在家中坐，禍從天上來，十萬御林軍教頭林沖，要不是連他的娘子也保不住，他也不會殺人夜奔的。」

「卜師傅，快別叫我夫人，那是遠古往事了。」古美雲慘然苦笑。

龍從雲看看沒別的事，便對卜天鵬說：

「卜師傅，關於王進士的事兒，我們就這樣一言為定，現在你請便好了。」

卜天鵬恭恭敬敬地告退。龍從雲又對古美雲說：

「美雲，妳這次來，我還沒有好好地招待，實在怠慢，希望妳不要介意？」

「二哥，這是什麼年頭兒？您還講這些客套？」古美雲說：「您不怕我玷辱了您，不攆我走路，我就感激不盡了。」

「說那兒的話？娘和我豈是落井下石的人嗎？妳放心住好了。雖然我也被義和團搞的卸甲丟盔，心神不寧，但也不多妳一個人。」

「二哥，有您這幾句話，比請我吃滿漢全席還踏實。可惜我百無一用，不能替您分憂分勞！」

「在這種雞飛狗跳的時候，別說妳是個弱女子，就是我一個堂堂男子漢，也弄得六神無主。」

古美雲雖然不能給龍從雲分勞分憂，可是她卻給老太太解了不少悶兒。老太太愛聽她講歐洲各國的風土人情、風景名勝。以前雖然也講過不少，可是現在閒著無事，講得更多更仔細。古美雲聰明絕頂，口才又好，像說書兒一樣的動聽。老太太更欣賞她的語言天才，她在歐洲三年，居然學會了德、英、法、俄四國語言，現在還沒有忘記。她十四歲來北京時，本來講的是一口蘇州話，軟綿綿、嬌滴滴，很快就學會了京腔京調，現在更是一口京片子。

但是最愛聽她講話的是天行、文珍、梅影、蝶仙和香君他們。十年前，天行、文珍還是六、七歲的小孩子，不大懂事，也很少聽。梅影她們還沒有來，現在古美雲講的每一件事他們都覺得新鮮、有趣。香君更好奇，她時常發問。

「雲姑奶奶，聽說妳當初還見過德國皇帝，那是怎麼一回事兒？妳可不可以講給我們聽聽？」

「我是跟欽差大人一道去的。皇宮不在柏林，查爾登堡（Charlotenburg）是在離柏林還有二、三十里地的一座森林裏面。」

「那和我們的紫禁城不一樣了？」

「是不一樣，」古美雲點點頭：「那兒的環境十分清幽肅靜，又壯麗又森嚴，迎面是一座六角的文石臺，臺上立著一個騎馬英雄的大石像。」

「我們的午門前面可沒有騎馬英雄石像呀！」

「這就是外國和我們不同的地方，他們很多名勝廣場都有騎馬英雄石像、大力士像，雄糾糾、氣昂昂，看了都令人肅然起敬。」

「那外國人是重武輕文了？」文珍說。

「其實不然，他們是文武並重，德國、法國、英國、俄國的詩人、文學家、畫家、音樂家的大理石像到處都是，而且還有碑文。不像我們，連屈原、李白、杜甫……這些大文學家都沒有石像，因此一般老百姓都不知道他們。」

「那他們的歷史是活的，我們的歷史是死的了？」天行說。

「可不是？我們有幾個人看完《二十四史》？」古美雲慨歎地說：「人家可不同，他們的歷史雖短，可是每一個朝代的重要人物，不但有石像，還葬在大教堂裏面，又有大理石碑文記載一生事蹟，這就永垂不朽了。」

「那我們就不能把外國人當做夷狄，說人家野蠻了！」天行說。

「說良心話，外國人的尚武精神我們固然比不上，外國人維護自己的文化的做法我們也沒有。如果王進士能夠到外國去看看就好了。」

「雲姑奶奶，你覲見德國皇帝的情形還沒有講完呢？」香君提醒她。

「哦，剛才我扯遠了！」古美雲抱歉地一笑：「過了英雄像，通往皇宮的中央有一條很長很漂亮的甬道，甬道兩邊有石欄杆，欄杆外面種著整整齊齊的塔形的、鐘形的常綠樹木，甬道是層層高，一直通到大殿，殿前一排十二個窗子也和我們的不一樣。」

「怎麼不一樣？」

「那是穹形的長窗，配上彩色玻璃，十分對稱漂亮。再說，皇宮屋頂也和我們的不同？」

「不像我們的金鑾殿？」

「完全不像。」古美雲搖搖頭。「中間是突出的圓形屋頂，外國有些大教堂也是這種屋頂。」

「那多難看？不像墳墓一樣？」

「他們的墳墓也和我們的不一樣。」

「他們的墳墓不是拱起來的？」

「不是，他們重要人物的墳墓都是埋在教堂內地下室裏，上面平舖著一塊大理石，石上刻了姓名、生死年份這類紀念文字，一點兒也不像我們的墳墓，所以他們並不覺得難看。」

「德國皇帝是什麼樣子？」

「樣子很威武，頭上戴著衝天帽，很漂亮，身上的衣服也很精緻華麗，有點兒像我們大將軍的戎裝，顯得很有精神，不像我們皇帝穿的龍袍，一派斯文。」

「雲姑，您有沒有見到德國皇后？」

「見到，而且是她派自己的車子來接我的。」古美雲得意地回答。

「皇后住的地方想必是人間仙境，天上瑤臺了？」文珍說。

「單是她的車子就與眾不同。」

「像不像我們街上的馬車？」香君問。

「我們街上的馬車怎麼能比？」古美雲嗤的一笑：「德國皇后的車子不但外面光彩奪目，裏面更是金璧輝煌，四面糊著金絲絨，前面還懸著一塊大明鏡，一隻自鳴鐘，兩旁的玻璃窗用絲絨布簾遮著，在大街上經過時外面看不見裏面，走到野外又可以把布簾拉開，看到外面的風景，此外還有一樣好處，就是冬暖夏涼。」

「后宮那一定更好了。」

「不錯。」古美雲點點頭。「后宮真像一座水晶宮，配著五光十色的玻璃，連大門也是玻璃鏡子的，起先我還不知道是門，用手一推，它卻呀的一聲開了。」

「真有這種巧事兒？」香君將信將疑。

「這還不算巧，宮裏更到處是機關，房間裏面非金即玉，連樓梯的扶手也是金光燦爛的，使看的人眼花撩亂。坐在任何一個房間都可以看見外面綠油油的細草廣場，鬱鬱蒼蒼的樹木，放射著萬道彩虹的噴水池，更妙的是林中又點綴著英雄美人裸體的大理石雕像，說多像就多像。」

「雲姑奶奶，您還敢看？那多不好意思？」

「外國多的是，你不看也得看。」

「雲姑，那德國皇后一定也是個大美人了？」文珍說。

「這位皇后不但是位大美人，而且媚中有威，說起來更大有來歷呢！」

「什麼來歷？」

「她是世界霸主，威風八面，英國女王維多利亞的大公主！」

「這就奇了，怎麼英國公主嫁作德國皇后呢？」香君問。

「這妳就不明白了，歐洲王室這種情形多得是，他們的公主彼此嫁來嫁去，所以各國王室都有姑表關係。」

「這和我們二少爺、表小姐是一樣的了。」香君笑說。

「雲姨，您不是說柏林有個什麼公園很好嗎？」文珍故意把話題引開。

「那叫做蒂兒公園（Tiergarten），是柏林第一名勝，週圍三、四里，園內馬路四通八達，奇花異草，花團錦簇，看起來真是賞心悅目。園中還有一座五層樓，是全園的心臟，外表十分漂亮，裏面咖啡廳、餐館、特產店，應有盡有，尤其是三樓四、五間貴賓室，一般遊客是不能進去的。」

「雲姑奶奶，您真有福氣，開了這麼多眼界！」香君羨慕地說：「不過我聽說外國男女見面歡喜握手、香面孔，您初到德國時遇到這種事兒，害不害臊？」

「當然害臊。」古美雲說：「但那是禮節，我又是欽差夫人，也只好硬著頭皮閉著眼睛讓他們香了。」

香君聽了嗤嗤地笑。

「洋人的風俗就是和我們不一樣。」古美雲說。

「怎麼不一樣？」香君又搶著問。

「我舉一個例子來說：像我們蘇州男人，兩人吵架時都捋袖子、揚拳頭、吹鬍子、瞪眼睛的，好像要狠狠打一架似的，可是兩人一面罵，一面退，最後都退回自己家裏，關起門來罵皇帝，誰也沒有碰誰一根汗毛……。」

古美雲還沒說完香君就笑了起來，古美雲等她笑過之後又說：

「可是德國人就不一樣。」

「難道他們真打？」

「不但真打，而且事先約好時間、地點、請好證人，準時決鬥。」

「怎麼個鬥法？」

「不是用劍，就是用槍。」

「那不會打死人？」

「可不是！兩虎相鬥，必有一死一傷。」

「雲姑奶奶，什麼大不了的事兒，何必拼個你死我活？」

「有時為了一句話，有時為了愛情，有時為了政治……反正解決不了的事兒，都用這種方法討回公道。」

「洋人太傻了，還是你們蘇州人聰明。」香君笑著說。

「香君，我們蘇州人是很文明，但是太弱了！一遇上洋人，那就是秀才遇到兵，有理講不清了。」

「雲姑奶奶，義和團和你們蘇州人就不一樣？」

「香君，義和團是愛國有餘，可就是犯了不知己不知彼的毛病。別說矛子、刀，敵不過洋槍大砲，就是比個兒也沒有洋人高大，比胳膊也沒有洋人粗。」古美雲說。

「那我們不是沒有一點兒辦法了？」

「對付洋人應該用智謀，不能用意氣。」古美雲說。

「雲姑奶奶，我看您當軍師比王進士強多了。」

「香君，妳真是說夢話！王進士就是最瞧不起我這種女人，還當軍師呢！」

蝶仙常常打斷香君的話，老太太也希望她有空時教教天行、文珍的洋文，因此她和他們兩人相處的時間也最多。

龍府裏面雖然還很安靜，可是外面卻緊張紊亂得很，官軍義和團圍攻使館沒有攻下，而死傷卻一天天增加；聯軍又從天津進攻過來，城內武衛軍與義和團混合，大肆劫掠、殺人、放火的事兒層出不窮，甚至貝子、大學士、尚書家都被劫掠，京城已成無法無天的世界，誰也管不著，很多人家關門閉戶，商家也多半只開半邊門，晚上很早就打烊。

王仁儒更耽心自己的安全，他又硬著頭皮來龍府要借卜天鵬，正好龍從雲和卜天鵬都在家，王仁儒開門見山地向龍從雲說明來意，龍從雲因為事先和卜天鵬已有約定，他很坦白地告訴王仁儒不可能。

「雲兄，只要你肯割愛，暫借一個月，我另外加卜師傅一百塊大洋。」

「王兄，不但我離不開他，恐怕他也不在乎一百塊大洋？」

王仁儒望望卜天鵬，卜天鵬向他抱拳拱手：

「王進士，多謝您抬舉！我卜天鵬生來窮命，又兩肩扛一口，錢多了反而睡不著覺。何況我天橋的把式，管看不管用，京裏高手多得很，您最好還是另請高明。」

「這樣說來，你是不肯賞臉了？」王仁儒臉色一沈。

「小的也沒有吃熊心豹子膽，那怎麼敢？」卜天鵬連忙陪個笑臉：「只是我們老爺養兵千日，用在一朝，現在正是這個節骨眼兒，小的怎能分身？」

「雲兄，既然你們兩位都不肯賞臉，那我只好告辭了。」王仁儒霍的站了起來，悻悻地走了。

「王兄，外面亂得很，恕我不敢遠送。」龍從雲送到耳門邊說。

龍從雲知道得罪了王仁儒，特別吩咐卜天鵬和高管家小心門戶，提高警覺，也要天放隨時留意，不要外出。同時到後面來報告老太太，又囑咐天行注意保護。不論前面發生什麼情況，都不要離開老太太和古美雲一步。

古美雲既耽心又抱歉，她對老太太說：

「乾娘，看樣子我已經給您老人家惹下大麻煩了，萬一義和團找上門來，您把我交出去好了，免得大家受累。」

「美雲，這些烏合之眾已經變成了瘋狗，把妳交出去那不是送肉上砧？別說這樣作解決不了問題，就是能保我們一家人的平安，我也不能做這種事。」龍從雲說。

這天晚上八、九點鐘，果然有六個頭纏紅巾手帶兇器的傢伙硬從耳門闖了進來，而且打倒了兩個護院，大叫要拿古美雲。龍從雲大叫「熄燈」，全家的燈火很快熄滅，前後五進屋內變成一片漆黑，來人路徑不熟，方向不清，有些恐慌，卜天鵬、天放卻一聲不響，在暗中突擊，演慣了三岔口的卜天鵬，手腳俐落，一拳一腳都是殺手，一下子打倒了三個，打得他們哇哇叫，爬起就跑。天放也不放過機會，大打一通，跑掉了兩個，沒有跑掉的這一個又被卜天鵬一把抓住，再給他一頓拳腳，他跪地求饒。龍從雲大叫：「張燈！」又全家燈火通明。卜天鵬把他的雙手反剪在後面，按在地上，龍從雲看他頭纏紅巾，揮揮手說：

「不必問了，放他走。」

卜天鵬把他提了起來，向前一推，又在他屁股上踢了一腳，大聲喝叱：

「滾！憑你們這種貨色，也想打洋人？」

那傢伙跌了一個狗吃屎，一路跌跌撞撞，爬了出去。

倒在地上的那兩個護院傷得不輕，卜天鵬和天放把他們扶了起來，送進房裏休息。準備明天再請跌打損傷醫生。

當後面忽然聽到「熄燈」的聲音時，梅影和香君她們都嚇得發抖，在黑暗中擠作一團，文珍在慌忙中摟住了天行，像落水的人抓住了岸邊的一束茅草，死不放手。天行在她耳邊輕輕地說：

「妳這樣摟住我使我動彈不得，我怎麼能保護妳們？」

她手一鬆，天行立刻抽身出來，摸索著取下牆上的寶劍，站在門外嚴陣以待。想不到沒有多久這場暗中打鬥就告結束。

龍從雲和天放隨即趕到後面來看老太太，關心地問：

「娘，您受驚了？」

「還好。」老太太回答：「前面的情形到底怎樣？」

「都打發走了。」

「我們有沒有人受傷？」

「傷了兩位師傅。」

「有沒有其他損失？」

「沒有。」

「他們到底是什麼目的？」

「指名要拿美雲。」

「他們是何方神聖？」

「不知道。」龍從雲搖搖頭。

「婆婆，本來卜師傅逮住一個，請爹問，爹不問，反而把他放了。」天放說。

「你怎麼放了他不問？」老太太望著兒子說：「我們最少也應該知道是誰主使的？」

「娘，何必問？問出來反而傷感情？」

「你做得對，」老太太忽然點點頭一笑：「我一時倒糊塗了。」

第十七章 老佛爺逃出宗廟
小太監細說宮幃

英、美、日、法、德、俄、義、奧八國聯軍四萬多人，自天津進攻，陷楊村、破通州，勢如破竹，直逼北京。俄軍先攻東便門，只費十幾個小時，就破城而入，全是哥薩克兵，老百姓起初以為是西北回部援軍。他們一進城就開始殺人、搶劫，姦淫婦女，弄得雞飛狗跳，鬼哭神嚎，這才知道是俄國兵。

日軍攻東門、朝陽門，攻勢最猛，因為歐洲聯軍看日軍太矮，瞧不起他們，他們為了爭一口氣，拼命進攻，幾個小時就攻進城裏。

法軍由城南入城，英軍由廣渠門入城，其他各國軍隊亦分別入城。日軍入宮後，法軍跟進，法軍總兵駐煤山，英、俄兩軍總兵各駐在兩旁廟裏，宮中奇珍異寶，都被他們搶去了。義和團都作鳥獸散，老佛爺也帶著皇帝逃走了。許多宮女嬪妃和四、五千太監都棄而不顧。有個面孔白皙，像個白面書生的二十多歲的陳姓太監叫小貴兒的是宮中南府戲班的當家武生，是「雲裏翻」

高手，是卜天鵬倒嗓前在南府戲班教出來的徒弟，也樹倒猢猻散，不少太監逃了，他也逃出宮來找卜天鵬，卜天鵬因為他身手矯捷，可以派上用場，便帶他見龍從雲，龍從雲又帶他見老太太。他雖然換了漢裝便服，見了老太太還是照宮中的規矩禮數行了大禮：他兩手在袖子上交叉地拂了一下，左腿向前跨出一步，彎成九十度，右膝跪地，左手扶膝，右手自然垂直，低著頭高聲說：

「奴才向老夫人請安。」

「小貴兒，這不是宮裏，不必行此大禮。」老太太笑著叫他起來。

他退後五步，低頭彎腰垂手靜立。老太太客氣地問他：

「宮裏的情形怎樣？」

「回老夫人的話，宮裏聽到聯軍打到廊坊的消息，老祖宗正在吃餛飩，端盤子的小太監聽說洋人快來了，嚇得把盤子也扔了，紅纓帽也摘了，靴子也甩了，穿著內衣就往宮外跑，老祖宗也愣了……」

「怎麼這麼慌張？」老太太問。

「回老夫人的話，小的也不明白，當時也傻了。老祖宗平日最恨洋人，心裏卻十分害怕，隨即去養性齋，換了藍布便裝，打扮成鄉下老太婆，又把皇上從瀛臺叫來，換上青衫小帽，像個店小二。」

「皇上本來不幸，這下更慘了。」老太太說。

「老夫人，依奴才所見，最慘的還是珍妃。」

「怎麼她最慘？」

「老祖宗平日就恨她，這時叫二總管到北三所把她叫來，要她換便裝一起逃難，珍妃正出天花，兩腿痠軟，站立不穩，更走不動路，她跪在地上請求老祖宗讓她出宮回娘家避難，老祖宗不答應，她也跪在地上不起來，老祖宗忽然臉色一沈，大喝一聲，命令二總管：

「把這不知厲害的奴才，扔進井裏去！」

梅影、蝶仙驚叫一聲，老太太也連忙說：

「難道真的扔了？」

「回老夫人的話，二總管如狼似虎，像老鷹抓小雞似的，把珍妃往脅下一挾，跑了十來步就到井邊，他把珍妃頭朝下，腳朝上，倒栽蔥往井裏一攢，噗通一聲，井口一蓋，珍妃就完啦！」

梅影雙手蒙臉啊了一聲。老太太一聲長歎，過了一會又問小貴兒：

「你是怎麼逃出來的？」

「回老夫人的話，我看了寒心，趁著大伴兒倉皇經過西直門時，就往人堆裏一鑽，溜了出來。」

「你既然逃到我這兒來了，我自然不能不收留你。不過宮裏的規矩大，你以後恐怕就回去不成了？」

「回老夫人的話，這點奴才自然清楚，奴才也是出於無奈，才逃到府上來，以後是怎樣的世界？現在誰也不知道。要是江山不改，奴才回去也是活活打死的。」

「當初你淨身也是為了前程，在我這兒生活雖然沒有問題，但前程是談不到的。」

「回老夫人的話，老祖宗連龍廷都保不住了，奴才還敢再做夢？圖個什麼前程？何況宮裏有幾千個奴才，人人都想往上爬，竹竿兒打斷了無數根，又有幾個人爬得上天臺？」

「你能想得開就好，但願我這兒不再遭劫，你下去吧。」

「喳！」小貴兒又行大禮。

「我這兒不是宮裏，以後不必行此大禮了。」老太太說。

他又「喳！」了一聲，然後低著頭，彎著腰，隨著卜天鵬退了出來。

「娘，留下小貴兒以後會不會有後患？」小貴兒走後龍從雲問老太太。

「宮裏太監四、五千人，他們從小在宮中長大，早與外面世界隔絕，外面的人又不認識他們，何況小貴兒又不是什麼大太監。宮裏每年打死的太監丟在外面亂葬崗裏餵狗的都不知道有多少？還會在乎小貴兒一個人？」老太太說。

「娘說得有理。」

「不過你要囑咐他，不要一個人往外面亂闖，他要是想回家，你就不必留他。」

「我看他不是靜海縣就是大城縣的人，那是兩個最苦的縣份，他要是能回去，也不會來找卜師傅的。」

「你說得也有理，當太監的都是窮得活不下去，不然誰會去做那種斷子絕孫的事呢？」

「娘，我看老佛爺弄到這種地步，也夠她受的了。」

「這就叫做自作自受。」老太太說：「她還可以逃難，一般老百姓就走投無路了。」

卜天鵬領著小貴兒離開了老太太那邊，隨即帶他來看天行，卜天鵬說明小貴兒的身份，他們兩人的關係，以及老太太收留他的決定，天行聽了十分高興，他正閒著無事，很想找人解解悶兒，這下可對路了。他招呼他們兩人坐下，卜天鵬在天行對面坐下，小貴兒仍然垂手彎腰地站著，天行問他：

「你怎麼不坐？」

「回少爺的話，奴才站慣了，少爺這兒那有奴才的座位？」

「我不是皇上，我這兒又不是宮裏，你何必這麼多禮？」

「回少爺的話，奴才做久了，一時還真改不過來。」

天行聽了一笑，和顏悅色地對他說：

「那你挺直腰桿兒好了，那樣彎著很累。」

「謝少爺的恩典。」小貴兒說著才慢慢伸直腰來。

「你是幾歲進宮的？」

「十歲那年。」

「是先在家裏淨身的還是在宮裏淨身的。」

「是先在家裏淨身的。」

天行對這件事兒從小就很好奇，可是一直沒有碰上一個太監，今天居然有太監落難，自己上門，他便急著要揭開這個謎底兒，因此他打破砂鍋問到底：

「恕我冒昧，你可不可以把淨身的情形告訴我，讓我長一點兒見識？」

「回少爺的話，這種斷子絕孫的事兒也只有我們大城縣的窮人子弟才幹。不過這得從頭說起。」

「我願意洗耳恭聽。」

「我有五兄弟，我是老么，家裏很窮，平時就無隔宿之糧，那年又逢大旱，寸草不生，更是死路一條，我家有房遠親，在宮裏當『老公』，我父親便拜託他把我引薦進宮，他總算顧念這點兒親戚情份，要我先淨身候缺。」

「怎麼，當個太監還要候缺？」天行以為這種事兒不會有人幹，想不到還要候缺？

「可不是？」小貴兒說：「因為窮人太多，沒有門路還當不上呢！」

「你候缺多久才進宮的？」

「總算我還幸運，我淨身不到兩個月，宮裏就打死了一個徒弟，我就頂了那個缺。」

「對了，當時是誰給你淨身的？」

「是我父親。」

「他怎麼下得了手？」

「不淨身也是死路一條，他只好心一橫，把我綁在拴牲口的柱子上，用一把小快刀，硬把我的命根子割下來，再把先準備好的香灰堵住傷口，以後我就昏死過去了。」

天行直搖頭，卜天鵬卻說：

「這種事兒多著呢！不止他一人如此。他沒有死還算幸運。」

「命根子割掉以後，丟到那兒去了？」

「回少爺的話，命根子不能丟。」

「不丟掉也會爛掉的。」

「用油炸透，用油紙包好，就不會爛掉了。」

「那怎麼保留？」

「放在升子裏，吊在最高的屋樑上，一年升高一點兒。」

「升高幹嘛？」天行好笑。

「表示步步高升啦！」小貴兒說：「等我百年之後，一起放進棺材裏，還我一個全身，將來再投胎轉世，仍然會是個男人。」

「你還想當男人嗎？」

「回少爺的話，這輩子是沒希望了。」

「你進宮以後就當太監了？」

「還早呢！要先當小徒弟，然後才能升小太監。」

「怎麼？太監也有等級？」

「回少爺的話，等級可多著呢！」

「你說說看？」

「初淨身進宮的，只能當徒弟，要是祖上有德，才能一步一步地往上升，從小太監升回事的，從回事的升首領，從首領升掌案的，然後才是二總管、大總管、九堂總管都領事。」

「這樣說來，要升到大總管就很不容易了！」

「可不是？那得風水好，祖上有德，不然的話，竹竿兒打斷一千根，到死還是個掃地的小太監。」

「你們還常常捱打？」

「回少爺的話，不是常常捱打，是天天捱打。」

「那有那麼多的錯兒要天天捱打？」

「回少爺的話，宮裏打人不需要什麼理由，反正是開口便罵、舉手就打。大師兄打小徒弟，大太監打小太監，一級一級地打下來，老祖宗更是一頓不打人，就吃不下飯。」

「難道她自己也動手打人？」

「要是誰在她身邊，逢著她不高興，她都會順手就抽他一個嘴巴子。她還有散差掌刑的太監，十個人一班，輪流侍候，每人揹著一個黃布口袋，每個口袋裏有十根打人的竹竿子。那些竹竿子都是用水煮過的，長久以來，浸飽了奴才們的血，光溜溜的，傷皮不傷骨。」

「虧她想得出來？」

「老佛爺是個聰明絕頂的人，」卜天鵬插嘴：「聽說她《二十四史》又讀得滾瓜爛熟，就是心太狠了一點兒。」

「卜師傅，你怎麼知道？」天行笑問。

「老佛爺最喜歡聽戲，當年我未倒嗓的時候，不但三天兩頭召進宮中唱戲，也教南府戲班的太監練功唱戲。有一次我唱《大四傑村》時，老佛爺還賞了我二百兩銀子，我見得多、聽得多，所以略知一、二。」

「老祖宗打人，自己一點兒也不心疼。」小貴兒接著說：「有一次一個傳菜的太監不小心，把菜湯灑了一點兒在膳桌上，她立刻臉色一沈，大喊一聲：「傳散差！」十個散差連忙把黃布口袋一抖，往殿外臺階一倒，又進來兩個太監把那個傳菜的太監拖到殿外，往臺階上一按，兩腿一分，褲子一卸，立刻開打。」

「難道就沒有一個人講情？」

「回二少爺的話，誰敢講情？」

「打了多少？」

「打了八十下竹竿子。」

「那麼一丁點兒錯，就打八十下竹竿子？」

「這完全隨老祖宗的高興，她要打多少就打多少。」

「那個太監怎麼受得了？」

「他痛得哭爹喊娘，直叫『老祖宗開恩』！」

這時文珍、香君走了過來，香君沒有聽見前面的話，剛聽到這一句，就急著問：

「老祖宗開恩了沒有？」

「老祖宗在桌上吃她的雞腿兒，彷彿沒有聽見一樣，」小貴兒回答：「直到她吃完了，才像沒事人兒一樣離開。這邊這個太監已經打了一個開鍋爛，一褲子的血，爬也爬不起來。」

「唉呀，真好狠的心！」香君叫了起來。

「姑娘妳別大驚小怪。」小貴兒望望香君說：「連貴妃也照樣的打。」

「貴妃又不是奴才，女人又細皮白肉，怎麼能打？」香君說。

「姑娘有所不知，連皇后見了老祖宗也自稱奴婢呢！何況貴妃？」小貴兒說：「有一次老祖宗看著珍妃不順眼，一回宮就要二總管脫光她的屁股打了四十竹竿子，皇上跪地求情，連皇上也捱了一巴掌。」

「真有這樣稀罕的事兒？」香君歪著頭盯著小貴兒問。

「姑娘，青天白日，小的怎麼會說謊？」小貴兒無可奈何地一笑：「不過這也難怪，妳沒有當過宮女，妳自然不會相信。」

「哼！請我當皇后我也不會去呢！」香君嘴角一撇。

「姑娘好大的口氣。」小貴兒一笑：「不過妳的話也對，在老祖宗眼裏，人人都是奴才，只是大奴才與小奴才而已。像我小貴兒，真是奴才的奴才。」

「你熬到一個回事的也不容易了。」天行說。

「回少爺的話，你知不知道我從小徒弟熬到回事的，捱了多少竹竿子？」

「幾十，還是幾百？」天行問。

「回二少爺的話，您說得太輕鬆了！」小貴兒歎了一口氣。

「難道這還不夠？」香君說。

「有一年我記了一下，單那一年我就挨了兩千三百多次竹竿子。」

「那真虧了你！」文珍同情地望著他。

「回小姐的話，誰叫我當奴才呢！」

「你剛才說那個太監因為傳菜不小心挨打，老佛爺一個人吃飯到底要多少人傳菜呀？」天行問。

「回少爺的話，老祖宗一頓飯，要四、五百個大小太監傳菜侍候。」

「唉呀？一個人吃飯，要那麼多人侍候幹嘛！」香君直搖頭。

「姑娘妳不知道，膳房離鍾粹宮很遠，老祖宗吃菜又最講究火候，既不能過火，又不能欠火，菜從膳房傳到桌上要火候剛好，太監端著托盤兒要一路飛跑，而且菜又多，人少了怎麼成？」

「老佛爺吃一頓飯要多少菜？」文珍問。

「回小姐的話，每一頓飯都是三百六十樣菜，外加蒸煮食品上百種。」

「我的老天爺，」香君雙手撫著胸口說：「別說她吃不完，擺也擺不下呀！」

「有些菜老祖宗連嚐都不嚐，但膳房可不敢不作。」

「那麼多的菜往那兒擺？」香君問。

「有四張大桌子，每張桌子像疊羅漢樣地疊三層。」

「別說疊三層，要是我疊六層也擺不下。」

「姑娘妳不知道，這擺菜也是一門大學問。」

「這有什麼大學問？」

「擺菜的太監要天天拿著空盤練，一面練跑，一面練手法，練到了爐火純青，才能替老祖宗擺菜，否則再多的太監，都會被活活打死。」

「我看老佛爺有毛病？」香君說。

「老祖宗的龍體可好得很，沒有一點兒毛病。」

「如果她沒有毛病，怎麼會把打人當消遣？」

老祖宗就是這個德性：御花園的花兒開得不茂盛，打太監，魚缸裏的魚兒不浮上來，打太監，孔雀不開屏，打太監；鸚鵡不講話，打太監……」

「除了這些雞毛蒜皮的事兒要打人之外，還有沒有為別的事兒打人？」香君說。

「姑娘，打人的事兒多著呢！」

「您講講看？」

「比方說，抬鑾駕就是一件很難的事兒。上排雲殿，佛香閣，要爬樓梯。」

「前高後低，抬著轎子那怎麼爬呢？」天行說。

「回少爺的話，這可有個巧法兒。」

「什麼巧法兒？」

「前四名太監要跪著抬，後四名太監手要托起抬；下來時前面的太監用頭頂著抬，後面的太監蹲著抬。」

「這不是整人嗎？」香君說。

「姑娘，這樣抬前後才能拉成一條線，老祖宗坐著才舒泰。如果有丁點兒差池閃失，那八名太監又是一頓飽打。」

「不用說，抬轎子的太監也得天天練了？」

「可不是？兩百多個抬轎的太監是天天練。」

「怎麼個練法？」

「在轎竿橫端放上一盌水，不論是走平地或是上下樓梯都不能灑出一滴水來，否則又是四十竹竿子。」

「這比頭上頂著一盌水練太極拳還難啦！」天行說。

「可不是？太監的差事本來就不好幹。」

「捱打的事兒已經夠多了，再也沒有別的花樣吧？」文珍說。

「哦，小的剛才還想起一件事兒。」小貴兒連忙說。

「什麼事兒？」

「有位御前首領，象棋下得很好，老祖宗總是要他陪著下棋消遣。有一次他吃了老祖宗一隻馬，竟得意忘形地說了一句：『奴才殺了老祖宗一匹馬。』老祖宗立刻翻臉，把棋盤一掀說：『你殺了我一匹馬，我可要殺你全家！』那位首領連忙跪在地上磕頭，自打嘴巴，連說：『奴才該死！』結果還是打了他八十下竹竿子，也真的殺了他全家。」

「我看她是真有毛病，不然怎麼會這麼狠？」香君說。

「老祖宗可精得很，她看誰捱的打最多，又死心塌地侍候她，她就認為誰是忠心耿耿的奴才，賞得也多，提升得也快。」

「這大概是從二十四史裏學來的。」天行說。

「老祖宗除了愛打人之外，還有一樣禁忌。」

「什麼禁忌？」

「就是不准屬虎的人說自己屬虎。」

「為什麼？」

「因為她自己屬羊。誰要是在她面前說溜了嘴，說自己屬虎，也要捱打。」

「要是說屬羊呢？」

「那她當然喜歡，但也要看月份。」

「她是幾月生的？」

「十月初十。」

「怎樣說才好呢？」

「千萬不能說是三、四月生的，因為那時生的羊兒有青草吃。她是十月生的，那時寸草不生，那有草吃？你要說是冬月、臘月生的，她就高興，因為她比你還好，說是三、四月生的，又會捱打。」

「有沒有不打人的日子？」

「也有。」

「什麼日子？」

「一年三節和萬壽生日，一年也只不過這麼幾天。」

「謝謝你跟我們講了這麼多今古奇觀，真強似我讀《二十四史》。」天行感慨地說。

「回少爺的話，奴才知道的還很有限，要是御前大總管講起來，那真幾天幾夜也講不完啦。」小貴兒謙恭地說。

「小貴兒，以後可別再奴才奴才的，我們家裏可沒有這個規矩。」天行笑指香君對他說：「你看她可像個丫頭？」

「少爺，您不說我還真以為她是一位格格呢？我看她比宮裏的皇后、貴妃還尊貴得多呢！別說我這種奴才了。」

「我看你已經站累了，你還是坐下休息一會吧？」文珍笑著對他說。

「回小姐的話，奴才站慣了，不累，不累。」小貴兒弓著身子回答，仍然不敢坐下。

「你就坐下吧！」卜天鵬對他說：「這兒自老夫人以下，不論是老爺、太太、少爺、表小姐，對下人都很寬厚，所以我在這兒一待就是好幾年，以後除了主僕之間應有的禮數之外，你也不必太拘謹了。」

「多謝師父指點，那小的就放肆了！」小貴兒小心坐在卜天鵬旁邊的一張圓凳上，自言自語：「這是小的自十歲以來在主子面前第一次坐下。小的覺得現在也像個人了。」

香君望望文珍、天行，自己得意地一笑，天行對小貴兒說：

「我真沒有想到宮裏是這種情形？看來老佛爺是一意孤行，皇上連邊兒也沾不上了？」

「依奴才所見，皇上連老祖宗身邊的總管都不如。」

「依你看皇上為人如何？」文珍問。

「回小姐的話，皇上人聰明，書也讀得好，老祖宗時常引經據典考問皇上、王公大臣和總管，別人都答不好，只有皇上對答如流，可是老祖宗偏不喜歡他，還把他軟禁起來。」

「我看正是因為這個原因，老佛爺才不喜歡皇上。如果皇上是個阿斗，那她就高興了。」天行說。

「所以才弄到現在這種地步，這真是氣數。」文珍感慨地說：「她一逃了事，這個爛攤子真不知道如何收拾？」

「俗話說請神容易送神難，何況洋人是打進宮的，現在要想他們走，恐怕要磕頭了？」卜天鵬說。

「老佛爺不是歡喜別人向她磕頭嗎？現在讓他向洋人磕磕頭不也是一報還一報？」香君說。

「香君，醜了媒人醜了小姐，老佛爺一磕頭，我們老百姓恐怕更要下地獄了？」文珍說。

「聽說洋人一進宮，就到處搜查老佛爺，非要殺她不可！」卜天鵬說。

「她不知彼，倒很有自知之明，所以先夾起尾巴逃了。」天行說。「不過這場笑話鬧得可大啦！」

第十八章　王仁儒懸旗保命　柳敬中念舊救人

城內城外到處大火，聯軍一面搜索義和團，一面搶劫，街頭巷尾，義和團的屍體堆積如山，像一堆堆死老鼠；店舖裏珍貴的東西多被搶走，金銀珠寶容易收藏的自然隨身帶走，不能隨身帶走的就便宜賣，賣不掉的就砸爛。

龍從雲的萬寶齋骨董字畫都是容易帶走的寶物，主持萬寶齋的是一位古物字畫行家古德鄰老先生，很得龍從雲的信任，平日他只帶著兩個年輕的徒弟看店，他們都是斯文人。自從景德瓷莊被燒後，龍從雲就從家裏調了一個護院師傅幫助他，以防不測。但是聯軍不比義和團，他們人人有槍，而且身體又高大強壯。聯軍入城的第三天，突然來了七位如虎似狼，不知道是那一國的軍人，帶了一位中國人來，藉口搜查義和團，兩位高大的洋人端著槍在大門口把守，其他的人在店裏放肆搜刮，那個護院想抵抗，古德鄰悄悄對他說：「別白白送死。」他只好眼睜睜地看那些洋人押著古德鄰把古物字畫一件件裝進箱子。他們好像不是普通士兵，其中有兩個人很內行，一人還帶著放大鏡，仔細檢查。古德鄰對那位中國人說：

「這位先生，請您轉告洋人，這些東西都經過我仔細鑑定，沒有一樣不是真品，可不可以請他們高抬貴手，少拿一些？不然我沒有臉向主人交差。」

「連宮裏的東西都照樣拿，何況你們萬寶齋？」那個中國人說：「你告訴你們主人：自己認命吧！」

「這位先生，不論怎麼說我們都是中國人，何不行個方便？」

「前些日子義和團殺我們，你怎麼沒有請他們行個方便？」

「這位先生，你誤會了，我們主人和我都不是義和團，我們主人在正陽門外的景德瓷莊也被義和團燒光了。現在洋人又將萬寶齋的骨董字畫拿走，他的損失可大啦！」

「能在京裏開得起這樣的古玩店的，必然不是漂湯油，我想他損失這點兒古玩，也是傷皮不傷骨的，你何必替主人耽憂？」

「先生，你又何必替洋人當貓腳爪兒？」護院生氣地說。

「我看你是活得不耐煩了！」那個中國人向護院冷笑：「我只要對他們說一聲你是義和團，馬上就要你去見閻王！」

古德鄰連忙向他作揖，陪個笑臉說：

「他年輕不懂事，請您大人不記小人過，店裏的東西就讓他們拿走好了。」

「如果你早識相一點兒，也不會惹我生氣！」

「我可不可以請問一下他們是那一國人？」

「怎麼？你還想討回來？」

「不是這個意思，」古德鄰又陪個笑臉：「要是您先生肯告訴我，我也好向主人有個交代。」

「八國聯軍，無論那一國，他也惹不起，有什麼好交代的？」那中國人冷笑一聲。

那七個洋人提著、扛著呼嘯而去，那中國人也跟在他們屁股後面跑了。

「呸！真他媽的奴才胚子！這種二毛子怎麼不該殺？」護院的向地上唾了一口，咬著牙罵了兩句。隨後又無可奈何地向古德鄰說：「古老先生，您看我怎麼有臉回去向主人交代？」

「老弟，這不能怪你，我更有責任，我和你一道去向主人說明就是。」

他們兩人一道來向龍從雲報告，龍從雲歎了一口氣，過了一會才問：

「難道什麼也沒有留下？」

「貴重的都劫走了，留下來的很少，也沒有多大價值。」古德鄰說。

「他們莫非是有計畫的搶劫？」龍從雲說。

「看來不像一般外行，而且帶了一個二毛子當翻譯。」古德鄰說。

「我們兩代人的心血，就一下子給洋人搶走了！萬寶齋比景德瓷莊是更難恢復了。」

「老爺，宮裏、民間一定損失不少，說不定洋人搶到的古物都會便宜賣出來？我會在街上留意，一看到真蹟、真品，我會帶來給您看。」

「也只能存這一丁點兒希望了！」

龍從雲無可奈何，只好把萬寶齋的事報告老太太。老太太一臉苦笑，半天才說：

「鬧義和團使我們受害不淺；聯軍進城，又使我們遭殃。要是家裏這點兒老本再保不住，那我們只好回南邊老家了！」

「娘，家裏這點兒老本，兒子拼死命也要保住。」龍從雲說。

「你還能擋得住洋人的槍砲子兒？」老太太望著他說。

「娘，這都是爹的傳家之寶，也是我的心愛之物，是再也失不得的。」

「你的話是不錯，可是錦繡江山都保不住，何況我們的傳家之寶？」

「娘，那該怎麼辦？」

「老佛爺既然丟下這個爛攤子，我們也只好聽天由命了。」

以前城裏是義和團的世界，無法無天。現在城裏是洋人的世界，到處是洋人的崗哨，街頭巷尾還有聯軍三、五人一組巡邏，甚至挨家搜索隱藏的義和團。老百姓為了避禍，不知道是誰先在大門口插起順民旗來？說也奇怪，插了順民旗的，聯軍也多半不進去搜查。高管家也知道這件事，有的人家插著英國旗，有的插著德國旗，有的插著法國旗……八國的旗他都在別人門口見過，可是他不敢提議，他只和家人耳語，很快地古美雲也知道了，她看龍從雲母子一籌莫展，便對老太太說：

「乾娘，聽高管家說，外面有人在門口插順民旗，聯軍看了便不進屋搜查，這倒也是一個沒有辦法的辦法。」

「美雲，別說順民旗不是門神，就算是門神，真能趨吉避凶，我們龍家也不能做這種事兒。」老太太說。

「乾娘，誰又願意當外國順民呢？這也不過是權宜之計，免得您老人家和二哥乾著急。」

「美雲，插一面順民旗很容易，可是一插上去了就成為子孫萬代的恥辱，以為我們這一代人這麼沒有骨氣？」

「乾娘這樣說來我就該打了！」

「美雲，我知道妳是一番好意，不過古人說生死事小，失節事大。我們龍家現在雖然是老百姓，但總是中國人，不能讓洋人看不起。」

「乾娘從大處著眼，顧慮得有理。」

「妳在外國待過，外國人是不是也和我們一樣想？」

「乾娘，你知道德國是強國，我去過的別的國家也是列強，不但沒有別的國家敢欺負他們，他們的自尊心也都很強。我在巴黎時發現法國人連英語都不肯講，你要是和他們說英語，他們會很不客氣地教訓你一頓。」

「雲姑奶奶，那不也和我們的義和團一樣？」蝶仙說。

「可是人家是強國呀，老百姓也不像義和團一樣無知。」古美雲說。

「我們倒好，義和團闖了禍，老百姓自動插順民旗。」老太太冷笑。

義和團的大師兄趙福星到底是個光棍，聯軍進城時，他腳底板抹油先跑了。留下了許多傻瓜蛋，沒有跑掉，快被聯軍殺光了。

王仁儒沒有趙福星那麼機靈，年齡也大了，他既不能跟著老佛爺跑，趙福星又甩掉他不管，他立刻失掉了靠山，連生活都成問題，他不好意思再來龍家，便去找楊仁，想不到在半路上碰到了德國巡邏士兵，攔住他盤查，問他是不是義和團？他作賊心虛，話又聽不懂，結結巴巴答不上話來，本來德國士兵一槍就可以把他打死，但看看他年紀已大，腦後的辮子又長，只留下兩個士兵來處置他，其他人繼續巡邏去了。

這兩個德國士兵故意惡作劇，把他的辮子緊緊地綁在一根電線桿上，使他的腦袋動彈不得，然後用馬鞭抽他、用皮靴踢他，又朝他臉上吐口水。他怎麼經得起這種刑罰，便像殺豬樣地哭嚎，不停地叫：「德國大爺饒命！德國大爺饒命……」那兩個德國士兵也聽不懂他的話，不停地用馬鞭沒頭沒腦的猛抽，他漸漸聲嘶力竭，想不到他突然發現柳敬中匆匆走過，他又鼓足吃奶的力氣，大聲叫喊：

「柳神仙救命啦！柳神仙救命啦！」

柳敬中一怔，發現是他，身子一飄就竄了過來，那兩個德國士兵起先沒有把柳敬中放在眼裏，看他那麼快就竄到自己身邊，正想拔槍卻被柳敬中分別點住了穴道，動彈不得。柳敬中迅速地把王仁儒的辮子解開，挾著他急走，他像懸在半空中，腳不沾地，轉過了幾條街巷，才放他下來，他還直喘氣，耽心那兩個德國士兵追來。柳敬中安慰他說：

「放心，沒有一頓飯的功夫他們恢復不過來。」

王仁儒怕再遇到巡邏隊，要求柳敬中護送他回家，柳敬中只好送佛送到西天，一直把他送到家門口。柳敬中沒有想到，他家門口正插著一面德國旗，王仁儒正想請他進屋休息，柳敬中卻頭也不回，身子一飄就出了四合院。王仁儒呆呆地站在門口，彷彿失魂落魄，他沒有看清楚柳敬中當時是怎麼竄到他面前？又是怎樣點了那兩個德國士兵的穴道？讓他們像木頭人一樣站著動也不動。他也想不到柳敬中居然肯救他，還把他送到門口？但他又為什麼不肯進屋來坐呢？他一抬頭看見那面德國旗，他心裏有些明白，但他怕死，有了這面德國旗，德國士兵就不會進來抓他，可惜這次出門沒有把這面德國旗帶在身上，不然就不會捱這一頓毒打。

他的如夫人李桂花兒發現他獃獃地站在大門口，一把將他拖了進去，悄悄地埋怨他說：

「你站在門口找死是不是？」

他不作聲。她突然發覺他鼻青臉腫，臉上還有口水，詫異地問：

「這是怎麼回事兒？是誰打得你這樣鼻青臉腫的？」

「除了大毛子，誰還敢打我？」王仁儒說。

「你碰上了大毛子？」

「可不是？人倒楣喝涼水也塞牙！」

「沒有殺你已經算好運了。」李桂花兒說。

「妳能不能想個法兒逃出城去？」

「現在是插翅也難飛了！」李桂花說：「不但到處有洋人的崗哨，聽說城門口守得更緊，城外也到處搜查，我們往那兒逃？」

「這豈不成了甕中之鱉？」

「本來嘛，你還想翻過洋人的手掌心？」

「本來我們住在德國佔領區，德國人又最恨我們，他們想抓老佛爺又沒有抓到，把氣都出在我們身上。」

「這有什麼辦法？那只有靠你的造化了？」

「難道王鐵嘴的話不靈？」

「如果他的話不靈，你怎麼又紅了一陣？」

「這只是曇花一現！早知如此，我真不該信他的。」

「這也不能完全怪王鐵嘴，只怪你太相信大師兄。」

「誰會想到他那些法寶一旦遇上了洋人就一樣也不靈？」

「依我看那都是些邪門！」

「連老祖宗、王爺都信，我怎麼能不信？」

「你們都是一窩子的糊塗蟲，也配治國治民？」

「妳怎麼敢這麼說話？」

「我不這麼說話，還能把你們這種人當祖宗牌位一般供奉起來不成？」

「老祖宗、王爺、大師兄，可都是人上人啦！」

「他們是人上人，可把你這個糊塗進士甩成人下人啦！」

「真想不到大師兄也會把我甩掉？」

「如果他不把你甩掉，你就會把我甩掉了！」

「好了，別說這種傷感情的話。」

「早知如此，我還不如像大娘一樣在紫竹菴修行的好。」

「妳豈是那種長伴古佛青燈的人？」

「我本不是長伴古佛青燈的人，沒想到伴著你這個進士大老爺竟伴出這個大紕漏來了！做夫人沒有我的份，說不定殺頭倒少不了我呢！」

「我心煩得很！妳怎麼還說這種喪氣話？」王仁儒白了她一眼。

「你煩，我還快樂不成？」她也頂撞王仁儒一句。

王仁儒不敢作聲，他一身痠痛，要她打水給他洗臉洗澡，她一臉的不高興，勉強打了水來，又嘀咕不停。

「當初你還說事成之後，老祖宗一定會賞你個把尚書什麼的，現在好了，豬尿泡吹炸了，反而做個德國順民。」

「真沒有想到，做夢也沒有想到會落到這樣的下場！」

「當初你還說你是第二個曾文正，現在證明你是做白日夢了！」

「這件事我到現在還不服氣，我那一點不如他？」

「你自己也不照照鏡子？你那一點如他？」

「最少我是正途出身。」

「那是皇帝老子拿頂高帽子哄你們書獃子的，那有個屁用！」

「妳怎麼這麼說話，這是大逆不道呀！」

「我怎麼不這麼說話？歷來真正創造大事業的人，都不是你這種科舉出身的書獃子！好嘛，做個尚書、宰相，不好嘛，寒酸一輩子。」

「妳這是以成敗論英雄！」

「本來嘛，成則為王，敗則為寇。你既不服氣，為什麼做德國順民？不當黃帝子孫呢？」

「好了！好了！不要再說了！」王仁儒惱羞成怒，突然吼了起來：「妳有沒有完？」

「你再吼大一點兒，好讓別人聽見，」李桂花兒冷眼望著他說：「我告訴你：偷來的鑼鼓打不得。你不要以為插面德國旗子便能保你平安無事？」

王仁儒倒抽一口冷氣，不敢吭聲，李桂花兒嘴一撇，身子一扭，走了出去，不再理他。

王仁儒愈想愈怕，萬一真有人告密，那他就死定了！洋人對義和團恨入骨髓，尤其是德國人，逮到了義和團不是一刀刺死，就是一槍打死。先前要不是柳敬中搭救，今天就沒有命了！貓兒戲老鼠，最後還是吃掉。

柳敬中把王仁儒送到家之後，就一逕來到龍家。龍家上上下下一看見他都十分高興，老太太、龍從雲兩人更希望從他這兒得到一些消息。

「老前輩，宮裏情形怎樣？」老太太首先發問。

「老夫人，現在真是群龍無首，蛇鼠一窩。」柳敬中說。

「聯軍在宮裏有沒有亂來？」

「老夫人，那還免得了？據我所知，除了毓慶宮、連福宮的庫房還沒有打開之外，其他各處的古玩珍寶，和王爺、貝子、貝勒嬪妃們的私藏，已經搶光了。」

「死傷情形如何？」

「死的不計其數，未死的也受活罪。」

「受什麼活罪？」

「怡親王被法軍抓到，先是一頓拷打，隨後又命令他替士兵洗衣服，一不如意又打，他累不過，受不了，自殺了事。克勒郡王不但捱打捱罵，還命令他馱死屍出城，一天往返幾十次，只給他一個麵包，一杯清水。其他的就不必說了。」

「那些宮女呢？」龍從雲問。

「遭殃的很多，上吊的也不少，到處都有屍臭。」

老夫人一陣歎息，梅影、蝶仙她們一臉驚惶。柳敬中打量了大家一眼，關心地問：

「老夫人，府上還好吧？」

「萬寶齋搶光了，所幸這兒還沒有遭劫。」老太太說：「不知道能不能逃過？」

「吉人天相，但願府上平安無事。」

「但願託老前輩的福。」

「我今天一來是探望，二來是告辭。」

大家一聽說他要走，都不禁一怔，老太太連忙說：

「多謝老前輩關心，老前輩怎麼又要離京了？」

「這次我在京裏待了好幾年，現在樹倒猢猻散，我也該走了。」

「老前輩這次要到那兒去？」龍從雲問。

「野鶴閒雲，飄泊不定。」柳敬中淡然一笑。

「老前輩這一走，我是一個聊天的人也沒有了。」老太太悽然一笑。

「好景不常，好夢易醒，江山依舊，恐怕以後人事全非，和老夫人聊天的事兒只能留作回憶了。」

「老前輩，一著錯，滿盤輸，您看這局殘棋如何收拾？」龍從雲問。

「不問誰來收拾？如何收拾？我看總是要禍延子孫的。」柳敬中說。

「一人作孽，萬民承當；祖上作孽，子孫承當。這個代價實在太大太深了。」老太太說。

「老前輩，我真不懂，同樣是女人，為什麼英國女王維多利亞能開疆拓土，稱霸世界，我們的老佛爺只會在紫禁城裏作威作福，還弄出這個大紕漏來？」古美雲問。

「妳這話問得倒有意思？」柳敬中笑道：「人心不同，各如其面，古今中外，莫不皆然。這其間的差別，全在一念之間。」

「怎麼在一念之間？」古美雲偏著頭再問。

「我再說明白些，全在公私二字。」

「老前輩，我明白了。」古美雲若有所悟，連連點頭。

「妳真是位解人，」柳敬中也點頭微笑：「我看也是愛新覺羅的氣數盡了。」

「他們氣數盡了是他們一家子的事，可把中國人害慘了！」

「這就是黃狗吃肉，黑狗當差。」

「老前輩，這很不公平。」古美雲望著他說：「您說是不是？」

「天地不仁，以萬物為芻狗。」柳敬中無可奈何地笑笑。

「老前輩，你碰到過王進士沒有？」老太太問。

「老夫人，您不問我真不想說；既然您問起來，我又不能不奉告了。」柳敬中說。

「老前輩，義和團垮了，難道您還有什麼顧忌？」老太太說。

「老夫人，不是我有什麼顧忌，只是說出來不大體面。」

「老前輩，反正我們不會傳出去的，您但說何妨？」

「我知道老夫人很關心他，那我也只好直說了。」

柳敬中便將先前的經過情形細說一遍，大家都很驚異，龍從雲歎口氣說：

「真想不到？王進士居然會插起順民旗來？」

「世兄，其實這也不是什麼稀奇事兒。」柳敬中淡然一笑。

「老前輩，這種事兒要是出在普通人身上，那不算稀奇，出在王進士身上，那就太稀奇了！」

「世兄，你錯了！」

「老前輩，怎麼我錯了？」

「只有王進士那種人，才會做出這種事來。」

「他讀聖賢書，所學何事？」

「他讀聖賢書，不過是為了自己的前程；大凡打著聖賢的幌子，矯情衛道的人，一到重要關頭，都會現出原形。今天我所見到的，是真正的王仁儒，以前我在府上見到的是假王仁儒。世兄現在總該明白了吧？」

「老前輩，王進士這種人，您怎麼還要冒險救他？」蝶仙問。

「姑娘，上天有好生之德，我怎能見死不救？」柳敬中笑答。

「老前輩真是量大如海，慈悲為懷。」老太太說。

「老夫人，只怕大限一到，誰也救不了他。」

「老前輩莫非發現了什麼徵兆？」老太太驚問。

「我挾著他逃走時，發覺他身虛氣浮；放下他時又見他面如死灰，氣短聲促。這都不是好兆頭。」柳敬中搖搖頭。

「莫非他的大限就在眼前？」

「老夫人知不知道他的生辰八字？」柳敬中問。

「先夫在世時，他總覺得自己懷才不遇，曾經同先夫談過他的生辰八字。」

「老夫人還記不記得？」

「好像是庚子、壬午、甲午、甲子？」老太太說。

「這就對了！」柳敬中雙手輕輕一拍。

「老前輩，何以見得？」老太太笑問。

「這是個子午雙包的八字。」

「子午雙包主什麼吉凶禍福？」老太太問。

「子午雙包應主貴顯，現在他又行子運，天橋的王鐵嘴大概就是根據這一點說他要大貴的？」

「王鐵嘴斷的也沒有太離譜，他也紅了幾天。」龍從雲說。

「這就叫做差之毫釐，失之千里了。他不知道今年是王進士的生身太歲，他四柱純陽，失之於偏，缺少調濟，提綱日主都坐死地，四支子午雙沖，根基已經不穩，現在又逢大運流年天尅地沖，正所謂歲運併臨，又無貴人解救，當然要連根拔了。」

「照老前輩這樣說來，王進士是逃不過這個大限了？」老太太說。

「人一生下地來，就要受宇宙自然力量的影響，個人不過是宇宙中的一粒微塵，很難逃脫這種大限。」柳敬中肯定地說。

「老前輩，既然子午雙包應主貴顯，怎麼王進士這一生都沒有大貴過呢？」老太太問。

「那只是籠統的說法，還要看日主強弱，運程順逆好壞。造化不同，出入很大，王進士人是聰明，可是三心二意，而且剛愎自用，愛走偏鋒，人又風流，夫妻父子形同陌路，官場也發達不起來。」

「那他早年怎麼能中進士？」龍從雲問。

「他就是早年運不錯，所以少年登科，以後就差了，因此不能一帆風順，以致仕途蹭蹬。」

「哦，原來其中有這許多玄機妙理？」老太太感慨地說。

「老夫人，其實這一點兒也不玄，」柳敬中坦然一笑：「這只是一門研究宇宙自然法則和個人關係的專門學問，要是弄通了，對於個人的窮、通、壽、夭、吉、凶、禍、福就瞭如指掌了。」

「可惜王進士自己不懂這門學問，誤信王鐵嘴的話了！」龍從雲說。

「以前我不知道王進士的造化，我還不敢對他妄下斷語，剛才老夫人把他的生辰八字告訴我，我對他就更瞭解了。」

「老前輩的確有知人之明。」龍從雲頻頻點頭。

「他是一位自視很高，卻剛愎自用又愛走偏鋒的人，常以道統自居，又不知道什麼是道？忠言他是聽不進去的，可是讒言蜚語？他倒輕信不疑。」

「老前輩說的對極了！王進士和我們交往幾十年，他就是這種人！」老太太說。

「不過剛才我的放肆直言，還是不要傳給他的好。」柳敬中說。「王進士是不饒人的。」

「大概他再也不會到我這兒來了？」老太太說。

「恐怕他也不敢再出大門一步？」古美雲說。

「但願那面德國旗子真能保他平安。」柳敬中說。

第十九章 王仁儒梟首示眾 古美雲仗義挺身

聯軍統帥瓦德西（Von Waldersee）是在聯軍入京後才來的，他一到北京就住進老佛爺的儀鑾殿，他一方面命令在城內加緊搜索義和團，一方面派兵東至山海關、西至固關、北至張家口、南至正定、德州，追剿搜索，決不放過。

藏在城裏的義和團又搜出了很多，統統殺死。

王仁儒也被搜了出來。

一小隊德國士兵在一個二毛子的帶領下，突然來到王仁儒住的四合院，他們看見他家門口插了德國旗子沒有進去，先到那幾個沒有插順民旗的人家去搜查，把男人都拖出來拷打，人人打個半死，有一個人實在經不起馬靴、皮鞭、槍托的踢打，便用手向王仁儒家一指：

「他才是義和團，我們都是冤枉的。」

三個士兵立刻衝進王仁儒家，王仁儒已經嚇得半死，躲在床底下動彈不得，一個士兵抓住他的長辮子硬拖出來，一直把他拖到院子中央，恰好有一個士兵是那天把他綁在電線桿上的，一眼便認出他來，立刻朝他胸口一槍，把他打死，而且用軍刀把他的頭砍下來，掛在外面的電線桿上。他臉上的傷還沒有好，額角貼了一張膏藥，呲牙裂嘴，眼睛睜得很大，眼珠突出，十分難看。

他姨太太李桂花兒已經嚇得昏死過去，總算沒有被蹧踏。

在城外搜索的聯軍，軍紀更壞。俄軍、德軍如同野獸，見了好東西就搶，見了女人就強暴，像狗一樣。

劉嬤嬤自丈夫被打死奔喪回家之後就沒有回來。她家在城外，聯軍入京後城門都有士兵把守，龍家還以為她不會來了。

一天，她突然披頭散髮跑回龍家，她一見到龍太太就跪在地上哭泣，龍太太不知道是怎麼回事？叫她起來說話，她哽哽咽咽地說：

「太太，我熱孝在身，恐怕犯忌，本來想滿七之後回來，想不到洋人來得這麼快，又在城外打家劫舍、蹧踏女人。我被洋人蹧踏了不說，還放一把火燒了我的窩！我無處棲身，以為城裏安了民，就跑進城來，想不到在城門樓上又被洋人蹧踏了……」

劉嬤嬤一面說一面哭，最後泣不成聲。龍太太叫黃嬤嬤扶她進房休息，又囑咐高管家讓她多休息幾天。龍太太隨後到後面來報告老太太。

梅影、蝶仙她們聽了非常害怕，都哭喪著臉望著老太太，老太太安慰她們說：

「只要我有一口氣兒在，妳們就用不著耽心。」

「老夫人，要是洋人真的闖進來了，我就跳井。」梅影說。

「要跳井我們兩人一道跳。」蝶仙說。

「妳們兩人也不必想得這麼絕，」古美雲說：「要是洋人真的闖進來了，或許我還能派上一點用場？」

「雲姑奶奶，妳還不是和他們一樣的婦道人家？妳又是這麼漂亮，洋人也不會放過妳的。」蝶仙說。

「惟願雲姨是我們的救星，不然我也只好上吊了。」文珍說。

「小姐，要是真到了那個節骨眼兒，上吊已經來不及了！」香君說。

「香君，別說這種喪氣話！」龍太太立刻堵住她。

香君臉色蒼白，低下頭來，不敢再作聲。老太太鎮靜地對大家說：

「我們不能瞎急、亂了方寸。我的意思是：要是洋人真的闖進來了，就先讓美雲和他們講理。如果道理講不通，他們亂來，就和他們拼個同歸於盡，決不讓他們檢便宜。我們有這些人手，屋子裏又比他們熟，十個八個洋人，要他們進得來，出不去，我們這樣做也是迫不得已，希望觀音大士保佑。」

「娘的意思很對，我們也只有這一條路可走。」龍太太說。

「妳去交代高管家，昭我的意思做，千萬不可慌張。」老太太說。

「老爺回來時我也會對他講。」龍太太一面說一面退了出去。

「外面這麼亂糟糟的，他還跑出去幹什麼？」老太太問。

「他同卜師傅去萬寶齋看看，他實在心痛那些字畫古玩。」龍太太回答。

「既然給洋人劫光了也就算了，何必再出去冒險？」老太太說。

「娘，您知道他沒有別的嗜好，從萬寶齋被劫的那天起，他就沒有睡好過覺。」

老太太心裏像壓著一塊大石頭，生怕兒子出事兒。媳婦走後，她在觀音大士面前焚起三柱香來，準備念經。天行、文珍、香君心裏也不自在，悄悄地退了出來。

老太太跪在觀大士面前念起〈白衣神咒〉：

> 南無佛、南無法、南無僧、南無救苦救難觀世音菩薩。
> 怛垤多，唵、伽囉伐哆、咖囉伐哆、伽訶伐多、囉伽伐哆、囉伽伐哆，娑婆訶。
> 天羅神、地羅神，人離難，難離身，一切災殃化為塵。
> 南無摩訶般若波羅蜜。

她反反覆覆地念，每次最少念二十遍，這次念了一百遍。據說觀音大士是救苦救難的菩薩，有求必應。

天行回到自己的房間後，香君無可奈何地對他說：

「少爺，我們現在是走進死胡同了！」

「以前是義和團的世界，我們不是義和團；現在是大毛子的世界，我們又不是二毛子。像我們這種中國人，也只好認命了。」天行回答。

「表哥，我又何嘗不是一樣？」文珍委屈地說。

「我看姑爹這一寶是押中了，說不定表哥會來接妳回去，妳就可以不必在這兒耽驚受怕了。」

「還不知道他們自己有沒有逃過這一劫呢？」文珍耽心地說。

「妳放心，姑爹、表哥都是聰明人，他們不會有事的，說不定現在已經出頭露面了？」

「那他們也應該來報個信兒啦？」

「遲早會來的，妳放心好了。」

「聽你的口氣，你好像諸葛亮、劉伯溫似的？」文珍白了他一眼說。

「我雖不是什麼山人，但對姑爹、表哥兩人的事兒，我可料得很準。」

「那你也是柳老師了？」

「我沒有柳老師那麼高明，更沒有他那麼大的學問。」天行說：「可惜柳老師走了，過去我沒有好好地向他學學。」

文珍不再作聲，香君卻接著說：

「柳老前輩說來就來，說去就去，無罣無礙，莫非他真是神仙？」

「柳老師是真灑脫，但他從不認承他是神仙。」天行說。

「柳老師倒真有人情味兒，不像王老師那樣剛愎，自以為是。」文珍說。

「難得妳說了這麼一句公道話兒。」

「本來嘛！他們都是老師，我要是隨便月旦，那豈不是大不敬了？」

「現在怎麼又月旦起來了？」

「只怪王老師做得太離譜兒了！」

「我早就討厭王進士了！」香君說：「可惜我是下人，不然早就不讓他進門。」

「妳怎麼這樣討厭他？」天行問。

「要不是他這種書獃子瞎起哄，怎麼會使許多人家破人亡？我們現在又怎麼會這樣提心吊膽？」

「香君，要是洋人真的闖進來了，妳怎麼辦？」天行故意問她。

「梅影、蝶仙姐姐打算跳井，小姐打算上吊，難道我還有第三條路走？」香君反問天行。

「有。」天行點點頭。

「少爺，難道您教我插對翅膀飛了不成？」

「我沒有那麼大的本事，不過我倒可以替妳出個主意。」

「什麼主意？」

「等表少爺來接表小姐的時候，妳和表小姐一道到姑爹家去，一方面妳可以陪陪表小姐，一方面也不必上吊了。」

「少爺，那你呢？」

「我還是在這兒。」

「你不怕？」

「我人一個，命一條，怕什麼？」天行向她一笑。「我還能像妳們一樣：跳井，上吊？」

「少爺，您別說的這麼怕人好不好？」香君似哭非哭，似笑非笑。

「香君，妳別聽他這個餿主意。」文珍用手肘碰碰他。

「這不是餿主意，這是上策。」天行一臉正經地對文珍說：「要是真到了那個節骨眼兒，我還能要她替我殉葬？」

「不要說了！不要說了！」文珍、香君兩人突然摟著哭泣起來。

「這有什麼好哭的？人遲早總有一死。上次我在正陽門外沒有被那兩個無賴一刀捅死，說不定這次真可以派上用場？」

「你要再胡說下去，我就稟告外婆了？」文珍突然抬起頭來，眼淚直流地說。

「婆婆是最明理最有決斷的人，她不會婆婆媽媽的，她已經下了決心了，我還能做孬種不成？」

文珍又摟著香君哭了起來。天行笑著對她們說：

「現在洋人還沒有闖進來，妳們就自亂方寸。要是真到了那個節骨眼兒，我看妳們是跳井找不到井口，上吊找不到繩索了！」

她們兩人又被他說得一笑，文珍紅著臉流著淚望著他說：

「人家心裏發慌，你還把我們當開心果兒？」

「少爺，我們心裏怦怦跳，虧您還是沒事人兒一樣？」香君也艾怨地說。

「香君，你看老太太幾時像妳們這樣慌張過？」天行說。

「少爺，我們怎麼能和老夫人比？她過的橋比我們走的路還多呢！」香君說。

「別說我了，我娘也差得遠呢！」文珍說。「就連你們男人，又有幾個比得上外婆？」

「所以我想我給妳們出的主意，她老人家一定能夠接受。」

「除非你也和我一齊去，否則我就不走。」文珍說。

「我男子漢大丈夫，怎麼能臨陣脫逃？何況我又不信教？」

「少爺，保命要緊，信不信教又有什麼關係？」香君說。

「那我不成了王老師第二了？」

文珍無話可說，只是流淚。香君抹抹眼淚說：

「老夫人既不肯插順民旗，你又不肯和小姐一齊走，但願到時候雲姑奶奶真能救苦救難就好。」

「香君，妳把雲姑當做觀世音了？」天行笑她。

「可不是？她要是真救了我們，我就早晚一爐香，把她當做活觀音供奉。」香君說。

「那老太太的觀世音呢？」天行問她。

「說不定雲姑奶奶就是老夫人供的觀世音的化身呢？」

「妳想的倒很美。」天行向香君一笑。

「不這樣想那怎麼辦嘛？真急死人了！」香君流著眼淚說。

說也真巧，就在香君又急又怕時，楊仁真的來接文珍了。

老太太看他跑來，又驚又喜，笑著罵他：

「你這小子膽量倒真不小，一個人在外面亂闖，你不怕洋人把你當義和團來辦？」

「外婆，您放心，我不是義和團，怕什麼洋人？」楊仁輕鬆地回答。

「你來幹什麼？」老太太問。

「娘一來要我來看看您老人家，二來要我來接文珍回去。」

「現在洋人到處亂來，你怎麼能接她回去？」

「外婆，您放心，洋人不會找我們的麻煩的。」

「哦，我想起來了，你現在有了洋人做靠山是不是？」老太太盯著楊仁問。

「外婆，您老人家既然知道了，現在說出來倒也無妨，我們是和洋人早有來往的。」

「當初你們信教為什麼不讓我知道？」

「外婆，此一時也，彼一時也，爹怕傳到義和團的耳裏，壞了身家性命，所以他要保守祕密。」

「現在你不怕了？」

「老太婆都夾起尾巴逃了，義和團還能鹹魚翻生？」

「哥，你也不要太放肆，百足之蟲，死而不殭，要是老佛爺一旦回鑾，你可得小心腦袋。」文珍說。

「她只會在奴才面前作威作福，見了聯軍她不發抖才怪！」

「要是聯軍走了呢？」文珍又說。

「這次已經夠她受的了，她還敢再發瘋一次？」

「表少爺好像懂得滿多似的？」古美雲說。

「他像他老子一樣，墨水兒雖然喝的不多，可很有些歪才。」老太太說。

「外婆，光讀子曰詩云沒有用，還是先弄清楚眼面前的事實才好。否則被別人賣了還幫著他數鈔票呢，那多不好？」

「你別盡在這兒耍貧嘴，我問你，你接文珍回去真有把握不出紕漏？」老太太問楊仁。

「外婆，沒有三兩三，不敢上梁山。要是沒有把握，我怎麼敢來？」

「這可不是玩兒的，你再琢磨琢磨，有多少把握？」

「外婆，我保證她平安回家就是。」

「哥，羊入虎口可就出不來，你可別拿我開玩笑呀？」文珍說。

「妳真是膽小如鼠！」楊仁瞪了文珍一眼。

「劉嬷嬷就被洋人蹧踏了，這也能怪我膽小？」

「妳以為我也像劉嬷嬷那樣老實？見了洋人就會嚇㬠腿軟？」

「俗話說，秀才遇到兵，有理講不清，何況是洋人？」

「妳要是覺得外婆家安全，妳就別回去，算我白跑一趟好了？」

楊仁這麼一說，文珍又有些膽怯，老太太也怕出事，就答應他把文珍接回去，天行便向老太太說：

「婆婆，我看讓香君陪文珍一齊去好了。」

「為什麼？」

「一來香君和文珍談得來，可以和她做個伴；二來香君一去，我們也少一個顧慮。」

「那誰來侍候你？」

「婆婆，這是什麼時候？我還能要人侍候？」天行說。

「這倒是一舉兩得，」老太太一面說一面望望她們兩人：「妳們兩人的意思呢？」

「要是老夫人准我去，我就陪表小姐去。」香君一面說一面望望楊仁：「可不知道表少爺歡不歡迎？」

「只要妹妹願意，我還敢不歡迎？」楊仁說。

「我話說在前頭，香君去了，你可不能使主子性兒，你得把她當客人看待？」文珍對楊仁說。

「真是好笑，這才叫做『賣豬肉，搭蹄子，娶媳婦，帶姨子』，我沒有說個不字，妳倒先和我提出條件來了？」楊仁望著文珍陰陽怪氣地冷笑。

「你這副德性，我不得不防著一點兒。」文珍也笑著回答。

老太太要她們兩人收拾東西又通知前面高管家準備轎子，而且特別囑咐要把轎子四面遮住。

楊仁看文珍、香君去收拾東西，便對老太太說：

「外婆，我看她們兩人彷彿很害怕的樣子？」

「她們女孩兒家，當然怕。」老太太說。

「表少爺，洋人凶神惡煞，又像狗一樣，萬一闖進來了，我們豈不遭殃？」蝶仙說。

「嘿！這還不簡單？」楊仁輕鬆地笑笑。

「表少爺，這是一件生死榮辱的大事兒，怎麼簡單？」

「在大門口插面外國旗子不就得了？」

「放你的狗屁！小心我掌你的嘴！」老太太立刻罵他。

楊仁伸伸舌頭，做個鬼臉。隨後又嬉皮笑臉地說：

「其實這不過是騙騙洋人，我們又不少一塊肉，何必那麼認真，自討苦吃？」

「你還胡說八道！我看你真要討打了？」老太太指著楊仁說。

「外婆，好漢不吃眼前虧，我也是一番好意嘛！」

「你是什麼好意？你這是烏龜兔崽子的狗屎主意！你要外婆見不得人是不是？」

「好了，外婆，您老人家不要生氣，算我放屁，放狗屁！」楊仁厚著臉皮陪著笑臉說。

「這小子簡直沒有一點兒血性！」老太太白他一眼，笑罵一句。

文珍、香君收拾好了兩個包袱，向老太太告辭。老太太囑咐文珍說：

「在轎子裏不要伸出頭來東張西望，不論發生了什麼事兒都要鎮靜。妳娘既然要妳哥哥來接妳，我就不好留著妳擔驚受怕。等時局平靜了，妳隨時可以來。要是有什麼不如意的事兒，叫香君捎個信兒來就是。」

文珍含淚點頭。老太太又交代楊仁：

「我把她們兩人交給你了，要是有半點兒差池，唯你是問。」

「外婆，您老人家真是穿釘鞋拄拐棍，您還怕我捅個紕漏跑了不成？」

大家都被楊仁逗得一笑。

天行把她們送到門口，耳門外停著三頂轎子，一頂是楊仁的，停在前面，後面兩頂轎子兩邊小窗都被布簾遮住。楊仁坐進前面一頂，文珍坐進中間一頂，香君坐進後面一頂。轎子一起身，文珍連忙撥開窗簾，伸出頭來對天行說：

「妳千萬小心保重，不要逞血氣之勇，記住你的身體還沒有完全復元。」

香君也撥開窗簾對天行說：

「少爺，恕我不能分身服侍你，一切請你自己小心。避瘟丹放在檀香盒裏，記得早晚各服一粒。要是有什麼事兒就捎個信兒過去，我會馬上回來。」

天行向她們揮揮手，眼淚卻不自禁地滴了下來。他失魂落魄地在門口站了一會兒，才轉身進來。

楊仁領著文珍、香君的轎子大搖大擺地走通衢大道回家。他口袋裏有英軍發的通行證，還藏了一本英文《聖經》，這兩年他的英文已經學得不錯，也會講話，他是有恃無恐。

一路上也碰到幾次巡邏的聯軍，那些外國士兵看他們大大方方坐著轎子經過，反而不問；那些看見他們就跑的膽小鬼，他們開槍就打，這種人打死的很多，其實他們都不是義和團，他們是既怕義和團更怕洋人的升斗小民。

楊仁只碰到一隊巡邏士兵要他停轎檢查，他大方地拿出通行證給他們看，同時揚起手上的英文《聖經》，還大聲說了一句洋文：

「I am a Christian!」

外國士兵看了通行證，又聽了他的洋文，十分高興，和他握握手，又向他行了一個舉手禮，讓他揚長而去。不但他自己十分得意，轎夫看了更開心，走起路來也更神氣，兩腿也更有彈性。

一回到家門口，他首先跳下轎，大聲地對屋內說：

「娘！您的寶貝女兒回來了，我總算不辱使命。」

文珍下得轎來，一抬頭就看見門口插著一面英國旗子，她心裏一時說不出來是什麼味道？要是外婆肯插這種旗子，她就不必害怕，不必回來。剛才在轎子裏她雖然沒有看見哥哥手拿通行證和《聖經》，只聽見他講了一句洋文，聯軍就讓他通過，就能平安回家，她也不能不佩服哥哥神通廣大。

香君沒有見過這種旗子，她不知道是那一國的國旗？但她不敢問，她知道反正不是自己的國旗。

龍從容看見女兒回來，高興得熱淚盈盈。香君一道來也使她格外驚喜。文珍向她說明原委，龍從容說：

「天行想得周到，外婆自然是不肯插順民旗的。」

「娘，那我們家為什麼要插順民旗？」文珍悄悄地問。

「這是妳爹和妳哥哥的主意。」龍從容也悄悄回答。「他們說這面旗子是護身符，可保平安的。」

「娘，以前義和團沒有找你們的麻煩？」

「沒有。」龍從容搖搖頭。「義和團沒有動我們一根汗毛。」

「這就奇怪了？」文珍有點不解。舅舅不是二毛子，反而燒了景德瓷莊，又惹了那麼多麻煩？自己家裏反而太平無事。

楊仁聽了暗笑，文珍不知道是那塊腰牌保住了他們的生命財產。而聯軍一進京，楊仁就把那塊腰牌劈成好幾片，打進茅坑底下了。同時他們父子兩人又由司徒威替他們同英軍搭上了線，負責採購英軍糧食補給品，不但領了兩張通行證，還正在發大財呢！

送文珍、香君來的轎夫要回去，但是他們心裏有些害怕，情願抬著楊仁回去一趟。楊仁卻對他們說：「我那有麼多閒功夫送你們回去？」

「表少爺，你剛才使的是什麼法寶，可不可以借給我們用用？」一位轎夫說。

「那豈是隨便可以亂借的？」楊仁以為轎夫指的是通行證，不禁神氣地說：「那是我的衣食父母，也是護身符。」

「表少爺，好像您還有一本什麼書？看樣子也是可辟邪的？」

楊仁聽了一笑，又打量轎夫一眼說：

「這本書是可以辟邪的，不過你看不懂。」

「表少爺，我不是要看，您可不可以借給我們做護身符？免得洋人找我們的麻煩，說不定還得賠上腦袋瓜子！」

「既然你這麼說，我就借給你一下。不過你得還我，也不准給別人看。」

楊仁有兩本英文聖經，他便作個順水人情。

轎夫拿到《聖經》彷彿得到護身符似的，高興地走了。說也奇怪，聯軍巡邏士兵和崗哨，一盤查他們，轎夫便高舉那本《聖經》，指指《聖經》，又指指自己心口，居然通行無阻。他心想這比什麼〈白衣神咒〉、《金剛經》、《心經》、義和團的〈閉火門神咒〉、天靈靈地靈靈和什麼八寶要強多了。「還是洋人的東西靈！」這是他的結論。

文珍走後不久，龍從雲也從外面回來。老太太看見他，心中一塊石頭才落了下來。但還是責怪了兩句：「現在外面還亂糟糟，你怎麼隨便往外跑？」

「我去萬寶齋看了一下，裏面已經空空如也。」龍從雲說。

「丟了也就算了，留得青山在，不怕沒柴燒。」老太太說：「市面情形怎樣？」

「商店還是關門閉戶，聯軍還是照樣殺人、姦淫、擄掠。」

「剛才楊仁已經把文珍接回去了，我也減輕了一點兒責任。」

「娘，路上很不安寧，您放心讓她冒那麼大的險？」

「我們這兒已很危險，萬一聯軍闖了進來，這麼多黃花閨女，如何是好？楊仁那小子現在更滑溜了，他既敢誇下海口，自然是有了洋人做靠山，所以我就讓文珍回去了，而且讓香君和她作伴，免得她寂寞，這是兩全的法子。」

龍從雲不好再說什麼。他望望古美雲，意味深長地對她說：

「據說聯軍推舉瓦德西做統帥，他是德國人，已經住進老佛爺的儀鑾殿。妳認不認識他？」

「我不認識。」古美雲搖搖頭。

「德國人最恨老佛爺，又沒有逮住她，現在都把氣出在老百姓頭上，老百姓真遭殃！妳能不能去見見他，疏通一下，免得老百姓受苦受難？俗話說：『救人一命，勝造七級浮屠。』這倒是一件大功德呢！」龍從雲說。

「二哥，您看我有這個能耐嗎？」古美雲偏著頭問。

「妳在德國住了三年，和他們的王公大臣交往很多，俗話說見面三分情，不管妳和他認不認識？他新來乍到，能夠遇上一位住過德國，又會講德國話的人，自然會有他鄉遇故知的感覺，妳不妨去見見他。」

「他是聯軍統帥，我是一個小百姓，怎麼見得到他？」

「我看只有毛遂自荐，直闖轅門了。」

「二哥，這樣冒冒失失，行嗎？」

「他是不會下帖子來請妳的，妳不自己去，那怎麼見得到他呢？」

「二哥既然這麼說，為了京城的老百姓，就是跳火坑我也得跳了！」古美雲柳眉一揚說。

「這很好，我要卜師傅陪妳去。」龍從雲高興地一笑。

「美雲，那妳該好好地打扮一下，要像當年的欽差夫人一樣。」老太太囑咐她。

「乾娘，好漢不提當年勇，我也不是當年的古美雲了。」古美雲感傷地說。

「妳還年輕得很，打扮起來還是艷光照人。」老太太鼓勵她：「解民倒懸，事不宜遲，妳快點兒準備吧？」

古美雲立刻回到自己的房間。她很會打份，手法熟練，她將髮型梳成當年德國維多利亞皇后模樣，佩上最好的首飾，顯得珠光寶氣。她一走出來老太太的眼睛也為之一亮，連連稱讚：

「果然和十年前一樣。」

轎子已經準備好了，停在門口，這是老太太自己坐的轎子，相當氣派，龍從雲吩咐卜天鵬裝成侍衛的樣子，一切都聽古美雲的指揮，更要小心保護。古美雲客氣地對卜天鵬說：

「卜師傅，為了京城的老百姓，今天就委屈你了。」

「雲姑奶奶，我唱慣了趙子龍保駕，陪妳走這一趟不算什麼。」卜天鵬回答：「不過在洋人面前我開不了口，今天全看您的了。」

「二哥，世事真難料得很，」古美雲對龍從雲說：「想不到當年去了趟德國，今天卻派上用場？不過當年我在柏林貴為上賓，今天瓦德西在北京卻喧賓奪主。」

「此一時也，彼一時也，」龍從雲回答：「不過妳這次進宮，比當年欽差夫人去德國責任更大，希望妳成功。」

「我盡力而為就是。」說著她就坐進轎子。卜天鵬在後跟著。

他們兩人以前都進過宮，可以說是輕車熟路。

一路上雖然有崗哨盤問，但看古美雲珠光寶氣，對答如流，又是去見他們的統帥，那些士兵都肅然起敬。尤其是德國士兵，聽她講德國話，欽敬之外更表示出幾分親切。

瓦德西雖然身在儀鑾殿，可是人生地不熟，日常生活問題都難解決，尤其是軍需補給，更沒有人承辦，正在大傷腦筋。一聽說有一位會說德國話的夫人求見，便連忙接見。

瓦德西是一位魁梧的德國軍人，上唇蓄了濃濃的鬍髭，兩端像釣魚鉤兒似的向上翹起來，樣子有些像卑斯麥，性格直率。他一看古美雲一身打扮，很像個欽差夫人，人也是貌美如花，更講得一口柏林腔的德國話，便格外親切而客氣。

「請問夫人到過敝國嗎？」他招呼她坐下之後禮貌地問。

「十年前去過，在柏林住了三年。」古美雲回答。

他聽她到過德國，又在柏林住過，更加高興，又問：

「妳認識許欽差嗎？」

「他是先夫，我就是隨他一起到任的。」

他更肅然起敬，那時他不過是個中級軍官，還沒有資格參加宮廷宴會，國家慶典。等古美雲說到怎樣晉見皇帝，怎樣和皇后交往時，他不禁離座而起。

古美雲看看自己已經先聲奪人，掌握了情勢，便試探地問他：

「將軍初到敝國，人地生疏，有沒有需要我效勞的地方？」

「夫人不說，我倒不便啟齒。目前我最感困難的是軍需補給。貴國老百姓都不敢和我們接近，什麼東西也買不到。」

「聯軍到處隨便殺人，尤其是貴國軍隊，到處燒、殺、姦淫，因此老百姓都不敢和你們接近了。」

「我的部下都恨義和團，因此他們抓到了義和團就殺。」

「其實我也是義和團的受害人。」古美雲說。

瓦德西不大相信，古美雲便將義和團亂來的情形講給他聽，隨後她就乘機替老百姓說話：

「不過義和團早跑了，你們現在殺的都是無辜的老百姓。只要你們不再燒、殺、姦淫，老百姓自然不會害怕了。」

他點點頭，隨後她又告訴他怎麼從天津逃到北京，吃了多少苦頭？現在又怎樣閉門不出，要不是聽說他是聯軍統帥，她還不敢出來。

由於古美雲知道德國的事情很多，兩人愈談愈投機。瓦德西便留她吃晚飯。在席間他還要求她辦理糧臺大事，她覺得這個責任太大，不敢答應。

「夫人雖是女流，但別人我不放心。」

由於他態度誠懇，她便不好一口回絕。她心想要救京城老百姓，不替他做點事兒取得信任又不成，為了龍家她也不該堅辭。她考慮了一會之後，答應先試試看。他十分高興，立刻吩咐副官辦好一張派令，他即席簽字交給她。

飯後已經天黑，瓦德西還派了兩個士兵護送她回來，送到之後他們並不回去，站在門口守衛起來。古美雲問他們怎麼不走？他們回答：

「將軍吩咐，要我們保護夫人。」

古美雲沒有想到瓦德西考慮的這麼周到？她謝謝他們就進來了。

老太太和龍從雲正在著急，不知道古美雲是吉是凶？這種毛遂自薦的事兒不但冒失而且危險。但是除了古美雲之外誰又能和德國人攀交情？挽救京城的老百姓呢？

他們母子兩人沒有想到古美雲突然滿面春風地平安歸來，她來不及卸妝就來向老太太他們報告交涉情形。

老太太聽了她的報告之後高興地說：

「美雲，這次妳馬到成功，真是萬家生佛。」

「乾娘，我臨走時還特別要求他約束聯軍，停止燒、殺、姦淫。」古美雲說。

「他答應了沒有？」

「他點了頭，應該可以辦到。」隨後她又從皮包裏拿出那張派令給他們母子兩人看，同時說了一句：「洋人做事比我們中國人爽快。」

「妳答應給他辦理糧臺，這是一件大事，也免得他們再擾民。對妳自己來說，也是一個發財的大好機會。」老太太說。

「乾娘，只要能救人就好，我倒不想發這個財。」古美雲說：「倒是二哥這次損失太大，如果二哥有意承包，倒可以彌補不少損失。」

「我也不想發這個財，如果妳能幫我找回萬寶齋的骨董字畫，我就心滿意足了。」龍從雲說。

「這大海撈針的事兒，她怎麼能辦到？」老太太說。

「娘，我也不過是隨便說說，」龍從雲淡然一笑：「美雲今天能賞我這個薄面，親自出馬，這和白衣大士救苦救難也沒有兩樣，我還能不知足？」

「二哥，大海撈針的事兒我沒有把握，不過今兒晚上大家可以安心睡覺，明天我就要替瓦德西辦糧臺大事了。」古美雲嫣然淺笑，輕移蓮步走回自己的房間卸妝。

第二十章 劉嬤嬤杯弓蛇影
老太太積德施棺

古美雲去見瓦德西本來是有求於他，沒想到瓦德西反而求助於古美雲，使她這次冒昧的交涉意外的成功，更令老太太、龍從雲母子喜出望外，尤其是還有兩個德國士兵在門口站崗保護，她更是沒有想到，連古美雲自己也沒有想到，她又彷彿恢復了十年前在柏林的那段風光。

梅影、蝶仙這些黃花閨女心裏更是高興，本來她們是決心在緊急關頭時自己了斷的，現在有兩個德國兵站在門口，比插順民旗是更有保障而且十分體面了。她們把古美雲真看成救苦救難的觀世音了。

「說不定老夫人念〈白衣神咒〉真有感應，雲姑奶奶就是觀音大士的化身？」蝶仙悄悄地對梅影說。

「雲姑奶奶還是雲姑奶奶，她和以前還是一樣呀！」梅影說。

「說不定是白衣大士的神靈，附在雲姑奶奶的身上，不然，她怎麼有那麼大的法力，感化瓦德西？」

「雲姑奶奶本來又聰明又漂亮，當年她既能和德國皇帝、皇后打交道，這次和瓦德西交涉，自然得心應手了，只可惜這些年來她落了難，王進士才瞧不起她。」

「王進士真是狗眼看人低！」蝶仙突然罵了一句：「他最瞧不起我們女人。」

「他們鬧出這麼大的紕漏，也差點兒害了我們。」

「可是黃嬤嬤、劉嬤嬤已經被他們害慘了！」

「現在他們也自作自受了。」

「要是柳老前輩的八字看得比王鐵嘴準，那他真是神仙了。」蝶仙突然想起柳敬中那天講的話來。她不知道王仁儒已經死了，而且死得很慘。

「說真格的，王進士雖然很討人厭，我倒希望柳老前輩看走了眼。」梅影說。

「妳就是婆婆媽媽！」蝶仙白了梅影一眼：「妳這正是王進士說的婦人之仁！」

「我看妳也是鐵嘴豆腐腳，狠不到那兒去？」梅影望著蝶仙笑笑。

「唉！我們女人就是這些地方差勁，所以成不了大事兒。」蝶仙歎口氣說。

她們正談到這兒，忽然聽見前面傳來一聲女人的尖叫，她們大吃一驚，兩人嚇得摟在一塊，渾身發抖。

前後幾進的人都被這一聲尖叫驚醒。

卜天鵬、天放、天行和幾個護院師傅，正在第二進大廳練拳，聽到這聲尖叫都趕到前面來。

原來是劉嬤嬤清早起來掃地，她打開耳門一看，發現兩個高大的德國士兵站在門口，她尖叫一聲，丟下掃帚就往後面跑，她不知道兩個士兵是護送古美雲回來的，一直站在那裏。這兩個士兵被她這一聲尖叫也弄的楞頭楞腦，端著槍準備應變，幸好卜天鵬知道這件事，不然會鬧出人命來。

那兩個德國兵也認得他，因此才化解了這場誤會。

劉嬤嬤一聲驚叫之後，跑到第二進的走廊抱著一根柱子直喘氣，兩眼癡癡呆呆，神情木然，像個瘋子一樣，黃嬤嬤叫她她也不知道答應，搖搖她她也像個木頭，卜天鵬走過去給她一耳光，打得她身子一晃，她才突然啊的一聲哭了出來，她雙手蒙臉不敢見人，卜天鵬要黃嬤嬤把她扶進房裏休息。

天行回到後面來，梅影蝶仙連忙圍著他問是怎麼回事兒？天行說出原委，蝶仙歎口氣說：

「真是『一朝被蛇咬，十年怕井繩』。劉嬤嬤也太可憐了！」

「就算我沒被蛇咬，突然看見洋人我也會害怕。」梅影說。

古美雲已經起來，但她很鎮定，她知道門口有衛兵，不會出什麼事兒。等天行告訴她後，她搖搖頭說：

「真沒有想到，劉嬤嬤會被洋人嚇破了膽？今天我要再和瓦德西談談這件事兒，希望他早點兒安民，那就不必再要什麼衛兵了。」

「雲姑奶奶，別說劉嬤嬤怕洋人，我也害怕。」梅影說。「門口站著兩隻老虎，不知道他們什麼時候吃人?」

「看妳說得怪可憐的?」古美雲向梅影一笑:「這樣說來,瓦德西好意反而變成惡意了?」

「雲姑奶奶,您是活觀音,您今天再去勸勸那個德國洋人,要他立刻下道命令,不許擄、掠、燒、殺、姦淫,這樣我們門口就不需要這兩隻老虎了。」蝶仙說。

「好,我一定說到。」古美雲笑著點點頭:「我就是為了妳們這幾位仙女,昨天才跑一次腿,當上這個差。」

「雲姑奶奶,您真是活菩薩!」梅影雙手作揖說。

「我不下地獄就好了,」古美雲悽迷地說:「還敢望成什麼菩薩?」

她匆匆梳洗過後,梅影、蝶仙就侍候她和老太太一道早餐。她和老太太商量找那幾家大糧商來承辦這件大事?老太太對她說:

「要是在平時,大糧商會搶這筆生意做,現在情形不同了,妳恐怕要多費口舌?」

「乾娘,多費口舌我倒不怕,我怕的是沒有人承辦,那我就不能向瓦德西交差,也就無法向他提出約法三章的要求了。」古美雲說。

「卜師傅在京裏的人頭熟,還是請卜師傅陪妳一道去辦這件燙手的事好了。」老太太說。

古美雲也是這個意思,老太太便將卜天鵬找來,向他說明一下,卜天鵬欣然同意,並說出幾家大糧商的字號,古美雲本來認識不少富商巨賈,其中也有她熟悉的糧商,兩人商量好了路線、次序,準備一一拜訪,直到成功為止。

他們出門時，發現門口已經換了兩個衛兵，他們不但沒有為難，反而向古美雲行禮，使古美雲覺得責任更重。

街上店鋪都是關門大吉，他們先到生記糧行敲門，敲了很久都沒有人答應，古美雲知道他們是驚弓之鳥，便用很溫柔的聲音對裏面說：

「老闆，我是自己人，是來和您做生意的，請您開門讓我進來談談好嗎？」

過了好半天裏面才傳出話來：

「對不起！現在閉市，沒有什麼生意好談，我們保命要緊。」

「老闆，這筆生意和你保命有關，要是您肯做，不但可以保命，還可以發財。」古美雲說。

裏面沒有作聲，過了一會才問：

「妳是洋人還是中國人？」

「當然是中國人！」

「我們不信。」

「為什麼？」

「中國女人躲藏都來不及，那有膽量出來和我們談生意？」

「老闆，您的話很對，不過，我和一般中國女人不同。」

「難道妳也是黃頭髮、綠眼睛？」

「不是。」

「難道妳有三頭六臂不成？」

「也沒有。」

「那妳還有什麼不同？」

「老闆，我在外面講話不便，您讓我進來談談，我會照實奉告。」

「對不起，這不是窮開心的時候，我沒這個興趣。」

「老闆，財神送上門來，您也不接？」

「少廢話！金元寶鋪在地上，我也不會開門來撿。」

古美雲搖搖頭，歎口氣說：

「這家老闆這麼絕，我們只好另找別家了！」

「鴨子趕不上架，也只好另找別家。」卜天鵬回答。

他們又一連找了兩家，都是不肯開門，不想賺這筆錢。

望望街上來往巡邏的外國士兵，再看看關門閉戶的商店，古美倒抽一口冷氣說：

「我看我是沒有辦法達成這個任務的了！」

「如果他們沒有吃的，到處搶糧食，那不是比現在更糟？」卜天鵬說。

「可不是？到那時候就更不可收拾了。」古美雲說。

「不到黃河心不死，我們還得再找幾家看看。」卜天鵬說。

古美雲想到裕記大糧商程慶餘，十年前他和她見過兩次面，不知道他還記不記得她？決定去找他一下。

裕記糧行也是關門閉戶，她敲了門之後就開門見山地問：

「程老闆在家嗎？」

裏面沒有聲音，她又連問了兩句，裏面才傳出話來：

「請問妳是誰？」

「我是許狀元夫人。」她只好著硬頭皮回答。

「妳找他有何貴幹？」

「我想介紹他一筆大買賣。」

過了一會，門上露出一個小洞，一隻眼睛從小洞裏向外窺探。大約等了一盞茶的工夫，大門才拉開一條縫，慢慢露出一隻蒜頭鼻子，門也漸漸拉開，程慶餘終於露出整張臉來，滿臉堆笑地說：

「稀客，真是稀客！」

「程老闆，我可以進去請教嗎？」

「好說，好說！請進，請進！」他一面回答一面打量卜天鵬：「這位是？」

「這位是卜天鵬老闆，您以前大概聽過他的戲吧？」

「哦！聽過，聽過！卜老闆真好身手！」

「過獎，過獎！」卜天鵬向他抱拳拱手。

等他們一進來，他又連忙把大門關上。他把他們兩人引進會客室，隨即有人奉茶，他笑問卜天鵬：

「我有好久沒有聽卜老闆的戲了，這一向在那兒得意？」

「倒嗓之後我就在龍二老爺家混飯吃。」卜天鵬回答。

「那很好，龍二公子我也很熟。」程慶餘還是稱龍從雲年輕時的外號。

「今天是什麼風把兩位貴客一道吹來的？」他們兩人坐下之後程慶餘又笑問他們兩人。

古美雲向他說明原委，還費了不少時間解釋自己這些年來的遭遇，程慶餘聽故事檬地聽得津津有味。古美雲心裏很急，隨即話鋒一轉：

「程老闆，我想我還是言歸正傳吧！」

「請指教。」

「您知道我去過德國，過去和德國人有些來往，這次我是受了聯軍統帥瓦德西之託，替他採辦軍糧，您也知道我不是生意人，因此我想起寶號。」

程慶餘考慮了一下才說：

「要是在平時，我樂意做這筆生意。可是現在情形不同，他們佔了北京，我們就是敵人，他們燒、殺、姦淫、擄、掠，無惡不作，餓死他們不是更好？」

「程老闆，您的意思很好，但是您可曾想到，他們手上有的是槍，他們會那麼傻，會讓自己餓死嗎？」

程慶餘一怔，不禁啞然失笑。古美雲便說：

「如其等他們到處搶糧，一個子兒也拿不到，還會惹來殺身之禍，倒不如抬高些價錢賣給他們，既賺錢，又保全城平安，這豈不是一舉兩得？」

「橋歸橋，路歸路，做生意怎麼能保得全城平安呢？」程慶餘問。

「程老闆，您不知道，這就是我答應替他採購糧食的交換條件。」

「夫人，妳相信他能辦到嗎？」

「只要我能辦到，他一定能辦到。」

「京城閉市不止一日，洋人又到處追剿義和團，弄得雞飛狗跳，我一時去那兒採購糧食？」

「你可以先聯合同業供應存糧應急，再陸續收購，問題就好解決。」

「他給我什麼保障？」

「我們可以和他打開天窗說亮話，不然你可以不辦。」

「好！有妳這句話，我就試試！」程慶餘爽快地說：「不過我先聲明，我這是為全城的老百姓著想才做這筆買賣，可不是見錢眼開？」

「我知道這是您程老闆賞我個薄面，不然就是有金元寶你也不會去撿的。」

程老闆高興地一笑，古美雲更開心。於是他們一道去見瓦德西。瓦德西看見古美雲帶著程慶餘來，他也高興，他更欣賞古美雲的能力。

古美雲把程慶餘的困難和顧慮都一一說明，瓦德西側耳傾聽，他表示瞭解。古美雲便鄭重地對他說：

「請將軍立刻下令安民，恢復市面，不准再擄、掠、燒、殺、姦淫。不然沒有人敢辦採購軍糧的差事。」

「不過，據我瞭解，城裏還窩藏了不少義和團。」

「將軍，您該知道，義和團本是烏合之眾，他們的頭子早跑光了，城裏縱然還有少數，也都是可憐蟲，起不了任何作用，中國人這麼多，您總不能趕盡殺絕？」古美雲說。

「夫人，您的話是不錯，不過昨天我們還逮到了一位義和團的軍師。」瓦德西說。

古美雲一怔，他立刻想起了王仁儒。但她隨即鎮定下來，她淡然一笑說：

「義和團只有兩種：一種是光棍；一種是無知無識但有愛國心的粗人。那有什麼軍師？」

「那人可是個讀書人，據說還是個進士。」瓦德西說。

「將軍，您是怎麼知道的？」

「是你們中國人告訴我的。」

「那您把他怎麼處置？」古美雲故意問。

「我的部下當場就把他殺了。」

「將軍，您既然殺了他們的軍師，那也就沒有後顧之憂了，應該可以安民啦！」

「可惜這個儀鑾殿的主子還沒有逮到。」

「將軍，她逃到西安去了，現在您不是這兒的主子嗎？」

瓦德西的釣魚鉤兒似的鬍子一翹，微微一笑，吩咐副官發給程慶餘一份通行證，又叫來一位中級軍官，要他負責和古美雲聯絡。這位軍官生得十分英俊，也十分精明，他交給程慶餘一張採購單子，和五千大洋的銀票，程慶餘不敢接受，他對古美雲說，如果不安民，他沒有辦法採購。古美雲把他的意思再向瓦德西說明，瓦德西沈思了一會，忽然右手在几上一拍：

「好，我立刻下命令，你們趕快去辦。」

程慶餘這才收下訂金，但那位軍官要古美雲保證，古美雲只好答應。

離開儀鑾殿，程慶餘十分高興，他說洋人很爽快，也感謝古美雲給他介紹了這筆生意，自從義和團鬧事以來，他已經好幾個月沒做過一筆像樣的生意了。但他看不懂那張採購單子，古美雲講給他聽，而且囑咐他：

「程老闆，德國人說一不二，這筆生意你可千萬不能誤事，否則我們兩人都脫不了干係？」

「夫人，我裕記糧行是金字招牌，我不讓您受累，洋人我也惹不起，您放心好了。」

「程老闆，我們是自己人，我不妨向您直說。」

「夫人請明講。」程慶餘反應快，他以為古美雲向他要好處。

「你是將本求利，又冒風險，你比市價報高一兩成沒有關係。這次洋人在京裏搶了我們不少東西，你可以在這方面撈回一筆。」

「多謝夫人指教。」程慶餘鞠躬如也：「我向來不做賠本的生意，這次我當然要撈一票，不過我也不會忘記您的好處。」

「程老闆，咱們黑處作揖，各憑良心。」古美雲欣然一笑。

他們分手之後，古美雲想起瓦德西說昨天殺了義和團的軍師的話，心裏就忐忑不安，他和卜天鵬商量要不要去看看王仁儒?卜天鵬說：

「好歹我們也認識一場，看看也好。」

於是卜天鵬領路，來到王仁儒家，一走到胡同口就聞到一股血腥味，卜天鵬抬頭一看，發現電線桿上還掛著王仁儒的首級，他腳步一停，輕輕對古美雲說：

「瓦德瓦的話沒有錯。」

「王進士真的殺了?」古美雲驚問。

「您看！」卜天鵬指指電線桿上說。

古美雲一看，連連倒退，驚叫一聲，臉色慘白，雙手蒙面，不敢抬起頭來。卜天鵬怕她受驚過度，便對她說：

「那我們回去好了。」

「不，」她立刻搖搖頭，放下雙手，恢復冷靜：「既然來了，就應該到他家裏看看。」

卜天鵬又陪她進四合院，王仁儒的無頭屍體還躺在院子中央，她看了一眼就偏過頭去，不敢再看，跟著卜天鵬匆匆走進王仁儒的家裏。

王仁儒的如夫人李桂花兒沒想到會有人看她?她認識卜天鵬卻不認識古美雲，卜天鵬向她介紹，她跪在古美雲面前哭了起來。

古美雲雙手把她扶了起來，問她怎麼還沒有收屍?她哭著說：

「他的兒女都在外州外縣，大娘又在紫竹菴念佛，我一個婦道人家，要錢沒錢，要人沒人，連個通風報信的都找不到，怎麼能收?」

「他的跟班呢?」卜天鵬問。

「跟班的是個痞子光棍，騙得他團團轉，騙了他的棺材本兒，腳底板搽油，溜了。死鬼只會在我面前作威作福。我一個婦道人家，屙尿灑不過籬笆，他一凶死，我是呼天不應，叫地不靈，我有什麼辦法?」

古美雲也不知道如何是好?她身上沒有帶錢，只好對李桂花兒說：

「您先別著急，我們回去和龍老太太、龍二爺商量一下，想個法子收拾一下好了。」

「那就多謝兩位的大恩大德!」

李桂花兒又要跪下，古美雲連忙阻止。她一把眼淚一把鼻涕地說：「死鬼活著的時候一心只想做官，聽王鐵嘴放了一句屁，他就以為祖墳上冒了煙，幹起義和團來。現在好了，做官做出這樣一個下場!看閻王爺那兒是少了一個城隍，還是少了一個土地?這下可把我害慘了!」

說完又嗚嗚地哭了起來，古美雲安慰她幾句，便和卜天鵬一道回來。

老太太一看見古美雲，便向她探問糧行的情形。古美雲像一朵萎縮的花兒一樣往椅子上一躺，有氣無力地說：

「乾娘，我的事兒您老人家倒不必操心，只怕您又要破財了。」

「瓷莊燒了，萬寶齋搶了，我在家中坐，又不打牌，還有什麼財好破的？」

「柳老前輩的話驗了！」

「怎麼！」老太太一怔，大聲地問：「是不是王進士真的死了！」

「不但死了，而且死得很慘！」

隨後便將她親眼所見的情形告訴老太太，老太太一連念了幾聲「阿彌陀佛」，梅影、蝶仙臉色發白，一句話也講不出來。

「乾娘，他一直沒有人收屍，您看該怎麼辦？」

「聽說他有兒女，怎麼也不管他？」

「兒女隔得遠呢！」

「他還有兩個太太呀！」

「大太太在紫竹菴阿彌陀佛，小太太年輕又沒有子女，連個通風報信的人都找不到。要不是我在瓦德西那兒聽到消息，和卜師傅趕去探望一下，那就不知道要臭到什麼時候了！」

老太太又歎了一口氣，念了一聲佛，要蝶仙去把龍從雲請來，卜天鵬已經報告了他，用不著再費口舌，老太太問他怎麼辦？他躊躇地說：

「死的人那麼多，現在又沒有開市，恐怕連棺材都買不到？」

這是實際情形，宮裏、街上死了那麼多人，都是拖到城外亂葬崗成堆埋掉，很少用棺材。

「他是個進士出身，怎麼說也得替他買口白木棺材，殮起來再說。」老太太說。

「娘，這又得麻煩卜師傅了。」龍從雲說。

「恐怕他一個人還不夠，你得多派兩個人幫他。」

「兒子照辦就是。」

「棺材過得了六月，人過不了六月，愈快愈好，給他先殮起來，等時局平靜以後再由他的家屬辦理好了。」

「娘說的是。」

「錢有沒有問題？」

「我要高管家設法調度調度。」

老太太向兒子揮揮手，要他快去。

「乾娘，您這真是積德！」古美雲說：「王進士要是地下有知，他真應該感激您。」

「美雲，王進士和我交往幾十年，我從來沒有想到要他感激。」

「老夫人，現在看來，柳老前輩真是一位高人，他看王進士怎麼看得這麼準？」梅影說。

「王進士要是有柳老前輩那種學問和修養，他不會做這種糊塗事，落個這樣的下場。」老太太說。

第二十一章　奸楊通移花接木　巧香君止沸抽薪

龍家耳門外的兩個德國衛兵突然撤走了。是什麼時候走的？誰也不知道？劉嬤嬤自那天清早突然發現那兩個德國衛兵之後，就不敢再來掃地，由黃嬤嬤代她掃。黃嬤嬤今天清早慢慢打開耳門向外探望探望，不見人影，她再把頭伸出去左右看看也沒有人。

她高興地跑回來告訴劉嬤嬤，劉嬤嬤還不放心，請她再去看看，黃嬤嬤又跑到門外探望一番，還是不見人影，她甚至抖起膽子走到街上望望，街上很少行人，也看不見巡邏的外國士兵，她又回來對劉嬤嬤說：

「是真的走了！連大街上也沒有看見一個外國兵。」

劉嬤嬤不聲不響，從床頭木架上抽出三支香，一疊錢紙，一盒火柴，逕自走到門外，點燃三支香，插在地上，又燒了那疊錢紙，跪在地上拜了幾拜。黃嬤嬤知道她這一向有些神魂顛倒，行為常常出人意外，禁不住問她：

「妳這是怎麼回事兒?」

「送瘟神!送洋瘟神!希望老天爺統統收了回去。」

「劉嬤嬤，鬼怕惡人，老天爺也不敢管洋人，我看妳是白費了心。」黃嬤嬤說。

她神情木然地望著天空，天空灰沈沈，她歎了一口氣，自顧自地走了回來。

古美雲聽說衛兵走了，心裏已明白幾分，她的交涉是生效了。

梅影、蝶仙她們更加高興，不必再提心吊膽了。

聯軍不再進入人家搜查，巡邏的士兵也少了，街上店舖也陸續開了門，聯軍搶劫的東西開始流入市面，龍從雲和古德鄰分頭逛市場、地攤，一方面希望發現自己的東西，一方面也想看看有沒有值得收買的骨董字畫?

楊通、楊仁父子更忙得不可開交，除了原來為司徒威收購皮貨的生意之外，又要為司徒威收購古玩。司徒威是個頭腦十分靈活的傳教士、商人，除了直接從英軍那兒得到不少奇珍異寶之外，他知道一定還有很多官兵私自賣出去的，楊通、楊仁便成了他的貓腳爪兒，他也為楊通搭線承辦了英軍的補給，這是一筆大生意，所以他們父子兩人十分樂意為他賣命。而負責與楊通父子接洽的是司徒威的養子彼得•司徒威，彼得•司徒威本來是中國孤兒，生下來不久就丟棄在天主教育嬰堂門口，身上塞了一張條子說他姓湯，此外什麼都不知道。十多年前由司徒威領養、教育，現在已經二十一歲，長得瘦瘦高高，說不上英俊，但也不十分難看，一對鷹眼倒是頂精明的。

他是司徒威的心腹，不但行裏的員工要看他的臉色，楊通、楊仁父子更刻意巴結他，時常請他來家裏吃飯。這小子幾乎認為樣樣都是外國的好，只有中國菜和中國女人例外。

他早就暗中留意文珍。現在文珍大了，使他更加傾心，幾乎到了神魂顛倒的地步。這次文珍回家，他更找機會時常往楊家跑。文珍心裏也知道，他和楊仁臭味相投，楊仁有意無意之間也給他製造機會，但文珍儘量避免和他碰頭，偶爾照面也不理他。香君看在眼裏卻暗自耽心，她心頭彷彿蒙上一層烏雲，又不便明講，她想釜底抽薪。

「小姐，我想回去。」香君對文珍說。

「老太太、二少爺是要妳來陪我的，炕都沒有睡熱，怎麼就想回去？」文珍奇怪地問她。

「當初二少爺、老太太是怕洋人闖進家裏胡鬧才讓我來的，現在安民了，沒有什麼好耽心的，我當然要回去照顧二少爺了！」

「香君，是不是我怠慢妳了？」

文珍覺得香君口氣不對，不免一怔。

「小姐，您想到那兒去了？」香君又向文珍笑道：「我又不是客人，別說您沒有怠慢，縱有怠慢，我還敢和您計較？」

「我們兩人像姐妹一樣，本來沒有什麼好計較的。」文珍撫著香君的肩膀，湊近她說：「是不是我娘怠慢妳了？」

「更不是。」香君搖頭笑道。「姑奶奶是個老好人。」

「那就是我爹和我哥哥了？」

「姑老爺、表少爺財忙，他們一天難得和我打個照面，那更是風馬牛了。」

「我的小姐，那妳到底為了什麼呢？」

「為了二少爺。」香君在文珍耳邊輕輕地說：「他是個丈二臘燭，我放心不下。」

「妳在我這兒，放心不下他；妳回去了，又放心得下我？」

「我心掛兩頭，當然也放不下。」

「妳又沒有分身術，那怎麼辦呢？」

「要是妳和我一道回去，那我就不必心掛兩頭了。」

「我回家沒有好久，怎麼好意思再回外婆家？」

「外婆家又不是別人的家，有什麼不好意思的呢？」

「可是我講不出口呀！」

「您講不出口，我講好了。」

「恐怕娘也不會同意？」

「我看姑奶奶倒不會有什麼問題，這次要您回來，也不是她的意思。」

「我爹呢？」

「我們來個先斬後奏，我們走了，姑老爺還好意思把您綁回來不成？」

文珍沈吟了一會，然後才說：

「那妳就碰碰運氣吧？」

香君真的去向姑奶奶說，她只說她自己要回去，卻不提文珍的事。龍從容是個老實人，她聽了有些為難，苦笑地說：

「妳回去了文珍又會寂寞的，那怎麼辦？」

「姑奶奶，我走了還有喜兒可以作伴哪！」香君狡黠地回答。

「喜兒要是像妳這樣伶俐，討人歡喜，文珍上次就不會鬧著要去外婆家了。」

「姑奶奶，二少爺沒有人侍候，小姐又沒有過門，我又不能分身，實在心掛兩頭。」

「妳的意思呢？」

「姑奶奶，我是老太太指定侍候二少爺的，小姐在那邊時，我是少爺、小姐兩人一起侍候，他們一分開，我就顧得東來顧不到西了。」

龍從容顯得左右為難，香君卻笑著說：

「姑奶奶，好不好叫喜兒過去侍候二少爺，我就在這兒侍候小姐，我和喜兒對調一下也可以。」

「那怎麼成？」龍從容搖搖頭：「喜兒要是能侍候天行，也就能侍候文珍了。」

「日後小姐過門時，喜兒不是也要過去嗎？」

「有妳侍候，喜兒就不必過去了。」

「姑奶奶，我陪小姐來了已經好幾天，原先是避難的，現在洋人安了民，那邊也不會出亂子，我要是不回去，別人還會說我喜新厭舊呢！」

「妳要是回去，文珍一個人在家裏又住不慣，那怎麼好呢！」

「姑奶奶，俗話說：『女大不中留。』小姐遲早是要嫁過去的，何況她從小就在外婆家，比別人就更不同了。」

「本來我想讓她和妳一起過去，又怕她爹不同意？」

「姑老爺現在正在財忙，他不會想到這些事兒上來的；再說，小姐去外婆家姑老爺還會把她綁回來不成？」

「妳的話也有道理，不過總得她哥哥送妳們過去才成？」

「現在不像前些時候，外面平靜多了，我去叫輛東洋車來就行，不必姑奶奶操心。」

龍從容只好同意。香君連忙過來笑嘻嘻地對文珍說：

「快收拾東西，我們回去。」

「娘同意了？」文珍笑問。

香君笑著點頭，連忙收拾東西。文珍又問她：

「妳怎麼向娘講的？」

「反正沒有講您的壞話就是。您收拾東西好了，我去叫輛東洋車來。」香君說著就往外走。

「妳怎麼這麼急驚風。」文珍不禁好笑：「我們又不是逃難！」

「小姐，我可沒有您這份閒情逸致！」香君一面說話，身子便一溜煙地跑出去了。

文珍去看母親，她母親囑咐了她一番話。最後還說：

「娘希望妳和天行早天成親，早了一樁心事。」

「娘，女兒不便說話，這件事兒您得拿點兒主意？」文珍說。

「妳老子和妳哥哥一條線，娘真是孤掌難鳴。」龍從容一臉無可奈何的樣子。

「他們為了發洋財，招神惹鬼，什麼事兒都做的出來。娘，您可別睡在鼓裏？」

「他們在外面幹些什麼，娘怎麼知道？」

「他們把鬼惹到家裏來，您也不知道？」

「妳是說彼得那個孩子？」

「不是他是誰？」

「他是司徒威的養子，也是司徒威的心腹，更是妳老子的衣食父母，我怎麼能不讓他進門？」

「娘，您要是再讓他進門，女兒以後就不進門了。」

龍從容急得兩淚直流，連忙拉住女兒說：

「珍兒，娘真是左右為難，妳要是這樣逼我，娘真的走投無路了。」

「娘，您不是沒有路走，您是有路不走！」

「我有什麼路走？」龍從容茫然地望著女兒。

「爹您管不著，哥哥是您的兒子，您不可以跟哥哥打開天窗說亮話？」

「他不會聽我的。」龍從容搖搖頭。

「您不可以教訓他?」

「從小我就沒有打過他，現在他的骨頭長硬了，我也打不動了。」

文珍又急又氣，也兩淚直流。正好香君叫了東洋車回來，文珍連忙擦擦眼淚，回到自己房裏。喜兒替她拿起包袱，傻乎乎地問她:

「小姐，妳剛回來不久，怎麼又走?」

文珍心裏正不好受，瞪了她一眼說:

「妳怎麼這樣不通氣?妳的飯吃到那兒去了?」

「小姐，我的飯都吃到肚子裏去了。」喜兒笑嘻嘻地指著自己的肚子說。

「老天爺!一樣吃五穀雜糧，怎麼吃出這麼多千奇百怪的人來?」文珍撫著胸口，仰天長歎。

「小姐，喜兒就是這麼傻乎乎的，您何必生她的氣?」香君笑說。

「她要是能趕上妳一半兒，我也不會這麼苦!」文珍說。

這時喜兒又從口袋裏拿出一個圓形的小銀盒子，她揭開給文珍看，裏面有一顆閃閃發光的鑽石戒指，文珍連忙問她:

「妳那兒來的這種東西?」

「是彼得給我的。」

「他怎麼會給妳這種東西？」

「小姐，不是給我的，」喜兒嘻嘻一笑：「是他要我送給小姐的。」

文珍氣得臉色慘白，半天說不出話來。最後用手指著她說：

「妳給我還給他！朝他臉上摔過去！以後妳要是再接他的東西，小心我把妳攆出去！」

隨即從喜手上搶過包袱。喜兒傻乎乎地站在那兒，望著閃閃發亮的鑽石，自言自語：

「這麼亮晶晶的戒指，小姐還不要，彼得要是送我，我可真樂得幾天幾夜都睡不著覺呢！」

「哼！不知道洋人從那家搶來的東西？居然落到他的手裏？」文珍拎著包袱一面走一面說。

她們兩人擠上一輛東洋車，要車夫把車篷撐起，前面的遮雨油布放下，一路向龍家前進。

「今天的事兒千萬不要和二少爺講。」文珍囑咐香君。

「為什麼？」文珍問。

「我已經夠煩，不要再去煩他。」

「老太太呢？」

「也不必講？」

「小姐，妳一個人悶在心裏也不好受？」

「現在還沒有到那種節骨眼兒，何必自己先張揚起來？不知者還以為我急著想過門呢？」

香君也沒有什麼話好說，她覺得今天能釜底抽薪，心裏也暗自高興。

兩人一不說話，便聽見車夫腳步踏在地上的擦擦聲。

車夫都有一雙飛毛腿，跑得很快，一路上都沒有遇著檢查，兩人平安地到了龍家。文珍多給了車夫五百錢，車夫高興得不得了，他已經很久沒有生意了。

她們突然回來，大家都很高興，天行的高興藏在心裏，老太太卻眼笑眉開，還笑著責怪她們：

「妳們兩人的膽子也真大？怎麼不先通知派人去接，就冒冒失失地跑回來？」

「老夫人，我們在姑奶奶家消息靈通得很，知道洋人安了民，街上開了市，所以自己坐東洋車回來了。」香君說。

「楊仁怎麼也不送送妳們？」老太太又問。

香君望了文珍一眼，才裝作若無其事地說：

「表少爺和姑老爺現在更是財忙，除了原來的生意外，還替司徒威收買骨董字畫，又為英國軍隊採辦糧食，這都是大生意，那有時間送我們？」香君說。

「這不是和我們對上了！」古美雲說。

「雲姨，您這話怎講？」文珍說。

「妳二舅的萬寶齋被搶光了妳是知道的，他現在成天在外面跑，想收購回來，還想再買一些古玩充實萬寶齋，這是第一件對上了。」古美雲說。

「難道還有第二件？」文珍又問。

「第二件是和我對上了。」古美雲一笑。

「雲姨，您也做生意？」文珍笑問。

「倒不是我做生意。」古美雲搖搖頭說：「是瓦德西委託我採辦軍糧，我又介紹了裕記糧行來承辦，妳爹也和英國軍隊做上這筆生意，城裏糧食本來就不充裕，兩下搶購，這不是對上了？」

「她爹也真撈過了界！」老太太說。

「姑老爺的腦筋靈活，是商場高手，就怕他不擇手段，搞亂了行情，這事兒就難辦了！」古美雲說。

恰巧程慶餘來找古美雲，古美雲便把這事告訴他，程慶餘說：

「我也風聞姑老爺在做這個生意，不過我以為他原先是作皮貨藥材的，只是將信將疑，這樣說來，那是不假的了。」

「程老闆，你最好去和姑老爺打個招呼，彼此議個價，不要暗中競爭，那不但會擾亂行情，也會傷了和氣，到頭來大家都沒有好處，反而便宜了洋人。」

「我做了一輩子的糧食生意，有幾十年的老關係，真要競爭，我自信是不會輸給姑老爺的。」程慶餘坦然地說：「不過您這麼一說，彼此又是熟人，我自然會先去打個招呼，不能傷這個和氣。」

「程老闆真識大體，」老太太笑著說：「你們千萬不能在洋人面前再鬧笑話。」

「老夫人，這我知道。」程慶餘點點頭：「衝著您老人家的金面，我一定會顧全大體，不讓洋人再看我們的笑話。」

其實程慶餘不單是承辦糧食一項，所有的日用必需的東西都包括在內，這些雜項他又轉包一個平日來往密切的雜貨商人，他坐抽兩成。由於是大宗生意，那雜貨商還十分樂意。因為他語言不通，所以他要時常請教古美雲，他也不打算瞞她。

楊通卻和他不同，他完全是自己包辦，自己和英軍直接交涉，自己的英文雖然不行，但楊仁勉強可以應付，而彼得更樂於幫忙。

他做這筆大生意可以說是涓滴歸私。蒐購骨董字畫更是沒有一定的行情，可以漫天開價，就地還錢，他父子兩人在這方面雖不內行，但他們可以直接向英軍，甚至法軍、義軍、德軍洽購，因為他們的官兵大半都懂英語，可以講得通。而這些外國官兵更不識貨，往往價值連城的東西只換一兩瓶酒，在這方面楊通真可以說是一本萬利。

龍從雲、古德鄰雖然都是行家，但他們只能在地攤蒐購，經過中國人的手，價錢就高了不知多少倍，他們常常看了心愛的真蹟而買不起只好放棄。

程慶餘去後不久，龍從雲就從外面回來。

當他知道楊通也收購骨董字畫時他便十分奇怪。他說：

「妹夫是做皮貨藥材的，他辦軍糧倒有一定的市價，還勉強講得過去。骨董字畫方面他是十足的外行，又不標價，他怎麼能做這種生意？」

「你不要錯估了他，」老太太說：「他是替洋人收購，不愁賣不出去，一轉手他賺多少倍只有他知道。他向來不做虧本生意。這樁生意他更是包賺不賠，依我看，比他辦軍糧、皮貨的好處要大得多呢。」

「奇怪，我在骨董市場怎麼沒有碰到過他？」龍從雲說。

「他們父子兩人都鬼得很，或許他另有門路？」老太太說。

老太太這一句話一下子提醒了龍從雲，他馬上望著古美雲說：

「雲妹，這下我得借重妳了。」

「二哥，我又不懂骨董字畫，我怎麼幫得上您的忙呢？」古美雲說。

「妳可以大大地幫我的忙。」

「二哥，此話怎講？」

「我懂骨董字畫，但是我不懂洋文，我不能同洋人打交道。要是我們兩人一道出馬，到各國軍營直接收購，那好處就大了。」

「二哥，你這倒是個好主意。」古美雲點頭：「不過這種事兒我又不便和瓦西德講，他不會承認他們搶了我們的國寶的。」

這種事兒也不必驚動他，這是一手交錢，一手交貨，沒有責任，也不必賣他的面子。」說到這兒他便搔搔頭皮：「可惜我再也籌不出錢來了？」

「我還有些現洋、首飾，你拿去變賣了再說。」老太太說。

「娘，這倒不必，我需要的是銀票，攜帶比較方便。」

「打個電報回九江，要你大哥匯筆錢來怎樣？」

「那是緩不濟急的。要不是正陽門那把大火，我就不會這麼尷尬。」

「向姑老爺調動一下如何？」古美雲說。

「妳想想看，他現在做這麼大的生意，當然是韓信將兵多多益善，怎麼會借錢給我？何況妹夫的為人我很清楚，我們雖然親為郎舅，但在金錢上向無瓜葛，否則親戚就處不下去了。」

「這樣好了，我去和程老闆打個商量，請他調動一下，二哥，你看如何？」古美雲說。

「妳有把握嗎？」龍從雲問。

「他現在正是需要我的時候，應該會買我這個薄面，不知道你需要多少？」

「這種生意原本是沒有譜兒的。」龍從雲說：「要是在往日，萬兒八千我還嫌少，現在情形不同，能調五千我也滿意。不過不是白調，我還是要按行情算息的。」

「真不湊巧，程老闆剛離開這兒，待會兒我再去找他商量。」古美雲說。

「我想收購骨董字畫，不單是為了萬寶齋，還有另一層意思。」龍從雲說。

「什麼意思？」古美雲問。

「妹夫是為洋人收購，那自然是運到國外去。洋人已經搶去不少，他再為洋人收購，那我們的國寶不是都落到洋人的手裏去了？」

「那是很自然的事，」古美雲說：「我在歐洲時就在英國、法國的博物館裏看到不少英法聯軍時擄去的國寶，私人收藏的更不知道有多少？這一次是八國聯軍，擄掠的更多，那就不必說了。」

「所以我借債也要收購一些回來。龍從雲突然提高嗓門：「俗話說：『肥水不落外人田。』在自己人手裏傳來傳去，總比流落在外國好。」

「二哥，您倒是有心人。」古美雲向龍從雲笑說。

「讀聖賢書所學何事？我可不像王進士那樣混個功名只想做官。」

「二哥，像您這樣的讀書人可不多啦！有了功名的人誰不想做官呢？」

「千里求官只為財，那些想做官的人還不是為了一個財字？有幾個人會想到天下蒼生？」

「哦，對了！」老太太突然望著兒子說：「王進士的後事你辦得怎樣了？」

「娘，雖為卜師傅他們，跑了好多家棺材店，才買到一具杉木棺材，給他殮了停在廊下，正等他太太和兒子來料理。」

「是不是還他一個全屍？」

「是的，娘，卜師傅辦得很周到，還買了不少紙錢、元寶，在他靈前焚化，他一生鬧窮，免得他死了還做個窮鬼。」

「唉！他要是能安貧樂道，也不至於弄到這樣的下場。」老太太歎口氣說。

「娘，安貧樂道談何容易？書沒有讀通，人生沒有參透，那是辦不到的。」

「讀書人要是書沒有讀通，人生沒有參透，小則苦了自己，大則誤盡蒼生。」老太太說。

「人死不言過，不過說句良心話，王進士要是真的得了志，那是他個人之福，卻是蒼生之禍了。」古美雲說。

「當今袞袞諸公，可多的是走運的王進士，不然我也不必要找妳代我去借債買骨董了。」

龍從雲正說到這兒，程慶餘去而復返。他和龍從雲、老太太打了一個招呼，便輕輕地對古美雲說：

「我想借一步說話。」

古美雲會意，點頭起立，程慶餘又向老太太和龍從雲告罪，他便和古美雲一道離開龍家，到他自己店裏。古美雲一坐定，他就抱歉地說：

「真對不起，在龍府談他姑老爺的事兒不大方便，所以勞您的駕過來。」

「您去看過了楊家姑老爺？」古美雲問。

「這種大事體我怎敢怠慢？我一離開龍府就去找姑老爺。」程慶餘回答：「原先我以為憑您和龍府的關係，一定好商量，想不到這位姑老爺難講話得很！」

「他不肯合作是不是？」古美雲問。

「您猜對了！」程慶餘說：「他仗著有洋人做靠山，很想壟斷這筆生意。」

「他怎麼個壟斷法子？」

「他以英軍做底子，想再包辦法、義、奧三軍的生意，他正大批搜購糧食日用東西，甚至想搶走德軍的生意。」

「德軍的生意已經由您承辦，他怎麼能搶走？」

「我看他會在您身上打主意？」程慶餘望著她說。

「您放心，我不會聽他的。」古美雲安慰他說。

「即使德軍的生意不被他搶走，他這一攪和，行情就亂了。」

「你有沒有法子抵制？」

「法子是有，不過爭氣就不爭財，這樣一來不但傷了彼此的和氣，而且會弄得兩敗俱傷。」

「依你看，他會不會來找我？」

「我看他會下您這步棋。」

「那就好辦。」古美雲胸有成竹地把頭一點。「他要是想獨吞，我會要他吃不了兜著走。」

「我現在是騎上了老虎背，下不來，一切全仗您了。」程慶餘說。

「我們先放下這件事兒別談，另外我有件事兒想要和您打個商量。」古美雲說。

程慶餘問是什麼事？古美雲便將龍從雲想借錢買骨董字畫的原委告訴他。程慶餘沈思了一會說：

「您知道我遇上了楊通這個大對手正需要頭寸，不過我敬仰龍二公子是個真讀書人，我借給他三千兩銀票好了，再多就無能為力。」

「一月為期，多少利息？」古美雲問。

「利息免談，到時候還我就行。」程慶餘說。隨即打開錢櫃，取出三張銀票交給古美雲。

古美雲接過銀票之後，笑著對程慶餘說：

「說來好笑，他們兩郎舅也對上了！」

「我很奇怪，像楊通這種二毛子，義和團怎麼會放過他？」程慶餘疑惑地望著古美雲。

「我也奇怪他怎麼這樣神通廣大呢？」古美雲也猜不透個中玄妙。

程慶餘用自己的東洋車把古美雲送回龍府，想不到楊通正在等他。他對古美雲說了一大堆恭維和抱歉的話，還送上一大堆禮物，他特別把一件狐皮統子抖開來給古美雲看。古美雲也和他客套一番。隨即向龍從雲伸出三個指頭一笑說：

「二哥，您先前提的那件事兒我已經辦妥了。」

龍從雲會意，也不再問。

楊通便和古美雲談辦軍糧的事，古美雲已經胸有成竹，只聽他講，他的企圖和程慶餘講的一樣，他講完之後古美雲才說：

「姑老爺，當初我不知道您做這個生意？不然我就不找程老闆了。現在既然由程老闆承辦了德軍的軍糧，您又包了英軍的生意，我希望您們兩位開誠布公合作，不要勾心鬥角，這樣雙方才有好處。」

「雲姨，做生意是八仙過海，各顯神通，不然怎麼賺得到錢？」楊通說。

「姑老爺說的是不錯，不過這個生意性質不同。這次義和團丟人丟大了，你們兩位最好不要給洋人看笑話，應該合作起來賺洋人的錢才對。」

「這種事兒怎麼好合作呢？」楊通做出十分為難的樣子。

「做生意我是外行，不過我覺得你們兩位可以先議個價，誰也不要抬，誰也不要殺，這樣不但不傷和氣，反而可以穩賺。」

「聽說妳和瓦德西很有交情，我想把聯軍的生意都包過來，妳可不可以助我一臂之力？」

「如果您和程老闆二一添作五，同心協力，不一個人獨吞，我倒可以試試。」

「我們的關係和程老闆不同，妳何必把他拉在一起？」

「他裕記糧行是金字招牌，程老闆這人又很講義氣，我自然要關照他一些。」

「雲姨，我們打開天窗說亮話，他給妳多少好處？我可以加倍。」

「我請程老闆當這個差，別人都不肯幹，他卻答應我了，我根本沒有向他要什麼好處。」

「雲姨，這是個千載難逢的好機會，妳怎麼能不向他要好處呢？」楊通惋惜地說。

「照您這樣說來，我該替他再把美、俄、法、義、奧五國軍隊的生意拉過來，也好向他多要些好處了。」

「妳怎麼把日本人撇開？」

「日本矮子鬼得很，我不願意和他們打交道，您有興趣讓給您好了。」

楊通聽她這麼說立刻緊張起來，連忙堆著笑臉向古美雲說：

「雲姨，肥水不落外人田，妳怎麼胳膊往外彎？」

「姑老爺，如果您也想分一杯羹，你最好先去和程老闆商量一下，要是您們兩位二一添作五，先說攏了，我倒願意穿針引線。」

楊通考慮了一會，當機立斷地接受了古美雲的建議說要親自去找程老闆。龍從雲便對他說：

「妹夫，關於古玩的事兒，你最好多考慮一下，洋人已經搶走了很多，如果你再給洋人收購，那我們的國寶，不是都落到洋人的手裏去了？」

「二舅，你別替古人耽憂，骨董字畫我們多得是，宮裏不知道藏了多少？您也藏了很多，我替司徒威收購不過是讓洋人開開眼界，那怎麼收購得了？」楊通笑瞇瞇地說。

「這次我的萬寶齋被搶光了，聽說宮裏也搶了很多，別的地方還不知道搶了多少？……」

「二舅的意思是不讓我做這筆生意了？」楊通望著龍從雲說。

「我當然不能擋你的財路，我的意思是：如果你買到了什麼稀世國寶，千萬不要交給洋人，我會照價收買。」

「二舅，我是外行，我怎麼分辨得出來？」

「如果你信得過我的話，凡是沒有把握的東西，你就先給我看看。」

「這倒使得。」楊通點點頭。

臨走時他才看了文珍一眼，板著臉對她說：

「妳現在不是三歲兩歲，不要老是在外婆家打擾，妳也該多回家住住。」

「我又不做糧食生意，不在乎她吃，也不在乎她住。」老太太立刻接嘴：「既是你這麼說，我倒想早點兒把她接過門來，讓她吃住一輩子。」

楊通睜大眼睛望著老太太，臉上一陣紅、一陣白。老太太又對他說：

「我還想提醒你一句：你不要以為有了洋人做靠山，就忘記了你的黃皮膚？」

楊通愣了一下，隨後又裝出笑臉，望了老太太一眼，灰頭灰臉地走了。

楊通走後，文珍回到自己房間，她知道父親不高興她再到外婆家來，她心中本來有一片烏雲，現在很快擴大起來，使她更加憂慮。他想這一定是彼得的關係，彼得又是司徒威的關係，司徒威又是有錢有勢的洋人的關係。外婆對她父親說的那幾句話，她很高興，但又耽心反而火上加油，使她更加尷尬。

天行也在房裏納悶。最近許多事情都有些出乎他的意料之外：柳敬中說走就走，不知去向；王仁儒惹禍上身而且死得那麼慘；黃嬤嬤的丈夫被洋人打死了；劉嬤嬤被洋人蹧蹋了；古美雲一個弱女子，卻力挽狂瀾，使京城的老百姓轉危為安；很多人已經家破人亡；自己家裏損失也很慘，自己還險些送了性命；姑爹楊通卻沒有損失一根汗毛，現在反而趁這個機會和洋人大做生意大發財，還不高興文珍住在這兒，這究竟是怎麼一回事呢？……

第二十二章 龍天行戲談生化

應素蘭細數因緣

香君替文珍整理好房間之後，又過來替天行收拾東西。她幾天不在，天行的房間就凌亂起來，書沒有收拾好，換下的衣服也沒有交給黃嬤嬤、劉嬤嬤去洗。香君一面替他整理桌上的《全唐詩》，一面笑著問他：

「少爺，我和小姐這幾天不在家，你的日子是怎麼過的？」

「吃飯、睡覺、看書、練拳、找小貴兒聊天，就是這麼過的。」天行回答。

「您和小貴兒聊些什麼？」

「無非是宮裏的事兒。」

「您就不想念小姐？」香君笑著睨他一眼。

「妳們在姑老爺家裏很安全，我就不必耽心了。」

「少爺，您真沒有良心！」香君指指隔壁房間故意白他一眼：「那位可時時刻刻在想念您！」

「香君，據說人是有感應的，難怪妳們走後我一直坐立不安。」天行笑著回答。

香君聽了他一語雙關的話，盯了他一眼說：

「少爺，你不要老是像沒事人兒一樣，你對表小姐也應該多關心一點兒。」

「妳還要我怎麼關心呢？」

「少爺，你又不是木頭人，老夫人都生氣了，您還看不出來？」香君兩眼望著天行說。

「老太太是生姑爹的氣，又不是生我們的氣。」天行若無其事地回答。

「這可和你們有關哪！」

「怎麼和我們有關呢？」天行仍像沒事人兒一樣。

「少爺，您是真糊塗還是假糊塗？」香君生氣起來，瞪著他說。

「香君，糊塗就是糊塗，還有什麼真假？」

「少爺，我看您也是個書獃子！」香君氣得兩頰通紅。「您還要我來點破？」

文珍也像沒事人兒一樣走了進來，看了香君一眼，香君連忙笑臉相迎，文珍故意問她：

「妳剛才和少爺說些什麼？」

「小姐，沒有說什麼。我是看少爺房裏太亂，說他不會照顧自己。」香君口齒伶俐，說來不著痕跡。

天行看看她好笑，她白了天行一眼，文珍打量一下天行的房間，笑著對香君說：

「少爺房間裏不是乾乾淨淨，整整齊齊的？妳怎麼說他不會照顧自己？」

「小姐，現在和先前就不一樣，先前像個豬窩，現在是我整理的。」香君也得意地說。

「香君，妳不要杞人憂天，少爺將來是要治國、平天下的，難道他連一個小房間還整治不好？」文珍笑著說。

「小姐，我怕他將來會變成王進士那種書獃子！」香君瞄了天行一眼說：「只見森林，不見樹木。」

聽了她們兩人的話，天行不禁笑了起來。香君望著他笑問：

「少爺，我們說的不對嗎？這有什麼好笑的？」

「妳們一個太抬舉我了，一個又錯估我了，我自然好笑。」天行也笑著回答。

「少爺，我和小姐是最清楚您的。」

「那就是妳們在真人面前說假話了。」

香君掩著嘴兒嗤的一笑，隨後又對天行說。

「少爺，我原先以為您是一塊木頭，現在看來您並不傻。」

「香君，在妳這樣聰明的人面前，我是有點兒笨頭笨腦的。」

香君笑了起來，又笑又說：

「少爺，您真是水仙花兒不開——裝蒜！」

古美雲聽見他們說笑，悄悄走了過來。他們連忙讓坐。她在天行身邊坐下，笑著對大家說：

「我真希望時光倒流，或是再年輕十歲，和你們一樣大小，那該多好？」

「雲姨，我們很羨慕您呢！」文珍說。

「文珍，雲姨福薄命蹇，那有妳好？」古美雲悽迷地一笑。

「您見過那麼大的世面，又這麼能幹，一般男子漢都比不上呢！」

「可惜我是個黃連命，要是像妳這樣的千金小姐，那就好了。」

「雲姨，人不能只看眼前，世事難料得很，日後如何？誰也不知道？」

「可惜柳老前輩走了，不然讓他看看八字，就可以知道未來的吉、凶、禍、福了。」古美雲說。

「柳老師是不會講的。」天行說。

「你怎麼知道他不會講？」古美雲問。

「以前我們問過他，他就是不說。」

「他大概是怕洩漏天機吧？」

「少爺，那王進士的事他怎麼講了？」香君問。

「那也是到了最後關頭他才講的。」

「王鐵嘴講的不對，他講的對，那是什麼道理？」香君說。

「這才叫做學問哪！」

「我爹可不信命。」文珍說。

「人走運時只相信自己萬能。」天行說。

「妳爹信不信神?」古美雲問。

文珍搖搖頭。

「那他為什麼信教?」

「他是醉翁之意不在酒。」

「妳和妳爹不一樣。」古美雲向文珍笑道:「妳爹是抓住機會就不放手的人。」

「爹是聰明人,不過往往聰明過度。」文珍說。

「文珍,我對妳爹說的那些話,妳該不會生氣吧?」古美雲笑問。

「雲姨,我也不贊成我爹的做法,那有什麼好氣的?」

「這次八國聯軍從天津一路打進京城,我逃得很狼狽,妳二舅的損失更大,妳爹反而大發利市,他是真有一手。」

「雲姑奶奶,要是您把洋人的生意都拉給他,那更是錦上添花了。」香君說。

「就算二一添作五,那也了不得。」古美雲說。

她正說到這兒,程慶餘興沖沖地趕了過來,告訴她楊通去找過他,而且已經和他講好了合作的條件,他決心大張旗鼓地做這筆大生意。

「程老闆,姑老爺不是省油的燈,您有把握嗎?」古美雲提醒他。

「只要您肯出馬,就穩賺不蝕。」程慶餘說。

「這樣說來，我只好替您扯篷拉縴了。」

「叨光，叨光！」程慶餘滿臉堆笑，哈腰點頭，請她出去。

古美雲笑著和程慶餘一道離開。

他們兩人剛走不久，紫竹菴的了空陪著王仁儒的元配正室劉氏來了。老太太看見了空應素蘭十分高興，文珍、香君、天行也趕了過來。一來看看應素蘭，二來文珍、天行也順便向師母劉氏請安慰問。

劉氏不敢穿重孝進門，只在鬢邊戴了一朵白絨球。她看來已近花甲之年，頭髮已經花白，眼淚汪汪，面有菜色，卻步履穩重，身體厚實，和李桂花兒是兩種類型的女人，年齡比李桂花兒大了將近一倍，人當然沒有李桂花兒漂亮。她是來向龍老太太母子叩謝的。她見了老太太就要下跪，老太太因為她是進士夫人，連忙要梅影、蝶仙扶她坐下。老太太問她王進士的後事辦得怎樣？她說大兒子已經把他草草埋葬了，老太太歎口氣說：

「想不到王進士會落個這樣的下場？」

「他在生時多承老夫人照顧，臨死還麻煩老夫人替他收屍，我真不知道怎樣感激？」劉氏擦擦眼淚說。

「彼此幾十年的老交情，這也是應該的。」老太太說：「不過如果不是美雲和卜師傅發現，我們還不知道呢！」

劉氏雙手合十，深深念了一聲阿彌陀佛說：

「還請老夫人代我向他們兩位道謝，大恩大德，我終身不忘。我只有早晚念經求菩薩保佑他們多福多壽。」

「王進士的事是卜師傅一手料理的，京城的老百姓沒有再遭浩劫，是美雲的功勞。一個戲子，一個女子卻造福不少。」老太太說。

「也是老夫人的大功德。」劉氏說。

「其實這次我們的損失很大。」

「老夫人，菩薩保佑，會明去暗來。」

「王夫人，您現在打算怎樣？」

「我決心落髮，和了空一樣，正式皈依三寶，了脫生死，也要為死鬼念七七四十九天經，幫他早日超度，脫離地獄，再世為人。」

「那如夫人呢？」老太太又問。

「她還年輕，六根未淨，不是皈依三寶的人，我已經告訴她，請她自便。」劉氏回答。

「她年紀輕輕自然是守不住的，您這樣決定很好。」老太太說。

「她給死鬼作小也有好幾年了，並沒有過什麼好日子，以後就要看她自己的造化了？」

「幸好您能退一步想，不然王進士真會左右為難。」

「他就是惑業太重，不能戒貪、瞋、癡三毒，所以一生苦惱，才遭惡報。」

「王進士一生只求功名富貴，不懂老子說的『生而不有，為而不恃，長而不宰』的道理，也不懂四諦六度，所以柳老前輩說他書沒有讀通。」

「老夫人，您說的柳老前輩是不是就是柳神仙？」

「有人這麼恭維他，他自己可不承認。」

「這才是高人。」

「他也救過王進士的性命，不然王進士死得更早。」

「那我也該感謝他。」

「這倒不必，他已經不知去向了。」

「心到神知，我盡我的心意。」劉氏一面說一面念了一聲阿彌陀佛。

老太太留她和了空吃飯。文珍邀了空到她房裏去，香君、天行也跟了過來。

「素蘭姐，這次鬧得天翻地覆，你們紫竹菴有沒有受到驚擾？」文珍問了空。

「紫竹菴地點偏僻，我們緊閉山門，日夜念經，靠觀音菩薩保佑，逃過一劫。」了空說。

「素蘭姐，王師母日後真的出家，妳又多一個伴兒了。」天行說。

「二少爺，人生的際遇，無非是因緣。王師母和我，大概是前生有緣，所以能一同在紫竹庵修行禮佛。」了空說。

「素蘭姐，這樣說來，王師母和王老師的因緣早就盡了？」文珍說。

「王夫人早就在紫竹菴帶髮修行，比我出家還早，他們夫妻因緣是早就盡了。」了空說。

「王進士一死，連名分也完了。」

「難怪有人說緣合就生，緣散就滅了。」香君插嘴。

「這話不錯，」了空點點頭。「人生共有十二因緣。」

「素蘭姐，是那十二因緣？」文珍問。

「一是無明、二是行、三是識、四是名色、五是六入或稱六處、六是觸、七是受、八是愛、九是取、十是有、十一是生、十二是老死。」了空攀著指頭數著說。

「素蘭姐，您說的十二因緣有好多我不懂。」香君說。

「那些不懂？」

「第一樣我就不懂，什麼是『無明』嘛？」香君說。

「無明就是不明白真理，不明白真理就是惑，也就是癡。」了空說。

「人家說的癡心、癡情，是不是都叫做『無明』？」香君說。

「正是。」了空點點頭。

「素蘭姐，這樣說來，妳已經明瞭？」

「我不明白的事兒還多著呢？怎麼敢當一個『明』字？」了空淡然一笑。

「那『行』又是什麼意思呢！」

「『行』就是身、口、意、三方面的造作。」了空說：「人有時作惡事，有時作善事，有時作的既不是惡事也不是善事，這些作為也叫做『業』。也就是四諦中的集諦所說前世的惑和業，是造成今世的苦果的兩個因。今日的因，就是來日的果，你該明白了吧？」

「這樣說來，我們就該多作好事了？」

「可不是？妳看老夫人幾時作過壞事？」

「素蘭姐，您說的『識』是不是見識的識？」文珍問。

「不是，」了空搖搖頭：「這個識是心的異名，心對於境而了別，名為識。我們人的肉身儘管死了，心識卻不滅，它被過去的惑業驅使，碰到夫妻交合時會去投胎，所以識是因，父母是緣，因緣和合就生人。」

「素蘭姐，這就玄了！」香君一笑：「因緣的事兒我還是不懂，沒有靈魂投胎難道就不生人了？」

「我們不懂的事兒還多著吧，豈止這一樁？」了空也坦然一笑。

「靈魂投胎的事兒《新約・馬太福音》第一章一開頭就有這種說法，」文珍說：「不過那是馬利亞沒有結婚就從聖靈懷了孕，生了耶穌。」

「這就更玄了！」香君笑了起來：「女人不結婚，還會生孩子，真是奇聞。」

「這是猶太神話！」天行說：「這和《易經》的『太極生兩儀，兩儀生四象，四象生八卦』的說法不同，也和《道德經》的『道生一，一生二，二生三，三生萬物，萬物負陰以抱陽，沖氣以為和……』的生化道理不合。人也是負陰以抱陽，沖氣以為和而生的。」

「二少爺，我沒有您那麼大的學問，我不懂《易經》、《道德經》。」了空歉然笑道：「我是照著佛經說的。」

「反正你們怎麼說我都不懂。」香君笑著搖頭。

「香君，我問妳：是不是每隻雞蛋都可以孵出小雞來的？」天行笑著問她。

「寡蛋就不行啦。」香君笑著回答。

「那什麼叫做寡蛋呢？」

「就是沒有公雞的母雞生下的蛋哪！」

「對了，這就叫做『孤陰不生』。」天行點點頭說：「我再問你：光有公雞沒有母雞能不能生小雞呢？」

「少爺，你瘋了？」香君笑了起來：「天下那有公雞生小雞的呢？」

「這也不錯，這叫做『孤陽不長』。」天行說：「天生萬物都是陰陽相配的，所以混沌初開就是太極生兩儀，兩儀就是陰陽，也就是乾坤，有乾有坤，便能生生不息。男女結婚就會生小孩，因此女人也不是男人的肋骨造成的，是男女兩人所生的。」

「少爺，為什麼有些人結了婚還是不生孩子呢？」

「那是一方或者兩方有了毛病，只要雙方都沒有毛病，一定會生。說不定有一天會有人按照陰陽原理利用人工授孕生人呢！」

「哎唷，那不是人造人了？」香君叫了起來。

「妳別大驚小怪好不好？」天行望著香君好笑：「依照陰陽八卦生生不息的道理，什麼事兒做不出來？」

「素蘭姐說的是十二因緣，你和香君扯到那兒去了？」文珍笑著打岔。

「二少爺的學問大，我說不過他，我不過是照本宣科，我還是藏拙好了。」

「素蘭姐，我說的是生命，您說的是心識，文珍說的是猶太神話，神話無稽，生命、心識卻是一體，您說的不錯。您不要管我怎麼說，您說您的好了。」天行笑著鼓勵她。

「素蘭姐，其他的您不必說，您只說『名色』和『六入』兩樣好了。」文珍說。

「那我就再獻醜了！」了空向文珍笑道：「『名』是指心，『色』是指身，合起來就是身心。」

「為什麼不稱身心呢？」文珍問。

「因為投胎以後，精神物質慢慢結合，長成胎兒。這時心識闇昧，形體也不完全，所以叫『名色』。」

「『六入』又是什麼意思呢？」香君問。

「『六入』就是眼、耳、鼻、舌、身、意六根，胎兒在娘胎內，六根慢慢長成，稍微有些感入，但是作用並不完全，所以叫六入。」

「素蘭姐，『六入』也好，六出也好，除了您以外，我們都是六根未淨的人。」天行笑著打趣。

「二少爺，六根清淨談何容易？」了空輕輕歎口氣說：「這必須在『四諦、六度』上苦下功夫。」

「素蘭姐，什麼是『四諦、六度』？」文珍說。

「『四諦、六度』就是戒、定、慧三學，出家人修行成功了，才能六根清淨，修成阿羅漢，以後才能達到真如境界。」了空說完雙手合十。

「素蘭姐，您的進步真快。」天行贊歎地說。

「二少爺，我古佛青燈，心無二用，現在所知道的也不過是一點兒皮毛。」了空謙虛地說：「我要是像您讀了那麼多的書就好。」

「素蘭姐，以前王老師教我讀的那些書多半是誆功名的，沒有什麼大用。」天行說。「倒是柳老師教我的和我自己看的一些書受用不少。」

「老師帶進門，修行在各人。在家人、出家人都是一樣，大半要靠自己。」了空說。

蝶仙過來請他們吃飯，她看他們談得那麼起勁，她反而忘了是為什麼來的？她笑著對大家說：

「可惜我來遲了一步，不知道您們先前談些什麼？」

「蝶仙姐，他們談的話我都不懂，我是白聽了一陣。」香君說。

「那我早來了他們不也是對牛彈琴？」蝶仙對香君說。

「香君說的是客氣話，像妳們兩位這樣冰雪聰明的人，還有什麼不懂的？」了空望著他們兩人說。

「素蘭姐，我是半瓶水，您太抬舉我了！」蝶仙說。

「老夫人和王夫人在談些什麼?」了空問。

「她們在講經說法,我也不懂。」蝶仙說。

「妳跟老夫人這麼些年,也該學會了不少?」了空望著蝶仙說。

「素蘭姐,我只會背《心經》、〈白衣神咒〉;《金剛經》就背不來。」蝶仙說。

「真難為妳了,那些經咒都很拗口。」

「蝶仙姐比我強,我跟著少爺、小姐什麼也沒有學會。」香君說。

「妳四書已經唸完了,我自己也欠學,還有什麼好讓妳學的。」文珍說。

「小姐,您還沒有教我作詩呢!少爺說您的詩作得真好。此外,您不是讀過《舊約》、《新約》嗎?您怎麼不講給我聽?」

「我講出來恐怕你也不會相信。」文珍說。

「妳講講看嘛!」香君央求她:「我當故事聽好了。」

「《新約》有幾處說到耶穌拿五個餅,兩條魚,給五千人吃,都吃飽了,剩下的零碎收拾起來,還裝滿了十二個籃子,妳信不信?」

「他是耶穌嘛!我怎麼敢不信?」香君笑著回答。「還有沒有別的稀奇事兒?」

「稀奇的事兒一籮筐也裝不完,但我印象最深的是耶和華發怒降瘟疫三天給以色列人,一共死了七萬人。」

「哎呀!那真太可怕了!」蝶仙兩眉一皺說:「那誰敢得罪耶和華呢?」

「〈約翰福音〉第四章說：『信主的有永生。』第九章說：『不信主的必死在罪中。』〈以賽亞書〉說：『耶和華以外沒有別的神。』耶和華也不准許人信別的神。」文珍說。

「這合了我們的兩句古話：『順我者生，逆我者死。』」天行說。

「這真是王麻子的剪刀店，沒有第二家。」蝶仙笑說。

「我們信玉皇大帝、信太上老君、信王母娘娘、信觀音菩薩、信城隍和土地，還信關老爺，我們信了一大堆神，那怎麼辦？」香君笑問。

「香君，小心耶和華來個末日審判啦！」天行嚇唬她說。

「少爺，耶和華該不會要我下地獄，下油鍋吧？」香君兩眼骨碌地問。

「最少也要把妳趕出伊甸園。」天行笑著回答。

「少爺，我倒不在乎什麼伊甸園、菜園、果園，只要你不把我趕出翰林第就好了。」

香君的話說得大家都笑了起來。

梅影也趕了過來，她看大家在笑，卻不清楚為什麼發笑？她也笑著對蝶仙說：

「老夫人要妳過來請大家吃飯，妳怎麼忘形了？」

「該死！」蝶仙笑著腳一跺：「他們談的起勁，我也分了心、忘了形。」

她一面說一面催大家過去吃飯。

老太太和劉氏已經坐在八仙桌邊等候，看他們跚跚來遲，不禁笑問：

「你們拉著素蘭姐姐談些什麼？」

「婆婆，我們和素蘭姐姐談禪，她真是一日千里，學佛已經登堂入室了。」天行說。

「學佛、學道都需要慧根，」老太太說：「大概素蘭與佛有緣？」

「外婆，信耶穌教可不需要什麼慧根。」文珍說。

「此話怎講？」老太太笑問。

「因為耶和華萬能。祂造天地、造萬物、造人……」

「這是誰說的？」老太太問。

「〈創世紀〉上說的。」文珍回答：「耶和華還不許他造的亞當、夏娃吃生命樹上的果子呢！」

「那又為什麼？」老太太問。

「怕他們眼睛明亮，有了智慧，知道善惡，長生不老。」

「亞當、夏娃吃了沒有？」

「吃了，所以耶和華把他們趕出伊甸園，要他們在人世間受苦受難。」

「這和佛家剛好相反。」老太太說：「佛學是要人增長智慧，修成阿羅漢，脫離人間痛苦，往生極樂淨土，怎麼耶和華反而把人趕出伊甸園？」

「耶和華是無上權威，祂說怎樣就怎樣，誰也不敢懷疑祂、違背祂，否則祂會降下大災禍。」文珍說。

「阿彌陀佛。」劉氏雙手合十，念了一聲佛。「我佛慈悲。」

「道家也是教人增長智慧，修到六通，而後成大羅金仙，與天地為常，與日月同光的。」天行說：「這是何等胸襟器度？怎麼會怕人有了智慧，知道善惡呢？」

「少爺，我忽然想起了小時候鄰居有個大男孩，也叫什麼華的，也是這個樣子。」香君對天行說。

「那小子是何方神聖？」天行笑問。

「他是老大，他總以為自己最聰明、最能幹。他知道的事兒你不能知道，他能做的事兒你不能做到。」

「知道了怎樣？做到了又怎樣？」

「他就會打你，罰你下跪，還要罵你：『豈有此理！你怎麼能知道？你怎麼能做到？』罵過之後還要踢你幾腳。」香君說。

「那小子怎麼這麼霸道？」蝶仙氣憤地說。

「蝶仙姐，當時我們誰也沒有想到這是霸道，更不敢說他霸道，還以為是天經地義的呢？」

「你們為什麼這樣沒有出息？」蝶仙說。

「因為我們太小，他是老大呀！」香君說。

「可憐！可憐！」蝶仙指著香君笑罵。

「所以後來我就情願到這兒來給老夫人當丫鬟了。」

「哦，原來妳還有這段來歷呀！」老太太聽了也好笑。

「老夫人，您老人家不要笑我，我說的可是真話。」香君說：「我情願給您和二少爺當一輩子的丫頭，也不想進什麼天國。」

「好，那我們都在翰林第待一輩子好了。」蝶仙連忙接嘴。

「別說瘋話。」老太太向蝶仙慈祥地笑笑：「難道日後妳們都不出嫁？」

蝶仙紅著臉不作聲，她還沒有想到這個問題，她真怕和應素蘭一樣嫁到一個不好的丈夫，到頭來出家，那還是在這兒當丫頭的好。

梅影比蝶仙還大幾個月，她也沒想到出嫁的問題，她家裏也沒有提起這件事。老太太一提，倒使她有點兒心驚，她在這兒慣了，比自己家裏好得多。萬一到了非嫁不可的時候，她還真不知道如何是好呢？

香君比她們兩人都小，她看老太太的意思是會給她一個名分，讓她侍候二少爺和表小姐一輩子，她心裏十分願意，所以她更沒有考慮這個問題。

「老夫人，您慈悲為懷，待人恩厚，所以他們都不想離開。」劉氏說。

「王夫人，我老了，這次聯軍、義和團，比五胡亂華、孫悟空大鬧天宮還糟，我們已經元氣大傷，我也有些心虛，只怕好景不長？」老太太說。

忽然天放從外面跑了進來，直嚷肚子餓，還自言自語：

「跟爹跑了一天，惹了一肚子氣。」

「你有什麼氣好惹的？」老太太笑問：「是不是在外面好勇鬥狠？」

「婆婆，跟爹在一塊兒，我怎麼敢？」天放做出十分委屈的樣子。

「難道是你老子惹你生氣？」

「婆婆，說來好笑，您真是做夢也想不到？」

「是什麼稀奇古怪的事兒我想不到的？」

「本來我跟爹在地攤上買了一些骨董，錢已經花得差不多，可就沒有買到一樣萬寶齋的東西。」

「要想物還原主，那怎麼可能？」老太太說：「說不定已經運到外國去了？」

「爹買不回自己的寶貝，已經有些懊惱。說也湊巧，我們卻碰到楊仁和一個叫做彼得的二毛子在和兩位外國大兵討價還價地買一件骨董，爹走近去一看，原來那是康侯方鼎，周朝初年的銅器，是稀世之寶，連我們家也沒有。」

「你爹是內行，他買下沒有？」老太太問。

「爹就吃了內行的虧，他告訴楊仁說這是一件國寶，他要買。彼得那個二毛子聽說是國寶，馬上提高價錢，說他要買。」

「他出多少？」

「本來他們只出兩百大洋，一下子提高到三百。爹不懂洋文，不會放洋屁，身上的錢又不夠，只好眼睜睜地看他們買到手了。」

「你爹沒有跟楊仁打商量，請他轉讓？」

「爹是說了，可是楊仁回答得很妙。」

「他怎麼說？」

「他說：『二舅，我是跟洋人跑腿的，您知道我不懂這玩藝兒，我也不會拿白花花的大洋買這種破銅爛鐵，您和彼得商量好了。』爹只好和彼得商量，那個二毛子卻拿著它在爹面前晃了幾下……。」

「晃幾下幹什麼？」

「他不但故意在爹面前晃幾下，他還刻薄地對爹說：『既然你看出來了它是國寶，你出一萬大洋，我就看在楊仁的面子上讓給你好了。』」

「你爹怎麼說？」

「爹頓時一愣，臉色發青，說不出話來。彼得那個二毛子卻陰陰的一笑，翹起尾巴走了。」

「楊仁呢！」老太太沈聲問。

「他倒乖巧，他向爹一鞠躬說：『二舅，真對不起，我是替洋人跑腿的，我作不得主。如果是我買的，我會一個子兒不要，雙手奉上。』他的話弄得爹啼笑皆非，眼睜睜地望著他跟在那個二毛子後面狗顛屁股地走了。」

「楊仁這小子真壞！」老太太罵了一句：「他要是再來，我非好好地教訓他一頓不可。」

「婆婆，我看楊仁是青出於藍，比姑爹還厲害呢！」天放說著就伸手接過蝶仙遞給他的一盤飯，大口地吃了起來。

文珍一臉的尷尬，怔怔地坐在老太太身邊，香君遞給她一盌飯她也不知道伸手去接。老太太拍拍她說：

「乖！妳吃飯，這和妳無關。」

文珍眼裏卻滾出兩顆晶瑩的淚珠來，落在盌裏，她連忙和飯一起吃了進去。

第二十三章　李桂花夜驚噩夢　劉大嫂身懷孽胎

王仁儒的如夫人李桂花兒在王仁儒被殺的那天已經嚇得暈死過去，王仁儒曝屍在院子中央那兩天她一直不敢闔眼；卜天鵬買了棺材替王仁儒收屍後又停在窗外走廊上好多天，她也心有餘悸，未曾安眠，她眼睛一閉就看見王仁儒的無頭屍身，她往往在睡夢中突然驚醒，嚇得冷汗淋灕。王仁儒埋葬的那天夜晚她還做了一個最可怕的夢。

她夢見王仁儒的頭在頸子上晃晃動動，十分痛苦地對她說：

「我的頸子好痛！」

「誰叫你當義和團？」李桂花兒沒有好氣地反問。

「因為大毛子欺人太甚，二毛子狗仗人勢，欺侮自己人，我看不慣。」

「天塌下來有長子頂，要你打個什麼抱不平？」

「府縣州官都怕洋人，老百姓忍氣吞聲，我怎麼能不管？」

「你是泥巴菩薩過江，自身難保，你管得了誰？」

「說真格的，窮日子也難過，冷板凳也難坐，我霉了幾十年，要是我這一寶押中了，妳不是也水漲船高？」

「可惜你這一寶押輸了，不但送了自己的性命，也害得我無依無靠，無米下鍋。」

「我也很苦，活著受窮罪，死了還是個窮鬼。」

「卜天鵬師傅不是給你燒了很多金銀元寶嗎？」

「妳不知道，孤魂野鬼太多，都被他們搶光了！妳能不能再燒些元寶給我！」

「你在陰間，要錢幹什麼？」

「陰間和陽世一樣，處處要錢。」

「那些地方要錢？」

「無常要錢，牛頭馬面要錢，遊巡要錢，各殿鬼卒都要錢。」

「你現在何處？」

「我在五殿望鄉臺。」

「聽說五殿閻王最惡是不是？」

「那一殿都不好過，大地獄中還有十六個小地獄，我是爬刀山上到望鄉臺的。」

「那你吃了不少苦頭了？」

「一言難盡！比陽世更苦。陽世還有人尊重我是個進士，陰間各殿閻王跟前的小鬼也欺侮我，他們眼睛裏才沒有什麼進士。」

「你什麼時候可以投胎轉世？」

「還早得很，罪還沒有受夠。」

「你能不能再投人胎？」

「不知道。要是能再投人胎，我也不讀書，不考進士了。」

「那為什麼？」

「進士在陽間雖然可以唬唬小百姓，在陰間卻不值一文。」

「在陰間什麼最受尊敬？」

「一是正直無私，天塌下來也不怕的人，連閻王爺也得讓他三分。」

「還有呢？」

「二是金元寶、銀元寶。無論是牛頭、馬面、日遊巡、夜遊巡，或是閻王跟前的小鬼，見了元寶，個個都眉開眼笑……。」

他說到這兒，一個押著他的鬼卒突然抓住他的辮子用力一扯，大喝一聲：

「你少胡說八道！」

話音未落，王仁儒的頭便分了家。

李桂花兒一驚而醒，一身冷汗。好不容易捱到天亮，連忙向鄰居借了幾百錢買了一盒金元寶、一盒銀元寶在他靈牌前焚化。

又怕、又窮，這種日子實在難過，她想到楊仁，鬧義和團時王仁儒曾經給他弄一塊腰牌作護身符，現在洋人成了太上皇，楊仁父子也得勢了，她想求他介紹做個老媽子，弄個有吃有住的地方再說。

她來到楊家，湊巧他們父子兩人都在。她一把眼淚一把鼻涕訴說王仁儒的悲慘下場。龍從容完全不知道這件事兒，先是驚得目瞪口呆，後來又陪著李桂花兒落淚。他們父子兩人早知道王仁儒是怎麼死的，只是不想扯上這層關係，完全裝作不知道。楊通聽了李桂花兒的訴說之後，顯得十分吃驚的樣子說：

「王進士怎麼會落得這樣一個下場呢？」

「我看他的書是白唸了！」李桂花兒扯著衣袖擦擦眼淚說：「他比楊少爺還差得遠呢！」

「楊仁是他的學生，那怎麼比得上老師呢？」楊通客套地假笑。

「死鬼在這場大劫中玩掉了性命，楊少爺卻汗毛也沒有掉一根，這不是青出於藍嗎？」李桂花兒說。

「這完全是主的保佑，我們一家人才能平安無事。」楊通說。

「楊先生，我今天來府上是想求你一件事兒。」

「什麼事兒？」

「好在死鬼和楊少爺是師生，不是外人，我也不怕丟人，我就直說了。」

楊通、楊仁交換了一個眼色，他們怕她是要借錢，好考慮如何應付?想不到李桂花兒不是借錢，她只說：

「死鬼在日，我就沒有過過一天好日子，死鬼走了以後，我更無隔宿之糧，我又無兒無女，這樣下去，終無了日，因此我想求你們薦我去那個大戶人家做個嬤嬤，養我一身一口。」

「王師母，那不太委屈妳了？」龍從容說。

「楊太太，死鬼在日，我也沒有沾過他進士老爺的光；他死了以後，我當嬤嬤，也不算丟他的臉。」李桂花兒說。

楊通猶豫了一下，望望龍從容說：

「妳看二舅家裏怎樣？」

「二哥已經請了黃嬤嬤、劉嬤嬤，沒有聽說要再用人。」龍從容說。

「楊先生，您是不是說的令親龍翰林家？」李桂花兒問。

楊通點點頭。李桂花兒便說：

「我實在不好意思再麻煩他們。」

「二舅和王進士的交情不錯，妳怎麼說是麻煩他們呢？」楊通說。

「楊先生，您不知道，死鬼是龍府收屍的，棺材也是他們買的，我怎麼好意思再麻煩他們？」

楊通臉上有些尷尬，隨後又靈機一動，笑容滿面地說：

「王師母，我看當嬤嬤也沒有個了日，妳還年輕，有一句話我不知道該不該講？」

「楊先生，只要你指點我一條生路，那有什麼該講不該講的！」

「是這麼一回事兒，」楊通整理一下衣服，提高聲音說：「司徒威洋行裏有個庶務錢來奇先生，只有四十郎當年紀，不久前元配去世，他想續絃，託我作媒，他無兒無女，手上很有幾個錢，如果您不怪我冒昧，我倒認為您們兩位是再合適也沒有了。」

李桂花兒沈吟了一下說：

「楊先生，本來我沒有想到這麼早就再醮。一來是死鬼屍骨未寒，二來是人言可畏。我雖然是他的偏房，不想豎什麼貞節牌坊，也怕別人說我水性楊花。但是死鬼突然撒手，我一根草兒也抓不著，所以我才想求您替我找個嬤嬤做，我總不能喝露水呀，楊先生，您說是不是？」

「是，是。」楊通連連點頭。

「現在我已經無路可走了，既然楊先生認為合適，我還能想嫁個狀元不成？」

「王師母真是個明白人！」楊通翹起大拇指說：「那我就替您們兩位撮合好了？」

「全憑楊先生作主。」李桂花兒施了一個萬福。

「不過有兩點我得先說明一下。」楊通忽然一頓，打量了李桂花兒一眼。

李桂花兒一愣，眼睛直直地望著他：

「楊先生，明人不說暗話，您請直言吧？」

「首先妳要信教，因為他是教友，不知道妳肯不肯信？」楊通望著她目不轉睛。

李桂花兒想到很多信教的窮人也不過是為了兩袋白麵之類的好處。她認識一位在教堂洗衣服的雷寡婦，因為信教，得了不知多少好處？後來房子都買了好幾棟，現在一季的房租都收入上千大洋，兒女早上了教會學堂，老大還當上了牧師，到處傳教，她坐在家裏享福，信教有什麼不好？因此她點點頭說：

「我不像死鬼那樣的死腦筋，信教無非勸人為善，不要做壞事。只要楊先生肯引薦，我倒是樂意信的。」

「不過信了主以後，就不能信別的神。」楊通正色地說。

「玉皇大帝、觀音大士也不能信嗎？」李桂花兒問。

「不能！」楊通搖搖頭。

「我以前信過怎麼辦？」

「以前信過沒有關係，以後不信就行。」楊仁插嘴。

「那不罪過？」

「只要信主，一切罪過都可以赦免。」楊通說。

「那我就不必耽心了。」李桂花兒彷彿真的得到赦免。

「還有一樣我要說明。」楊通說。

「請楊先生直說。」李桂花兒說。

「錢先生因為有錢，就是無兒無女，所以他希望有後。」

「兒女是前世修來的，這就很難說了。」李桂花兒先是茫然一笑，隨後又說：「我看這只有多做好事，多積陰功了。」

「身體也很要緊。」楊通又打量李桂花兒，看她臉色白裏透紅，艷於桃李，暗自高興。

「王師母年輕，身體也很好。」龍從容插嘴。

「這我也看得出來。」楊通欣然一笑：「如果王進士不是年紀大了一些，說不定已經晚年得子了。」

「幸好他年老氣衰，不然拖個油瓶還真累人。」李桂花兒說。

龍從容很同情李桂花兒的遭遇，不但留她吃飯，也想促成這件婚事，要留她在家暫住，好讓錢來奇和她見面。

楊通為了更進一步交結錢來奇，也樂得做這個順水人情。他是最會把握機會的，當天便約錢來奇和彼得一道來家吃飯，飯前他還特別把錢來奇請到自己的會客室密談了一番，然後在席間正式介紹他和李桂花兒認識，兩人烏龜看綠豆，對了眼。

錢來奇是個中等身材，表面忠厚，心機深沈的人，平日替司徒威跑腿打雜，很得司徒威的信任。他對彼得也很殷勤，和彼得也處得很好。楊通、楊仁父子反而刻意逢迎他，他們彼此聲氣相投，平日來往很多，尤其是最近的兩筆大生意，也和錢來奇有關係，更是利害一致，自然成了莫逆之交。

錢來奇第一眼看見李桂花兒心裏就很滿意，可是表面上還是不動聲色。

李桂花兒看他比王仁儒年輕二十來歲，身體很壯，她心想大概是和洋人一樣吃牛油麵包吃出來的？儀表也比王仁儒強，又跟洋人做事，賺白花花的大洋，很有錢，這比王仁儒更強多了！雖然是填房，卻不是作小，這也好多了。她心裏暗自高興，表面上卻不得不裝出三分矜持。

飯後，楊通又把錢來奇請到會客室密談，楊通先問他的印象怎樣？錢來奇卻贊賞他說：

「楊兄的眼光的確不錯，我就是需要這樣的女人填房。」

「事也湊巧，我看這真是天作之合，所以我也樂意做這個媒人。」

「不知道對方的意思怎樣？」錢來奇審慎地說。

「像錢兄這樣的人才，她打著燈籠、火把也找不到，我敢打包票。」

「那就請楊兄一手包辦吧！」錢來奇故作推心置腹地說：「時間是愈快愈好。」

「我想這個禮拜天先帶她去受洗，然後再選個日子請司徒威證婚，錢兄以為如何？」

「一切拜託。」錢來奇笑著告辭。

楊通、楊仁把錢來奇和彼得送到大門外，又用自己新買的兩部東洋車把他們送走。楊仁等他們走遠之後便悄悄地對楊通說：

「爹，剛才彼得又提到妹妹的事。」

「妳妹妹和李桂花兒不同，這得從長計議，而且不能鹵莽。」

「爹，我也知道這事兒很燙手，你有把握嗎？」

「路是人走出來的，您二舅這次傷了元氣，照他的為人和天行的性格來看，恐怕他們適應不了這個新來的潮流，想風雅也風雅不久了。」楊通說。

「爹看得遠，看得準，王老師死抱住老祖宗的爛靈牌也沒有用。」

「你二舅、天行他們又和王進士不同。」

「什麼地方不同？」

「他們不像王進士那麼迂，但他們身上也背了不少老祖宗的包袱。」

「爹，什麼包袱？」

「就以骨董字畫來說吧，你二舅就放不下來。程慶餘告訴我，他寧可借債向洋人收買骨董字畫，就不肯和洋人做糧食買賣，這就是放著眼面前的大錢不賺，反而去向大海撈針了。」

「爹，二舅是為了保存國寶，不是為了賺錢。」

「這就更傻了！保存國寶不是他的事兒，何況那些破銅爛鐵早已過了時，有個屁用！那些字畫擦屁股我還嫌髒呢！眼面前白花花的大洋能做多少大事，這一點他都想不通，他就興不起來。」

楊仁沒有作聲，他又對楊仁說：

「一個人要往前看，不要往後看，你千萬記住我的話！」

楊仁點點頭，隨後又問楊通：

「爹，彼得和天行兩人，您到底選誰？」

「我選彼得。」楊通毫不遲疑地回答。

「那您怎麼向二舅他們交代呢？」

「放心，我有我的跳牆法。」

「爹，說良心話，其實天行不比彼得差。」楊仁突然冒出這樣的話來：「他的人品好，書也讀得多。」

「天行走的是老路，這條路快到了盡頭，是走不出什麼名堂的；彼得走的是新路，這條路四通八達，又有司徒威撐腰、領頭，前途無量，這就相差很遠了！」

「爹，如果你真的這樣選擇，外婆家這條路恐怕就會斷了？」

「你放心，舊路斷了有新路，不怕沒有路走。」

他們父子兩人說完了話又走了進來。楊通看李桂花兒眉目含笑，他也笑著問她：

「王師母，妳看錢先生如何？」

「只要他錢先生不嫌棄我，我還有什麼話說？」李桂花兒紅著臉回答。

楊通便將錢來奇的意思告訴李桂花兒，李桂花兒略帶忸怩說：

「全憑楊先生作主。」

楊通很高興，他近來隨便做什麼事兒都很順利，這件沒有想到的事兒他不過是順水推舟，也馬到成功，而且兩面討好。

他先和大衛•司徒威說好，禮拜天帶她去受洗，司徒威同意，他對楊通、楊仁父子購買骨董和辦軍糧這兩件事十分滿意，再加上彼得和錢來奇從旁讚美，他對他們兩人的印象是更好了。

李桂花兒對他們父子兩人更是感激，她也沒有想到會有這種巧事兒？莫非真是天意？她懷著既興奮又有幾分膽怯的心情跟著他們父子兩人走進一座教堂，這和她以前進廟燒香拜菩薩完全不同，沒有和尚也沒有尼姑，沒有丈二金剛，也沒有觀音大士，只有教堂正中的牆壁上掛著一個光著身子釘在十字架上的洋人。她不知道那是什麼人？犯了什麼罪？她心裏有些狐疑，又有些害怕，楊仁輕輕告她那就是神的兒子耶穌。

司徒威站在壇上，手裏拿著一本書，她不知道那是什麼書？只知道它比王仁儒看的四書、五經厚，精裝的黑殼封面也顯得更漂亮。司徒威滿臉大鬍子，和王仁儒的兩撇八字鬍鬚不同，身體也比王仁儒高大強壯得多。

楊仁事先在家裏就教了她好幾遍，怎麼問？怎麼答？而且做給她看，她記得很熟。當楊通把她帶到司徒威面前，她第一次看見這麼高大的洋人，不免有些膽怯，但看見楊通、楊仁父子以及錢來奇的鼓勵眼色，她的膽子漸漸壯了起來。當司徒威用中國話問她：

「妳信不信主？」

「信！」她連忙回答。

「妳信不信耶穌是神的兒子！」

「信！」她回答得更快。

司徒威笑著點點頭。本來她應該跳進水裏洗滌罪惡，因為她是女人，又沒有水池，司徒威只將先預備好的一小杯清水向她頭上一淋，就算受了洗。

楊通、楊仁錢來奇都恭喜她說：

「現在我們都是兄弟姊妹了。」

她不知道怎麼一下子就和他們變成了兄弟姊妹？楊通、楊仁本來是父子，怎麼也成了兄弟？她不明白，她也懶得去問，她心裏高興的是現在有資格和錢來奇成為夫妻了。

隨後司徒威開始向坐在教堂裏的十幾排男女講道，她也和楊通他們坐在正面聽，司徒威講的是〈路加福音〉，起先一些開場白她聽不懂。後來他唸：

「有一個女人，患了十二年的血漏，」這下她懂了，她是女人，她知道這是什麼毛病？她又接著聽下去：「在醫生手裏花了他一切養生的，並沒有人能醫好她。她來到耶穌背後，摸他的衣裳繸子，血漏立刻就止住了。」她聽了好高興，她想女人的毛病本來就多，以前她患了婦科病，都沒有錢請郎中，也不好意思向郎中講，心裏常常犯嘀咕。等她聽到：「耶穌對他說：『女兒，你的信救了你，平平安安的去罷。』」她心裏更加高興！原來信教有這麼大的好處，還用不著郎中看病？難怪楊通、楊仁父子的財愈發愈大！她以前認識的那個洗衣婦人有房租收，坐在家裏享福了！她真後悔怎麼不早碰上這個好機會！不然也不必給王仁儒作小，更不必受這麼大的驚駭了！她想到她很快就可以和錢來奇結為夫妻，很快就可以成為有錢人，她差點兒笑了出來。

當她和楊通、楊仁父子回到他們家時，她忍不住對楊通說：

「楊先生，我真沒有想到信教有這麼大的好處？」

「不然我怎麼會信？」楊通向她陰笑。

「現在想來，死鬼真是冤枉送了性命！」

「他怎麼會是冤枉送了性命？」楊通望著李桂花兒說：「他確實參加了義和團。」

「他要是不參加義和團，和您一樣信教，雖然不一定能作官作府，但是一樣可以發財，他何必走那條死路。」

「王進士讀四書、五經讀迂了，他那有這樣遠大的眼光？」楊通又陰笑。「幸好我沒有讓楊仁一直跟他讀下去，不然真會毀了楊仁一輩了。」

「楊先生，你是真有眼光！」

「常言道：『識時務者為俊傑。』這年頭死腦筋的人活該倒楣！」

「這次承您搭救，我真不知道該怎樣感激才好？」

「現在我們是兄弟姊妹，再過幾天妳就是錢太太了，以後就如同一家人，何必客氣？」

李桂花兒聽楊通這樣說，一時感動得眼淚都掉了下來。她真希望那一天立刻到來。

楊通和錢來奇都緊鑼密鼓地辦這件事。到了這個吉日，自然又是司徒威證婚。當司徒威指著錢來奇問李桂花兒：

「妳愛不愛他？」

「愛！」李桂花兒連忙點頭。

司徒威又問錢來奇：

「你願不願意娶她為妻。」

錢來奇很快地回答：「願意。」

司徒威便宣佈他們成為正式夫妻。錢來奇立刻在李桂花兒的手指上套上一枚四錢重的寶石金戒指，李桂花兒高興得眼淚都流了下來。她也給錢來奇戴上一枚兩錢重的戒指，這是楊通送給她的禮物。

儀式完成之後，接著另外舉行了一個酒會，客人不多，都是錢來奇的親友同事，完全是洋規矩，不放鞭砲，沒有喧鬧，不多久就結束了，錢來奇便用一輛最新的東洋車把她拉進洞房。

楊通的高興也不在錢來奇之下。一方面他覺得自己做了一件成人之美的大事，一方面暗自高興又牢牢地抓住了錢來奇。以後有什麼事兒不好辦呢！

一個人的遭遇也真難說得很！劉嬤嬤卻和李桂花兒完全不同。

劉嬤嬤就在李桂花兒再做新娘的這天，突然感到胃裏不舒服，老想吐，起先她還以為是生病，後來一想幾次遭到好幾個外國士兵的強暴，她的心突然往下一沈。她以前懷過兩次孕，生了兩胎，一男一女，都是剪臍帶剪刀不乾淨患「臍風」抽筋死了，她很傷心，她丈夫卻不諒解她，說她命不好，載不住兒女，時常虐待她，因此她才出外當嬤嬤。這次她有兩三個月沒有回家和丈夫同房，丈夫打死後她才回家，這次懷孕絕不是她丈夫的骨肉，也不知道是那一國的那一個洋人的孽種？她心裏十分害怕，一時又不敢講。黃嬤嬤看見她哇哇嘔吐，心裏已明白八、九分，悄悄問她。

「該不是有喜了吧？」

她聽黃嬤嬤這麼一說，突然哇的一聲哭了出來。又哭又說：

「孽！這真是孽！黃嬤嬤，這怎麼得了！日後我怎麼見人哪？」

黃嬤嬤機警地搖搖手，囑咐她：

「千萬不要聲張，我先報告太太再說。」

劉嬤嬤不敢再哭，也不敢大聲嘔吐。黃嬤嬤把這情形悄悄地報告龍太太，龍太太又悄悄地告訴老太太，老太太聽了一怔，隨後歎口氣說：

「劉嬤嬤也真命苦，死了丈夫不說，還遇上這種尷尬事兒！也不知道是那一國的大毛子造的孽？」

「娘，您看這該怎麼辦？」龍太太問。

「這件事兒我作不得主，要看她自己的意思？」老太太說。

「娘，黃嬤嬤說她情願死也不能留下這個孽種！」

「上天有好生之德，我更不能犯殺戒。」老太太說。

「娘，她已經很不幸了，要是再想不開，尋個短見，那如何得了？」

「她家裏還有什麼人？」

「公公去年死了，婆婆瞎了，小叔子分家了，她茅屋燒了，婆婆由叔子供養，她現在真是又孤又寡，不然這次也不會冒險再回我們家來。」

「這樣說來，責任又是我們的了！」老太太望著媳婦說。

「娘，遇上這種尷尬事兒有什麼法子？」媳婦尷尬地說。

「那你就去交代高管家，照劉嬤嬤的意思辦好了。」老太太說：「錢我們可以代出，主意可要她自己拿。能留下最好留下，上天有好生之德，過不在她。」

龍太太便將老太太的意思告訴高管家，又問他認不認識好的婦科郎中？

高管家想了一下說：

「我倒是認識一位好婦科郎中，這人叫張一帖，他也曾經在宮裏當過差，他的安胎藥倒是一帖見效，不知道肯不肯為人打胎？」

你先問問劉嬤嬤，她要是決心打掉，你就去請張一帖來把把脈，開個方子；她要是想留下，你就不要勸她打，不管怎麼說，也是一條人命，老夫人更說上天有好生之德。」

「太太說的是，我不會亂出主意。」高管家回答。

「還有一點你要注意，千萬不可張揚出去！」龍太太特別叮囑：「那不但對劉嬤嬤不好，萬一誤傳，我們家這麼多黃花閨女，那是跳進黃河也洗不清的。」

「太太放心，我不會那樣粗心大意。」高管家說。

龍太太把這件事交代清楚了還不放心，她又和高管家一道去看劉嬤嬤，劉嬤嬤見了她就在床邊下跪，低著頭哭泣說：

「我碰上這件丟臉的事，還求太太開恩作主。」

「劉嬤嬤，妳先起來，這也不能怪妳。」龍太太說：「這件事兒我作不得主，要留要打，該妳自己決定。不過上天有好生之德……」

劉嬤嬤慢慢站了起來，用衣角擦擦眼淚說：

「太太，這是個孽種，我受的污辱還不夠？還能留著丟人現眼？」

「但是妳要知道這也是一條命。」

「太太，這個孽種別人一落眼就知道，混也混不過去，留下他不但我沒有臉見人，以後他的生活又有誰來照顧？我也是泥巴菩薩過江，自身難保。」

龍太太沈吟了一會，望望她說：

「這樣說來妳是決心不要了？」

「太太，怎麼說我也不能要，讓它早些到外國去投胎吧？」劉嬤嬤說著又哭泣起來。

龍太太不得已只好吩咐高管家去請張一帖來。

高管家為了慎重，只好自己出馬。好在張一帖住處不遠，沒有多久，高管家就把他請了過來。張一帖看來不像一般走方郎中，斯斯文文，有幾分仙風道骨，五十來歲年紀，見了龍太太很有禮貌。龍太太特別關照他說：

「張大夫，千萬拜託，不要走漏半點風聲。」

「龍太太，剛才高管家已經和我講過。我張一帖行醫二、三十年，向來不做打胎的事。但是最近情形不同，我已經破例做了幾次，有的還是黃花閨女，事關婦人一生名節，權其輕重，我也不得不如此了。」張一帖說。

「張大夫，你這也算是積了陰功。」龍太太說。

「龍太太，我也是不得已，只希望死後不打入十八層地獄就好了。」張大夫無可奈何地說：

「聽說你們這位劉嬤嬤還是個寡婦？」

「正是新寡。」龍太太說。

「作孽，洋人真的作孽！」大夫搖搖頭。

高管家隨即帶他去替劉嬤嬤把脈。張一帖先把右手，過了一會再把左手，同時觀察劉嬤嬤的氣色，隨後又回頭對高管家說：

「胎息甚旺，依我看還是個男的，要想打下要下猛藥，大人身體會吃大虧，相當危險。」

龍太太聽了便勸劉嬤嬤不要打，劉嬤嬤只是哭，張一帖又說。

「不打則母子兩全，要打我一個也不敢保險。」

龍太太當機立斷地說：

「大人身體要緊，小東西也是一條命，生下來以後你們母子的生活我們負責好了。」

劉嬤嬤不再堅持。張一帖開了一帖安胎藥，高管家送了他一個紅包，走了。

第二十四章　楊文珍瞻前顧後　龍天行陰錯陽差

龍從雲接到大哥龍從風匯來五千大洋，還了程慶餘三千，還有兩千準備重建景德瓷莊，他要卜天鵬和天放先去看看，要馬福康計畫進行。

市面漸漸恢復正常，街上傳教的人愈來愈多，他們不再像從前那樣不大公開，現在是堂而皇之的上街散發福音了。他們不論男女都穿著白背心，白背心上寫著《舊約》、《新約》上的警句，一律紅字。手上拿著印好的一章章的福音，送給路人。

天放、卜天鵬兩人一路來碰到好幾次，硬往他們手上塞。但想不到在正陽門附近突然碰到李桂花兒，她手上拿著一疊福音，身上也穿著白背心，前面寫著兩行紅字：

信主的人有永生
不信主的必死在罪中

背心後面卻只有四個大紅字：

我是罪人

她身邊還有一個男人，男人是她丈夫錢來奇，他也穿著白背心，前面也有兩行紅字：

上帝愛世人
主是世界的光

背心後面是「榮耀歸主」四個紅子。

他們不期而遇，卜天鵬和天放不知道是怎麼回事？怔怔地望著李桂花兒，李桂花兒也有些尷尬，她笑著遞給他們幾章〈約翰福音〉。天放看了一眼，睜大眼睛問李桂花兒：

「師母，妳也信教了？」

李桂花兒點點頭。

卜天鵬一怔，又打量她身旁的男人一眼，李桂花兒指指這男人笑著對卜天鵬說

「卜師傅，他是我丈夫錢來奇。」

卜天鵬摸摸後腦殼，天放也是一頭霧水。李桂花兒又笑著對天放說：

「這都是你姑爹成全的，也是主的恩典。」

錢來奇想和他們聊聊，他們兩人嗯嗯啊啊地敷衍了幾句，連忙走開。

走了十幾步路，天放忽然回頭看看，李桂花兒和錢來奇兩人又向其他的路人散發福音，天放把腳一跺，望著卜天鵬說：

「這是怎麼回事兒？真的把我搞糊塗了！」

「我也弄不明白？真好像天橋變戲法兒似的，使人眼花撩亂。」卜天鵬也望著天放說。

「王老師屍骨未寒，李桂花卻嫁了個二毛子，她自己也當了二毛子，這教人怎麼能信？」

「王進士在世時只會子曰詩云，死後又蕭條得很，李桂花兒又不是三貞九烈的女人，還能要她抱著靈牌死守下去不成？」

「我倒不是這個意思。」天放搖搖頭。

「那你是什麼意思？」卜天鵬連忙問。

「京裏的男人多得很，何必要嫁二毛子？這豈不是給王老師佛頭上澆糞？」

「她又不能敲鑼打鼓，一時又去那兒找得到合適的男人？」

「你不是一個很好的單身？她要嫁人為什麼不向我們說一聲？」

「你別開玩笑！我怎麼配得上她？」

「你們年紀相當，你的人品也不差，怎麼不配？」

「她是進士夫人，我是戲子出身，這怎麼相配？」

「那是王老師的看法，你怎麼也這樣想？」

「這個世界雖然變得很快，但這種看法還沒有變過來，我還能自抬身價？」

「可惜生米煮成了熟飯，不然我真要替你做這個媒。」

卜天鵬笑了起來，打量天放一眼說：

「你還沒有長大，還很小孩子氣，可惜又比你姑爹落後一步。」

「我真想不透，我姑爹怎麼這麼神通廣大？」

「其實這也不算什麼希奇，現在是西風令，這一寶他又押中了，這個莊家還會贏下去。」

「那我們豈不都成了輸家？」

「景德瓷莊被燒了，萬寶齋被搶了，你姑爹損失了什麼？」

卜天鵬的話使天放更是一頭霧水。要不是大伯寄錢來，爹的債還不了，景德瓷莊也不能修，他們真是個大輸家。

他們來到景德瓷莊，景德瓷莊還是大火後的殘破景象。清理出來的殘貨賣得很少，馬福康那個大塊頭，也坐在帳篷裏面，無精打彩。天放告訴他要開始整修，請他計畫一下，看看需要多少大洋？馬福康聽了精神一振，笑著對天放說：

「大少爺，再不整修，我真不好意思待下去了。」

「馬師傅，這個世界變得雖快，但還沒有到不用景德鎮的瓷器的時候。」天放說。

「大少爺，你話說的有理，洋人還做不出我們這種瓷器。」馬福康也展顏一笑。

「說來慚愧，我們老祖宗留下來的寶貝，這次給洋人搶得差不多了。如果景德鎮的窯出不了貨，我們的景德瓷莊也關了門，我看我們這一代人是再也沒有什麼戲可唱了。」

「大少爺，這就是老爺要整修景德瓷莊的原因？」馬福康問。

「景德瓷莊是我們家幾代的老字號，當然不能讓它倒。」天放說。

「老爺借債買骨董，又向老家要錢來整修瓷莊，當然有他的用意。」卜天鵬說。

「那我得仔細琢磨琢磨，不但要恢復舊觀，還要能招徠客人。」馬福康說。

「最近爹和古德鄰師傅正在搶購骨董字畫，要我先來通知你一聲，馬師傅，這件事兒就拜託您了。」天放說。

「大少爺，你放心，我一定會盡心盡力來辦這件事兒。」馬福康拍拍胸脯回答。

他們兩人又一道離開，巡視了一下這曾經是萬商雲集，車水馬龍的大市場，現在仍然是斷垣殘壁，變成了一片臨時地攤，有少數商店也在準備重建，但要完全恢復舊觀，沒有三、五年時間恐怕還不容易辦到。

他們隨後又到萬寶齋，古德鄰不在，一個年輕的徒弟在前面照顧，店裏面空空洞洞，壁上掛著的幾幅字畫是新近買的，但不是什麼珍品，那三千大洋實在買不到什麼東西，如果不是外國士兵大多外行，一件骨董也值兩三千大洋，龍從雲和古德鄰是精挑細選，精打細算才能買點回來，比起被那幾個外國士兵搶走的是差得多了。萬寶齋要想恢復舊觀沒有十萬、八萬大洋是辦不到的。那天被楊仁和那個彼得以三百大洋買走的那件商朝小鼎，據龍從雲說就值五千大洋，他當時身上連五百塊大洋也沒有。他現在只好在字畫方面著眼。多下點功夫，多跑些地方了。卜天鵬天放在這方面派不上用場，幫不上忙，他連這個看店的徒弟也比不上，他只好回家。卜天鵬有事和他分道揚鑣。

翰林第的大門又重開了，他看見大門外石獅子旁邊一左一右地停著兩輛漂亮的新東洋車，車夫坐在踏板上聊天，看見他連忙起立，他不認識車夫，不知道是那兩位貴賓光臨？

璧人看他回來，連忙替他刷衣服，打洗臉水。

「是那位貴賓光臨？」他問璧人。

「是表少爺。」璧人回答。

「他一個人？」

璧人點點頭。

「門口怎麼停了兩部東洋車？」

「聽說是接表小姐回去的？」

他哦了一聲，接過璧人遞來的毛巾，在臉上胡亂擦了一下，逕自往後面來。後面靜悄悄的，沒有一點聲音。他走近佛堂月門探頭一看：

老太太拉長著臉坐在太師椅上，紋風不動；梅影、蝶仙一左一右地站在老太太身後，楊仁跪在老太太前面三尺遠的地方，像頭狗熊；天行打橫坐著，不聲不響；香君站在他身後望著楊仁抿著嘴兒笑。

老太太一看見天放便說：

「你來得正好。我問你：『楊仁那天買骨董是不是吃裏扒外？』」

天放望望祖母，又望望楊仁，不知如何說好？楊仁卻嘻皮笑臉地對天放說：

「表哥，你說句公道話，那天買骨董的又不是我，彼得要抬價我有什麼辦法？」

「爹向你說了那是一件國寶，彼得也是中國人，你怎麼不勸他讓給爹？免得流到外國去。」天放說。

「表哥，你不知道，彼得是司徒威的養子，我不過是替他拉縴，他要獅子開大口，我有什麼辦法？」楊仁說。

「爹早對姑爹說過，你們要是買到了什麼重要國寶，先和他商量一下，你們卻剃頭擔兒一頭熱，把爹的話當作耳邊風。」

「表哥，您不知道，司徒威是中國通，不是傻瓜，我們怎麼敢在他面前耍花招？」

「彼得那小子那天簡直是故意給爹下不了臺，你也跟著他揚長而去，我看了一肚子火，要不是爹在身邊，我一定把它奪回來，還要打他個王八翻身，看他神不神氣？」

「表哥，幸好你沒有這麼做，彼得是打不得的！」楊仁連忙搖手。

「沒有出息的東西！難道彼得也是太上皇了？」老太太白他一眼，罵了一句。

「外婆，不是我沒有出息，古人說『投鼠忌器』呀！」

天放請求老太太讓楊仁起來說話，老太太生氣地說：

「他對洋人那麼孝敬，在我面前跪著說話難道還委屈了他？」

「外婆，我的膝蓋不是鐵打的，跪在青石地上可不好受？」楊仁嘻皮笑臉地說：「您老人家怎麼一點兒也不心疼？」

老太太被他說得一笑，眼圈一紅，又罵一句：

「真是死了血的東西！」

楊仁笑著站了起來，揉揉膝蓋，自個兒坐下。

「彼得到底是什麼來歷？」天放問楊仁。

「問起他的來歷當然沒有你的出身好，他是司徒威從育嬰堂裏領養的。」楊仁回答。

「你怎麼對他那樣巴結？」天放問。

「表哥，彼一時也，此一時也，人家現在拔根汗毛比我們的腰還粗呢！」楊仁回答。

「你跟爹一樣，只往高枝兒上爬。」文珍白了楊仁一眼。

「本來嘛，人往高處走，水向低處流。誰不這樣做那才是個大傻瓜呢！」楊仁說。

「那我問你，」天放突然插嘴：「王師母李桂花兒嫁給那個二毛子，也是你這個聰明人的主意了？」

楊仁一怔，大家也望著天放。老太太也被這突如其來的一問，弄得莫名其妙。然後她望著天放說：

「這是怎麼回事兒？怎麼又扯出李桂花兒來了？」

天放便將在街上遇著李桂花兒和錢來奇的事說了出來，大家都很驚奇，老太太把目光轉到楊仁身上，楊仁怕再跪，連忙對老太太說：

「外婆，您別又錯怪了我，這可是李桂花兒自己找上門的。」

「你王老師屍骨未寒，她怎麼會自己找上門去要你做媒？」

楊仁便將經過形說了出來。老太聽後便說：

「她本來是想做個嬷嬷，你們父子兩人卻移花接木，也不管她是不是熱孝在身，這種事兒你們也做得出來？」

「外婆，是她自己願意的。」楊仁說：「也沒有誰強迫她。」

「她無非是為了生活，你們就不可以接濟她一下？等她熱孝過後再好好考慮不行？」

「外婆，他們兩人一個鍋要補，一個要補鍋，何況我也不懂這種老規矩。」

「你不懂，你老子也不懂嗎？三、五十塊大洋你們也拿不出來嗎？為什麼不濟人之急，要乘人之危呢？」

楊仁沒有作聲，文珍便對他說：

「哥哥，替王師母找個嬷嬷的工作並不是什麼難事，再醮卻是一件大事兒，不管怎麼說我們都是王老師的學生，你為什麼不來和外婆商量一下呢？」

「妳也不知道我有多忙？還能像妳一樣在這兒享清福，說風涼話？」楊仁以哥哥的口氣大模大樣地說。

「你忙什麼?你無非是替彼得扯篷拉縴?」文珍也沒有好氣地回答。

楊仁聽文珍這樣說，便不敢再作聲。他怕把事情弄砸了，反而和顏悅色地奉承她：

「是我差勁，如果妳在家裏，就不會出這種冒失事兒。」

「你少在這兒奉承，一回到家裏你就現出原形了。」

「說真格的，我和爹實在忙得很，裏外應酬又多，娘一個人也忙不過來，妳回去也可以拿拿主意幫幫娘的忙。所以我特地抽個空兒來接駕。」楊仁又嬉皮笑臉起來。

「你嘴上兩張皮，好壞由你說。誰知道你說的是真話還是假話?」文珍白他一眼。

「他們父子兩人做不出什麼好事來，妳回去看看也好。」老太太聽楊仁剛才說的那番話，覺得也有道理，如果文珍在家，李桂花兒可能不會那麼倉促再嫁，而又嫁給錢來奇?王仁儒如果地下有知，那是會含恨九泉的。不過老太太雖然這麼對文珍說，還是指著楊仁問了一句：「你老實說，你還有沒有什麼事兒瞞著我?」

「外婆，我有什麼事兒敢瞞您?」

「你當面撒謊，就該掌嘴!」老太太指著他說，又問文珍：「你說說看，他有什麼事兒瞞過我?」

楊仁心虛，連忙招認：

「外婆，那也不能怪我，我和文珍一樣，都是聽爹的，他要我信什麼，我就信什麼。」

「你倒推得乾淨？下次要是再偷雞摸狗，以後就別再進我的門！」

楊仁嘴裏唯唯諾諾，心裏也正嘀咕。

文珍心裏本來有彼得這個陰影，不敢回去，但她又不敢說出來，在楊通沒有明白表示之前，她怕掀起軒然大波鬧出笑話。不講出來，又沒有理由不回去，也怕別人說閒話。現在老太太這麼一講，她更不能不回去了。但她心裏仍七上八下。她看看香君，香君心裏暗自著急，但不敢替她出主意。天行是什麼都不知道，也不便留她。

楊仁站也不是，坐也不是，他趁機催文珍收拾東西，文珍眉頭一皺，無可奈何地望了老太太一眼，老太太沒有發覺，她低著頭走開。香君跟著她回到房間，一面替她打點，一面悄悄地對她說：

「聽大少爺那天的口氣，彼得不是個什麼好東西，妳千萬小心才是。」

「我不怕彼得使什麼花招，我耽心的是爹。」文珍滿面愁雲，聲音淒楚。

「姑老爺也真是，何必死巴著什麼司徒威？」

「爹不做賠本生意，沒有好處的事兒他不會幹。」

「那他又為什麼替王進士的姨太太做媒，把她嫁給那個叫什麼錢來奇的？」

「這妳就不知道了！錢來奇是司徒威的貓腳爪兒，也是他身邊的紅人，爹怎麼會錯過這個機會？」

「小姐，照妳這樣說來，姑老爺是更不會錯過彼得這個好機會了。」

「香君，我這次回去，能不能再來？只有天知道了！」文珍黯然落淚。

「小姐，那不如現在就在老夫人面前抖開算了！」香君著急說。

「不能這麼冒失。」文珍又搖頭苦笑。

「無風不起浪，現在抖出來也不算冒失。」

「萬一鬧起來爹不承認，那不徒然傷了親戚的和氣？」文珍望著香君說：「我的臉又往那兒放？」

「小姐，我看這件事兒你應該當面和二少爺講個明白，不能再讓他蒙在鼓裏。」

「萬一他沈不住氣，鬧起來怎麼辦？」

「鬧起來豈不更好？你們就早點兒圓房，不要回去了。」香君說。

文珍臉一紅，搖搖頭苦笑：

「我們不是三塊磚頭架一口鍋兒的人家，事情那有這麼簡單？」

「小姐，妳的顧慮太多，妳會後悔的！」香君歎了口氣說。

文珍愣了一會，眼圈一紅說：

「香君，我實在說不出口。我真怕鬧出笑話來。我走後妳再告訴二少爺好了。」

「妳人已經走了，放馬後砲又有什麼用？」香君兩手一攤。

「妳還想把我扣留在這兒不成？」文珍含淚一笑。

「妳在這兒才好講話，妳回去了，就沒有籌碼。」

「妳們在談什麼買賣？」天行笑著走了進來，她們兩人都沒有想到。

文珍紅著臉，眼中隱隱有淚，不知如何回答？香君望望文珍，茫然一笑。

天行打量她們兩人一眼，笑著打趣：

「妳們在打什麼啞謎？」

「少爺，人家心裏煩得很，你還在尋開心？」香君白他一眼。

「我們家裏要算你是第一個快活人，妳有什麼好煩的？」

「妳問她好了。」香君小嘴向文珍一呶，手一指說。

天行看看文珍，文珍用手絹擦擦眼淚，強作歡笑說：

「她的心事我怎麼知道？」

天行又看看香君，香君一轉身把背向著他，他又望著文珍說：

「妳們兩人一定有什麼事兒瞞著我？」

「總算你開了竅！」香君身子一旋轉了過來，面對著天行說。

文珍叫了一聲「香君」，以目示意，不要她講出來。香君急了，跺著腳說：

「我的小姐，妳還想瞞下去？」

「什麼事兒妳要這樣瞞著我？」天行走上一步，湊近文珍的臉上問。

文珍雙手蒙臉，啊的一聲哭了出來。

天行一愣，轉向香君說：

「到底是怎麼回事兒？」

「還不是你們兩人的事兒！」香君嘟著嘴說。

「我什麼地方得罪她了？」天行指著著文珍問香君。

「你沒有得罪她，是有人打她的歪主意！」

「誰？」天行大聲問。

「就是那個叫什麼彼得的傢伙！」香君回答。

「真有這回事兒？」天行笑著說，裝作若無其事。

「不但真有這回事兒，他還託喜兒送小姐鑽石戒指呢！」

「小姐有沒有收下？」

「少爺，你真糊塗！那種東西怎麼能收？」

「可惜他不是送我，要是送我，我就收了。」天行笑著望望文珍。

香君氣得把腳一跺說：

「少爺，現在是什麼節骨眼兒？你還在開玩笑！」

「天又沒有場下來，妳急個什勁？」

「好！你皇帝不急，何必急死我這個太監？我不管你的事兒了！」香君氣得身子一扭，要往外跑！

天行身子一飄，擋住她的去路，笑著暗指文珍說：

「妳不管我，總該管她呀！」

文珍裝作沒聽見，含著眼淚提起包袱要走，天行又笑著對她說：

「『船到江心補漏難』，現在急著要走，當初怎麼不早講呢？」

「我講給誰聽？」文珍故意冷冷地回答。

「講給外婆聽呀！」

「這不關外婆的事，講給她聽有什麼用？」

「那就講給二舅聽好了。」

「二舅已經夠煩了，他還有心思管這檔事兒？」

「那就講給我聽好了。」

「你？」文珍望著他故意冷笑一聲：「你是天塌下來都不在乎的，我何必自己討賤？」

香君心裏本來很急，現在看天行這樣心裏又急又氣，又把腳一跺，咬著牙說：

「少爺！小姐為了怕你心煩，一直一個人憋在心裏，都快憋出病來，你還沒事人兒似的，真教人傷心！」

文珍聽香君這樣一說，雙手蒙臉啊的一聲哭了出來，包袱落在地上，香君連忙扶著她坐在床上，一面安慰她，一面橫眉怒目地瞪了天行幾眼，天行拾起包袱，用手拍拍，用嘴吹吹，香君看得又嗤的一聲笑了出來。文珍也破涕為笑，連忙雙手蒙臉，把頭別過去，把背對著他。天行滿臉委屈似的自言自語：

「明明是妳們兩個聰明人串通起來瞞我這個傻瓜，反而怪我不關心，我真是豬八戒照鏡子，兩面都不是人。」

「本來你就不關心嘛！」香君笑著白他一眼。

「我要是太關心了，妳們又會說我多心，像女人一樣，是個醋罈子。」

「好，你是大肚羅漢，要是彼得……」

「香君！」文珍把香君的衣角一扯，不要她說下去。

「要是彼得取而代之了是不是？」天行湊近香君的臉上問。

「少爺，不要說了！」香君連忙搖頭，用力把他推開。

「怎麼現在又不要我說了？」

「你知道了就好了！」香君笑著回答。

「我知道了彼得就死了心是不是？」

「你防著一點兒就是了。」香君回答。

「我既不能建一道牆把他隔開，又不能禁止他到姑爹家去，請問我怎麼個防法？妳該替我出個主意才是？」

香君被天行說得張口結舌，啞然失笑。

「妳笑什麼？妳存心看我的笑話兒是不是？」天行望著她說。

「少爺，你別笑我好不好？我心裏比你更急！」香君紅著臉說。

「乾著急有什麼用?妳總得想個法兒啦!」天行故意逗她。

「少爺，我倒有個好主意。」香君興沖沖地說。

「什麼好主意?」

「你們馬上圓房好了!」香君說。

「妳問她同不同意?」天行故意在香君耳邊輕輕地說。

香君剛才說的那句話已經使文珍羞紅了臉，本來要阻止她，現在又聽見天行這麼說，連忙用手肘碰碰香君：

「別聽他胡說八道!」

「香君，妳的好主意行不通，那我還有什麼辦法呢?」天行笑著兩手一攤。

「你不會去對老夫人說，請她早點兒選個吉日?」香君說。

「這也得有個四人轎子都抬不動的理由啦。」

「難道彼得這個理由還不充足?」

「姑老爺有沒有答應他，妳知不知道?」

香君一愣，過了一會又說：

「不過我知道姑老爺是剃頭擔兒一頭熱。」

「姑老爺葫蘆裏賣什麼藥還不知道，我怎麼好先提圓房的事兒?」

「少爺，等姑老爺亮出招兒來，恐怕已經遲了!」

「姑爹就是要想悔婚，也得婆婆和爹的同意，還有文珍本人。」

「少爺，你的話是不錯，只怕事到臨頭，就不是這個樣兒了？」

「文珍，妳的意思呢？」天行又轉問文珍，他覺得她才是最大關鍵。

文珍氣他剛才那種遊戲態度，故意冷冷地回答。

「你猜呢？」

「女人心，海底針，我怎麼摸得著？」天行也故意逗她。

「我要是腳踏兩邊船呢？」文珍又將他一軍。

「那就蘿蔔、青菜，隨妳喜愛了。」天行故意坦然回答。

香君急得用力跺腳，責難他說。

「嗨！少爺，你怎麼這樣說話？你該用草紙擦擦嘴巴。」

「我又沒有學過傳教，自然沒有那個伶牙利齒啦！」

文珍嘔得哭了起來，香君慌了手腳，一面安撫文珍，一面望著天行說：

「老祖宗！都怪我多嘴，好嚼舌根，你怪我好了！何必讓小姐受委屈？」

「她看我不順眼，我回去好了！」文珍哭著提起包袱，站起來要走。

香君死命拉著文珍不放，天行卻在一邊冷言冷語：

「現在是西風令，大毛子成了太上皇，二毛子也成了香餑餑，我們倒成了破落戶，讓她往高枝兒上爬好了。」

文珍聽他這樣說哭得更傷心，那邊不知道這邊發生什麼事情？蝶仙、楊仁雙雙趕了過來，蝶仙問天行是怎麼回事兒？天行沒有回答，他看見楊仁就生氣，反而衝著站在房門口的楊仁說：

「你吃裏扒外，有奶就是娘，以後少到我們家來！」說完他就回到自己房間去了。

楊仁作賊心虛，不敢回嘴，蝶仙如墮五里霧中，連忙問香君，香君看楊仁站在門口，又不敢講。楊仁直催文珍回去，文珍又氣又羞又委屈，掙脫了香君，楊仁拖著她直跑，文珍一路哭著跑出去，坐上東洋車走了。

等老太太和大家弄清楚是怎麼回事時，文珍已經走得老遠了。

老太太又急又氣，跺著腳說：

「這真是平地風波，想不到居然連累到這兩個小冤家了！」

隨後老太太又責問香君：

「妳怎麼不早跟我講？」

「小姐怕老夫人和少爺煩心，直到今天她還不讓我講。我正在和小姐琢磨這件事兒時，想不到少爺闖進來了！」

「他一進去就和文珍嘔氣是不是？」老太太問。

「沒有？」香君搖搖頭：「開始時少爺還開玩笑，不把它當回事兒，是後來弄假成真才鬧翻的。他一看見表少爺更氣，又罵了表少爺兩句重話兒就走了。」

「楊仁這東西該罵，不過罵的不是時候。」老太太說。

「老夫人，我看少爺、表小姐這一鬧，也正好中了姑老爺的計了，您該想個辦法補救補救才是？」

「我看問題不在天行、文珍，是在楊通、楊仁。」老太太說。

「老夫人高明。」香君接著說：「少爺、表小姐一向很好，沒有嫌隙，分明是姑老爺、表少爺屁股頭掛紙錢，招神惹鬼，才半路殺出彼得這個程咬金。」

「可是他們這一鬧就傷了感情。」老太太說。

「少爺、表小姐說的只是一時的氣話，其實兩人心裏都明白得很。」香君說。「不過少爺這一下把表少爺得罪了，這倒是個麻煩。」

「香君說得是，他們父子兩人狼狽為奸，天行怎麼看不出來？」老太太說。

「婆婆，不是看不出來，是鬼迷熟人。」天放插嘴：「要是我，早就把楊仁一路踢出大門外了！」

「一扯破了臉事兒就不好辦。」老太太歎了一口氣說：「也只怪你姑姑太懦，不然不會出這個岔兒。」

「老夫人，您還是把姑奶奶請回來商量一下，來個釜底抽薪好了。」蝶仙說。

「怎麼個釜底抽薪法？」梅影問她。

「不讓彼得那小子進門，讓他沒有機會和表小姐接近不就得了？」蝶仙說。

「恐怕姑奶奶辦不到？」香君說。

「不然還有什麼法子？」梅影望著香君說：「姑老爺、表少爺是不會聽我們的。」

「現在我們已經棋差一著，我看也只好這麼辦了！」老太太無可奈何地說。

第二十五章 楊文珍誤陷羅網 龍天行難轉乾坤

文珍一路哭著回家，哭到家時兩眼已經紅腫得像熟透的水蜜桃了。

她一看見母親，就撲到母親懷裏大哭起來，龍從容丈二金剛摸不著頭腦，一時慌了手腳，怎麼問她，她都不講話，只是一個勁兒的哭，愈哭愈是傷心，龍從容只好問兒子楊仁，楊仁冷冷地回答：

「以後我們斷了外婆家這條路了！」

文珍聽了哭得更傷心，龍從容更是一頭霧水，大聲問楊仁：

「你說清楚些，到底是怎麼回事兒？」

「天行不許我再去他們家，這不就絕了？」楊仁回答。

「你自己也不想想，他為什麼不讓你去？」文珍哭著反問他。

「這才怪了！妳還在向著他？」楊仁冷眼望著妹妹說。

「他罵你吃裏扒外，有奶就是娘，難道罵錯了？」文珍反唇相譏。

「這也沒有什麼不對呀？人不為己，天誅地滅！」楊仁滿不在乎地回答：「何況這也是為妳呀！」

「多謝你的美意，你把我整慘了！」文珍又掩面哭了起來。

「彼得有什麼不好？妳為什麼要死心眼兒向著天行？」楊仁大聲吼叫起來。

龍從容這才恍然大悟，指著楊仁罵了起來：

「都是你和你老子的壞心眼兒，弄得我們母女兩人魂不守舍，這教我們怎麼在你外婆面前抬得起頭來？」龍從容說著也摟著文珍哭了起來。

「這不關我的事兒，您去問爹好了。」楊仁說著逕自走開。

「這個該死的東西，我實在打不動他，不然我要好好地打他一頓！」龍從容恨得牙癢癢的，眼睜睜地看著楊仁走開，只好陪著文珍哭泣。她一面流淚，還一面安慰女兒說：「這可不能怪天行，妳千萬不能恨他。」

「娘，我不恨他，我是氣他為什麼故意拿這話來傷我？」文珍哭著回答。

「妳要知道他心裏比妳更難受。妳們從小兒青梅竹馬，一塊兒讀書，一塊兒長大，妳和他又是指腹為婚，他在突然知道平空閃出一個彼得來橫刀奪愛，而且是你老子和哥哥牽的線，你說他怎麼不氣？」

文珍聽母親這麼一說突然清醒過來，因此，哭得更傷心，她非常後悔地說：

「娘，只怪我當時氣糊塗了！我真不該賭氣回來！」

「回來住幾天再去外婆家也沒有什麼關係。」

「娘，這關係可大啦！」文珍哭說：「一來我沒有臉再回去，二來爹一定不會准我再去外婆家，我現在是自投羅網了！」

楊通回家時看到文珍十分高興，文珍既傷心又生氣，沒有理他，他毫不在意，當楊仁告訴他說天行不許他以後再到天行家去，楊通也不生氣，反而笑笑說：

「那不正好？你現在又不是三歲、兩歲，何必跑外婆家？」

文珍聽了更加生氣，忍不住說：

「爹，您真是過河柝橋，您現在不必靠外婆家了是不是？」

「是天行不許妳哥哥去，又不是爹不讓他去。」楊通仍然笑嘻嘻地說。

「表哥不是那種人，他說的是氣話。」

「是呀，天行怎麼是那種人呢？」龍從容說。

「管他是那種人，去不去不是什麼大不了的事兒。」楊通說：「有朝一日，他們下帖子來請我還不去呢。」

「你真是『有奶就是娘，無奶撂過牆』。當年爹在世時，你是怎麼巴結的？」龍從容指著楊通說。

「妳這真是窮人思古債！過去八百年的事兒妳還提它有什麼意思！」

「我不提它你就會忘記你是怎麼爬起來的？」

「記著又怎樣？還能把尚書老丈人從墳墓裏挖出來供著不成？」楊通好笑。

「娘還在，虧你說出這種沒良心的話來！」龍從容氣得直流眼淚。

「人要向前看，翻陳年老帳沒有什麼出息。」

「我問你，你把珍兒接回來，到底安的是什麼心？」

「珍兒已經不小了，老住在外婆家成何體統？」

「她從小在外婆家讀書長大，遲早是龍家的人，有什麼不成體統？」

楊通望望她一笑，陰陰地說：

「眼看就要改朝換代了，妳還在窮人思古債？」

「難道你講的話也不算話？現在也想變卦？」

「那不過是一句戲言，妳還當真？」

「那可是當著柳神仙、王進士、許狀元面前講的呀！」

「現在死的死，走的走了，誰能證明我說過那樣的話？」

「十幾年來你怎麼沒有說是戲言？攀上了司徒威、巴上了彼得，你就說是戲言？」

「爹，您還是司馬昭之心！」文珍又氣又哭地說。

「爹還不是為了妳好？」

「爹，您教我怎麼做人？」

「妳既沒有過門，也沒有公開拜堂，這有什麼不能做人？」

「爹，大丈夫一言既出，駟馬難追，您怎麼能食言而肥？」

「人家外國人可講的是契約，沒有契約就不算數。」楊仁插嘴。

「是呀！」楊通雙手一拍：「沒有契約的事兒洋人根本不認帳。這次我們和聯軍做生意也是訂了契約的。」

「那是洋規矩，我們中國可講的是一言九鼎。」龍從容說：「何況舉頭三尺有神明，做人不可以欺心。」

「這是你們龍家的庭訓，別人可不作興。」楊通撇撇嘴說。

「爹教我的是向前看，不要向後看。」楊仁幫腔。

「你們父子兩人都是秤鉤兒心！」龍從容氣得罵了一句。「小心報應！」

「娘，他們橫了心，別和他們理論。」文珍說著又哭了起來，龍從容陪著她流淚。

楊通、楊仁父子笑著走開，她們母女兩人相對而泣，楊通還暗中囑咐喜兒、傭人、車夫，不讓文珍出去。

文珍走後天行也十分難過。香君從老太太那邊過來看他，他獨自坐在那兒垂頭喪氣，不言不語。香君打量他一眼，倒給他一杯熱茶，雙手奉上，笑容可掬地說：

「喝杯熱茶暖暖心吧，別再難過了。」

天行不回答，也不接她手上的茶杯。香君笑著打趣：

「難道您讓我這樣罰站不成？」

「我氣飽了，不要喝茶。」天行向她揮揮手。

香君笑著把茶杯輕輕放在桌上，在他對面坐下，笑吟吟地說：

「小姐已經被您氣走了，您的氣也該消了吧？」

「我愈想愈氣！」天行恨恨地回答：「她瞞了我那麼久，到現在還想腳踏兩條船，把我當傻瓜？」

「哎呀！少爺，你冤枉了小姐！」香君急了起來，連忙解釋：「小姐才不是那種人呢！」

「這是她親口講的，我怎麼冤枉了她？」

「這是她試探您的，您怎麼認真起來？」

「那為什麼不早告訴我？一直瞞下來？」

「少爺，我說了她是怕您和老夫人煩心，所以她才自個兒忍受煎熬。她是啞子吃黃連，心裏苦得很，您卻優哉游哉，像沒有事人兒似的。」

「紙包不住火，最後還不是戳穿了！」

「少爺，這真是天大的誤會！您記不記得，小姐在牯嶺時就悶悶不樂的？」

「女人心，海底針，我知道她什麼事兒悶悶不樂？」

「就是這種鬼事兒呀！」香君兩手一攤。

「她真好涵養！」天行冷冷地說：「一直隱到現在。」

「那您就該知道小姐有多痛苦呀？」

「長痛不如短痛，以後她就不痛苦了。」

「少爺，您怎麼說橫話？」香君睜著眼睛望著他：「小姐被您氣回去後，真不知道她是怎麼痛苦的？」

「她回家之後，有彼得安慰她，她有什麼好痛苦的？」

「少爺，這您就不知道了。」香君細聲細氣地說：「上次我在姑奶奶家住了好幾天，彼得想見小姐一面都辦不到，他送小姐的那隻鑽戒，小姐不但沒有收，反而囑咐喜兒朝他臉上摔過去。現在您用這種態度對待她，她真會痛斷肝腸呢！」

天行根本不知道有這回事兒，現在突然聽香君說起來，不禁怔怔地望著香君，一句話也說不出來，眼中卻隱隱有淚。香君取下自己腋下的手絹遞給他，他也不知道伸手來接，香君把手絹在他眼前左右搖晃了幾下，他才輕輕歎了口氣，眼淚也隨之滑落下來。香君替他擦擦眼淚說：

「少爺，不是我說你，當時您怎麼那樣沈不住氣？小姐那樣體諒您，您就一點兒也不體諒她，一下子就把好事兒給弄僵了，這不是正中了姑老爺的圈套，使彼得撿便宜？這實在太不值得了？」

過了好半天，他才無可奈何地說。

「事情已經到了這種地步，我知道了又有什麼辦法？」

香君便將老太太同意「釜底抽薪」的辦法告訴他，他搖搖頭說：

「姑姑不潑不辣，辦不到。」

「即使不能完全辦到，也要使彼得那傢伙不能稱心如意。」

龍從雲和古美雲都從外面回來，聽說這件事都很詫異，龍從雲那天買骨董時見過彼得一面，受過他的奚落，所以印象很深。他把天行、香君都叫了過來，細問一遍，香君將前因後果說得十分詳細。龍從雲聽過之後十分生氣地說：

「如果妹夫真的這麼勢利，這門親戚不做也罷！」

香君聽龍從雲這麼說，顯得很緊張，她沒有想到主人會說出這樣的話來？她以為他不會善自罷休的。她望望天行，天行臉上彷彿罩著一片烏雲，一言不發。倒是天放憤慨地說：

「他不仁，我不義，不能這樣便宜了姑爹；尤其不能讓彼得那小子得意！」

「你還能和你姑爹一樣要賴？」龍從雲望著大兒子說。

「最少也應該找人評評理，討回公道！彼得那小子我不會放過他！」天放說：「不然人家會說祖父一死，我們龍家子孫就坍了臺。」

「這門親事，不是外人，我是胳膊斷了，往袖子裏藏，不想讓人家看笑話，你還想逞什麼英雄？」龍從雲說。

「可是這就苦了天行、文珍兩人。」老太太說。

「娘，那您的意思呢？」龍從雲問。

「不能就這樣算了。」老太太搖搖頭說：「不過……不到萬不得已，我也不想撕破這張老臉皮。」

「那怎麼辦呢？」

「我要先叫從容回來問問虛實，再作道理。」

龍從雲立刻打發卜天鵬去請妹妹回來。

「今天我還碰見姑老爺，聽說他這兩筆生意都很順手，的確發了大財。」古美雲說。

「他的腰桿兒粗了，才不想承認這門親事。」龍從雲說。

「我倒沒有聽他說過。」古美雲說：「這是親上加親，照理他不能這樣做。」

「他有奶就是娘，又會扯著何仙姑叫二姨，有什麼事兒不能作的？」龍從雲說。

「要不要我勸勸他？」古美雲問。

「現在還不必妳出馬。」龍從雲搖搖頭：「我倒想看看他怎樣自圓其說？」

「他臉皮厚，嘴皮兒薄，自然會編出一大套歪理來。」老太太說。

「姑爹無非是仗著司徒威做靠山，現在聯軍快走了，這又是我們兩家的私事，我就是揍了彼得那小子，洋人總不會再派兵來！」天放說。

「現在還沒有水落石出，你不要冒冒失失。」龍從雲說。

「爹，現在這個世界變得霸道起來，勢利起來了，我看我們家的這種揖讓之風，是要處處吃虧的。」天放說。

龍從雲看看兒子又望望母親，老太太卻望著孫子笑道：

「和洋人打交道我們這種作風恐怕是要吃虧的？但你姑爹是自己人，我們總不能和他一樣暴發戶小家子氣？」

「還得加上二毛子氣！」天放說：「姑爹已經忘本，他忘記了他是怎樣爬起來的？要不是祖父當年處處關照、大力提拔，他那有今日？」

「虧你還記得這個故事，我倒忘了！」老太太自嘲地說。

卜天鵬陪著姑奶奶進來，龍太太也緊跟在後面。龍從容一進門就問：

「娘，您找我有事？」

「是，」老太太點點頭，又問：「妳知道是什麼事兒嗎？」

「是不是文珍和天行的事兒？」龍從容望了天行和大家一眼說。

「總算妳還醒著說話。」老太太說。「我問妳：楊通到底安的什麼心？打的什麼主意？」

「娘，他的為人您又不是不知道？」

「他的為人我自然知道，可是這件事兒妳從來沒有提起過？」

「娘，起先他葫蘆裏賣什麼藥？我的確不知道，所以我不敢亂猜，也不敢亂講。」

「妳這已經不是第一次瞞我了。」

「娘，以前那檔事兒有危險，所以他不准我講，我也不敢講。」

「現在這檔事兒該沒有危險了？」

「為了文珍和天行的事兒我也和他吵了一頓，文珍更傷心，可是他好像是鐵石心腸。」

「照妳這樣說來，他是打定主意賴婚了？」

「娘，現在我可以告訴您，他是有這個意思。」

大家都一怔，古美雲不大相信，望著龍從容的臉上說：

「姑老爺真有這個意思？」

龍從容紅著眼睛點點頭。

「這真是想不到的事兒！」古美雲說。「這不是一代的親，這是兩代的親，他怎麼做得出來？」

「文珍說他過河拆橋，他連臉都不紅一下，這種人妳有什麼辦法？」

「妹子，我倒不稀罕他這種親戚，可是娘不忍心讓天行、文珍受苦，妳看妳有什麼法子？」龍從雲說。

「二哥，您知道妹子潑不起來，對付你妹夫那種人，除了又潑又辣以外，還有什麼辦法？」龍從容說。

「難道妳對彼得那個小子也沒有辦法嗎？」老太太問她。

「娘，您說有什麼辦法？我照著辦就是了。」

「妳不讓他進門行不行？」老太太問。

「娘，他們父子兩人捧著他像捧著鳳凰蛋似的，我一個人擋得住嗎？」

「妳不會用大掃帚把他掃出去？」老太太說。

「娘，從小兒您就沒有教我這一招呀！」龍從容向老太太苦笑。

大家也被她這句話逗得笑了起來。老太太也又氣又好笑，忍不住罵她：

「沒有出息！難道樣樣都要我教？妳自己就不會動動腦筋？」

「娘，自幼兒您就教女兒唸女兒經、〈朱子家訓〉、四書、五經，現在女兒年紀大了，腦筋更轉不過來，怎麼一下子會動歪腦筋？」龍從容一臉苦笑。

「這樣說來，我倒反而把妳教壞了？」老太太生氣地說。

「娘，您倒沒有把我教壞。」龍從容擦擦眼睛說：「只怪女兒生得笨，愈教就愈笨了。」

老太太搖頭歎氣，龍太太接著說：

「姑姑，妳不理彼得，也不讓他和文珍接近，這該辦得到吧？」

「平時要我板著臉不理人，真是一件難事兒；不過為了天行和文珍兩人，我就學著做惡人好了。」

蝶仙被她說得掩嘴一笑。老太太又搖搖頭。

「不過依我看，還是早點兒選個日子讓他們兩人成親，免得夜長夢更多。」龍從容說。

「妳辦得到嗎？」老太太問她。

「我是辦不到，不過總得早些想個法子託人送個帖兒過去，也好將他一軍。」

老太太和龍從雲夫婦考慮了一會，最後還是老太太說：

「不是十拿九穩的事兒，我們不能去碰一鼻子灰。」

「乾娘，我願意去試試。」古美雲自告奮勇地說：「當年狀元老爺也在場，姑老爺總不能不認帳？」

「美雲，現在也只有妳這一著棋了，看妳能不能將他一軍？」老太太說。

「乾娘，我會盡力而為，等你們選好了日子我就去。」古美雲說。

「我看要等妳說好以後再選日子，不然那是白費心思。」老太太說。

古美雲同意，大家議定之後，龍從容就告辭，老太太對她說：

「我是鞭長莫及，妳自己可得隨時留意，不要被他們父子兩人賣了，妳還睡在鼓裏。」

龍從容望著母親尷尬地笑笑，隨後又說：

「娘，當初您大概沒有向觀音大士許好願，才生下我這個笨女兒，現在還害得您老人家為文珍的事兒操心。」

「妳也不是笨，就是心慈面軟，在妳眼睛裏面個個都是好人。人家給妳一根棒槌，妳就當做繡花針，人家貓兒哭老鼠，妳就真的掉眼淚！」

老太太說得大家好笑，龍從容也苦笑說：

「娘，人無前後眼，就算您是如來佛，當初您也上過當。」

「我上過誰的當？」老太太反問女兒。

「當初您答應把我許給楊通，還不是信了他的甜言蜜語？」

老太太也尷尬地一笑，自怨自艾地歎口氣說：

「當初他人上托人，好話說盡，我看他胖乎乎的，規規矩矩，以為他真是個老成人，想不到日子一久，他就露出狐狸尾巴，現出原形？」

「娘，他既翻過了您的手掌心，我還有什麼法寶罩得住他？」

「容姐，妳也不要長他的志氣，妳也可以拿拿主意。」古美雲笑著對她說。

「美雲，我只能盡力而為，我看這要仰仗妳扭轉乾坤了。」

古美雲聽她這麼一說，頓時感到身上突然增加了千斤重擔，搖搖頭笑說：

「容姐，妳這麼一說，我真吃不下飯、睡不著睡了。我那有這麼大的能耐？」

「雲姑奶奶，妳見的場面多，瓦德西妳都能說服，姑老爺當然也不在話下啦。」蝶仙說。

「蝶仙，妳估計錯了！」古美雲笑著說：「說真格的，我不怕和洋人辦交涉，我倒怕和我們自己人打交道，尤其是姑老爺那種厲害角色。」

「雲姑奶奶，您可不能洩氣，少爺和表小姐的事兒要靠您成全了。」香君說。

「香君，妳先別給我戴緊箍咒兒，」古美雲向香君笑道：「我知道妳們的感情好，天行文珍兩人更不必說，我盡力而為就是。」

「少爺，您還不謝謝雲姑？」香君碰碰天行說。

天行望著古美雲尷尬地笑笑：

「雲姑，我真不知道怎麼說好？」

「天行，你不說我也知道，你的事就是我的事，不必客套。」古美雲笑著回答。「我也希望姑老爺給我一點兒面子？」

龍從容邁步要走，她忽然對天行說：

「天行，你送我一陣。」

天行陪她出來，緊跟在她身邊，她悄悄對天行說：

「你可千萬不要誤會文珍，她是一心向著你的。怪只怪你姑爹和表哥，就是他們父子兩人招神惹鬼。」

「姑姑，我氣的就是鬼迷熟人。」天行說。

「當時你不該那麼衝動，你氣他們父子兩人，你卻傷了文珍，她回家時哭得好傷心。」

「姑姑，她也不該故意逗我。」

「你不知道她的真意，那只是試試你，你怎麼當真？」

「姑姑，別再說了，我心裏也很難過。」天行也眼圈一紅，含淚欲滴。

「她比你更難過，她很後悔賭氣跑回家去。你要不要和我一道去看看她？」

「我不能去？」

「為什麼？」

「我對表哥說了氣話，我不要他再來我家，當然我也不會過去。」

「難道你們表兄弟就這樣斷絕來往了？」龍從容望著姪兒。

「姑姑，這要看他？」天行也望著姑母：「不過我看表哥是不想要我這門親戚了。」

「你不要上了他們父子兩人的當！」

「姑姑，我還能厚著臉皮去求他們？」

「你現在不妨將就一點兒嘛，等你和文珍成親以後，一切不都好說了！」

「姑姑，我不是姑爹表哥那種見風使舵的人，我辦不到。」天行用力搖頭。

「你這孩子，你總不能把事情弄得太僵？萬一真的砸了，還不是苦了你們自己？可傷不到他們父子兩人，反而便宜了彼得！」

「姑姑，那我也只好認命，我決不會向他們那種人低頭。」

「孩子，這不但會苦了你自己，也會苦了文珍！這是你們一輩子的事兒！」

「如果姑爹一頭倒向司徒威，又認為我不如彼得，那我也只好苦一輩子！」

「孩子，你怎麼這麼倔？」

「姑姑，這不是倔，這是做人的骨氣。人要是沒有一點兒骨氣，就唯利是圖，什麼事兒都做得出來。」

龍從容搖搖頭，歎口氣，望著他說：

「孩子，你真的一點兒也不能遷就？」

「姑姑，我要是為了文珍遷就姑爹，向他討好賣乖，那我就不是龍家的子孫了。」

龍從容望著他半天說不出來話來，終於歎口氣含著眼淚離去。

回到家裏，她就立刻到女兒房裏來，文珍正愁眉不展，看她回來，突然高興起來，連忙迎著她問：

「娘，外婆找您去有什麼事兒？」

「還不是為了妳和天行的事兒？」

「外婆怎麼說？」

「外婆要我不讓彼得進門。」

「娘，本來您就不該讓他進來！」

「妳看，妳也這樣說？你爹和你哥哥狼狽為奸，娘單拳難敵雙手，這怎麼辦得到呢？」

「娘，您總是什麼事兒都辦不到！所以爹就把妳吃定了！」文珍揉揉她，艾怨地說。

「娘雖然辦不到，雲姨可答應了向妳爹作說客。」

文珍滿面愁容又突然散了，頓時開朗起來，她想古美雲能說會道，最近還幫了爹一個大忙，包了聯軍一半的生意，爹應該會買她這個人情！

龍從容看文珍高興起來，隨後才向女兒說：

「現在就看雲姨的了。」

「娘，您也該拿定主意呀！」文珍說：「這種事兒也不能專靠雲姨。」

「娘何嘗有三心二意？」龍從容向女兒苦笑：「娘還不是和妳一樣向著天行的！」

「娘，他自己怎麼樣嘛？」文珍關心地問。

「他還不是和妳一樣難過？他氣的是妳爹和妳哥哥，不是妳。」

「那他為什麼那樣傷我？」文珍嘴兒微微一嘟。

「妳又為什麼那樣逗他？」龍從容望著女兒說。

「我看他沒事人兒一樣，自然想氣他一下。」文珍又不禁展顏一笑。

「妳這孩子，妳可氣出一場大風波來了！」龍從容微微白了女兒一眼：「是吉是凶？現在還不知道？」

「他也不能老是沒事人兒一樣，他也應該有個主意呀？」

「他不是沒有主意？他倒是個真有主意的人。」

「娘，他有什麼主意？」文珍急切地問。

「我要他向你爹遷就一點兒，他說他決不會向妳爹這種人低頭！」

「好，他倒有骨氣！」文珍說著竟哭了出來。

「你不要怪他，他是有骨氣，不像你爹和你哥哥那兩個哈叭狗兒。」

「娘，您還要護著他？」文珍身子一扭，把背向著母親。

「不是娘護著他。」龍從容把女兒攀過來，輕言細語：「娘和他單獨談過，他心裏很明白，也沒有動氣，可是立場卻站得很穩，這才像個男子漢。」

「娘，他像個男子漢，我像個什麼嘛？」文珍流著眼淚說。

「妳是我的好女兒！」龍從容拍拍她：「不像妳哥哥那個兩頭蛇。」

「那我就該受苦受難了？」

「如果真的受苦受難，也不止妳一個人。天行和妳一樣。娘也不好過。這就是妳老子造的孽了！」

「哥哥也是幫凶！」文珍又哭了起來。

「不要難過，還有雲姨這一線希望。」

文珍擦擦眼淚，她真的把一切希望寄託在古美雲身上。她天天盼望古美雲過來，等了好幾天都不見古美雲的蹤影，她坐立不安，心急如焚。她要喜兒出去探望，喜兒總是哭喪著臉回來，有一次她向文珍抱怨說：

「小姐，那裏有個什麼雲姨、風姨的？是不是妳想念表少爺想出毛病來了？」

「妳胡說些什麼？」文珍罵她：「雲姨是我外婆的乾女兒，是許欽差許狀元的夫人，我娘說她要來，我還會騙妳？」

「小姐，您那個雲姨來幹嘛？」

「這是大人的事兒，妳不必多問。」

「小姐，我真想不透，上次彼得送妳那麼漂亮珍貴的鑽戒，您怎麼不要呢？」

「誰知道那是他從那家搶來的東西？我才不稀罕呢！」

「小姐，彼得怎麼會搶人家的東西呢？」

「這次洋人搶的東西可多著呢！誰知道他是從那個洋人手上拿來的？」

「就算他是從洋人手上拿來的，他送給了妳，這還不是回到我們中國人手上來了？妳怎麼又不要呢？」

「我不要他的髒東西！」

「小姐，那隻鑽戒乾乾淨淨，閃閃發亮，我還擦了幾遍，一點也不髒呀！」喜兒比手劃腳地說：「可惜他不是送給我。」

「他要是送給妳又怎樣？」文珍故意問她。

「我就馬上戴起來？」喜兒搖頭晃腦地說。

文珍突然發現一對綠耳墜兒在喜兒的頭髮下面一晃，她把喜兒叫到跟前，用手托起那對綠耳墜兒瞧瞧，發現是一對綠玉的，便笑著問她：

「妳是什麼時候有這對綠耳墜兒的？」

「妳上次去外婆家的時候。」

「妳買的？」

「不是，」喜兒笑著搖搖頭：「小姐，我怎麼買得起這麼貴重的東西？」

「偷來的？」文珍故意激她。

「小姐，我跟妳這麼多年，從來沒有偷過一樣東西，妳可不能冤枉我呀？」喜兒急得滿臉通紅。

「不是買的，又不是偷的，難道是天外飛來的？」

「都不是。」喜兒笑著搖搖頭，十分得意地說：「小姐，妳猜猜看？」

「不是買的，不是偷的，也不是天外飛來的，那就是馬路上撿來的了？」文珍望著她說。

「也不是，」喜兒又搖搖頭，綠耳墜兒晃來晃去：「小姐，妳再猜猜看？」

「那就是我哥哥在荒貨攤兒上撿便宜，買來送妳的？」

「小姐，妳真會說笑話兒！」喜兒嗤的一笑：「少爺平日連正眼也不瞧我一下，他怎麼會送我綠耳墜兒？」

「這也不是，那也不是，那就是神仙送妳的了？」

「小姐，我聽說有過什麼柳神仙，時常去妳外婆家，可是我無福見到他，他怎麼會送我這種東西？」

「說不定是什麼老狐仙看上了妳，放在妳枕頭底下的呢？」

喜兒笑了起來，又笑又說：

「小姐，我也聽過不少狐仙故事，說狐仙會變人，母的變美女，公的變美男子，他要是看上了什麼小姐、公子，是會送很多貴重的東西的。可是我就沒有這麼好的運氣，做夢也夢不到什麼狐仙會送我東西？」

「那妳這對綠耳墜兒到底是怎麼來的？」

「小姐，說來恐怕你也不會相信？」喜兒故意賣個關子。

「妳說出來我就會信。」文珍笑著鼓勵她。

「小姐妳聽著！」喜兒湊近文珍的耳邊，輕輕地說：「是彼得送我的！」

文珍聽了一怔，隨即冷靜下來，笑著問她：

「他什麼時候送妳的？」

「就是妳那次要我把鑽戒退還他，他才送我的。」

文珍打量了她一眼，看她還很得意，又問她：

「上次我要妳把鑽戒朝他臉上摔去，妳摔了沒有？」

「小姐，俗話說：『伸手不打笑臉人。』他還送了我綠耳墜兒，我怎麼好意思摔他？」

「沒有出息的眼淺的東西！」文珍氣得罵了一句：「他一副綠耳墜兒就把妳收買了。」

「小姐，彼得也沒有惡意嘛！」喜兒委屈地說：「我不像妳，我從來也沒有見過這麼貴重的東西，更別說有人送我了。」

「還說沒有惡意？他是黃鼠狼向雞拜年，妳知不知道？」文珍指著她的鼻尖說。

「小姐，他又沒有打我的壞主意，還有什麼惡意？」喜兒嘟著嘴說。

「真氣死人了！」文珍紅著臉說：「他是在妳身上打我的壞主意，妳明不明白？」

「小姐，他直接和您打交道不是更好？為什麼要兜我這個圈子呢？」

「我不理他，妳知不知道？」

「小姐，我看彼得身上沒有羊騷味兒，人也很好，您為什麼不理他呢？」

「氣死我了！遇到妳這個渾人，真的氣死我了！」文珍身子發抖，眼淚直流。

「小姐，不要哭嘛！這有什麼好氣的？既然老爺、少爺都看中了彼得，一定有他的道理。

喜兒靠近文珍，伸手拍拍她。文珍一下把她推得退了兩三步遠，她不但沒有生氣，反而笑著說：

「小姐，看妳平日一陣風兒一口氣兒都吹得倒似的，怎麼一下子有這麼大的力氣？」

「去，去，去！妳跟我滾出去！」文珍哭著叫了起來。「妳這個吃草長大的東西！」

「出去就出去嘛！」喜兒一面走，嘴裏一面嘀咕：「真是好心沒有得到好報！我看一定是中了邪，出了什麼毛病兒？」

第二十六章 楊通絕情更絕義 美雲傷感亦傷神

古美雲因為忙著勸瓦德西早些撤軍，勸克林德夫人不要在和約上刁難，沒有功夫去找楊通談文珍的事兒。等到聯軍一走，和議成功了，她才和楊通約了一個地方兩人密談。

楊通因為她的關係，也在軍糧方面賺了大錢。他以為古美雲找他是向他要回扣，所以一見面就交給她兩千大洋的銀票。古美雲擺在桌上沒有收下，她笑著對他說：

「姑老爺，我不是來向您拿回扣的。」

「雲姨，那是什麼事兒？」楊通以為還有什麼好機會，滿臉堆笑地問。

「是一件您想不到的事兒。」古美雲故意賣個關子。

「聯軍走了，還有什麼新鮮事兒？」

「聯軍再不走，你的金銀財寶真沒有地方放了。」古美雲望著楊通胖乎乎紅冬冬的臉一笑。

「託福！託福！」他向古美雲笑著拱拱手。

「姑老爺，你這是託洋人之福，不是託我的福。」

「妳和司徒威都幫了我的忙，讓我和了一個雙龍抱。」楊通得意地笑了起來。

「真沒有想到，洋人打進京，連老佛爺和萬歲爺都落了難，倒替姑老爺打開了金銀窖？」古美雲也望著他好笑。

「雲姨，三十年河東，三十年河西，六十年風水輪流轉，他們坐了那麼久的金鑾殿，也該我們老百姓走幾天運了。」

「可是老百姓比他們更倒楣！就以您岳家劉嬤嬤來說，她丈夫死了，茅屋也燒了，自己也被蹧塌了，最後還留下一個孽種，您說冤不冤？慘不慘？」

「這我倒是第一次聽見妳講。」

「三哥的情形您該知道？」

「這倒清楚。」

「他們幾代人的心血都毀於一旦了。」古美雲歎息說：「尤其是萬寶齋的骨董字畫，再也買不回來。」

楊通不作聲，古美雲輕輕問他：

「您有沒有買到什麼稀世之寶。」

「我是外行，那些破銅爛鐵我怎麼認得出來？」楊通哈哈一笑。

「三哥不是請您先給他看看嗎？」

「二哥也真是的，白花花的大洋他不賺，反而去關心那些破銅爛鐵，這不是找倒楣？」

「如果真是你說的破爛，怎麼洋人到處搜刮？司徒威也忙於收購呢？」

「洋人好奇嘛！」楊通輕輕地說：「還不是像看妳們女人的小腳，我們男人的尿壺一樣？」

「不是好奇。」古美雲搖搖頭：「這也和我們女人的小腳，你們男人的尿壺不一樣，我知道他們很愛古物，更懂得保存。」

「我可沒有那種閒情逸致，我都交給司徒威運走了。」

「那裏面可能真有稀世之寶呀！」古美雲差點叫了起來。

「就是司徒威不轉手運走，那些外國大兵也會隨身帶走，誰敢截下來？」

「既然你這麼說，那二哥也就無話可講了！」

「他本來就是狗拿耗子，關他什麼事兒？」楊通望著古美雲冷笑。

「那我就談一件與他有關的事兒好不好？」古美雲望著他臉上說。

楊通也望望她，揣摩了一會，隨後又淡然地說：

「雲姨，有什麼事兒他不好和我直講，反而要勞妳的駕呢？」

「這倒不是他託我的，是我自討的差事。」古美雲也雲淡風輕地說。

「那我就洗耳恭聽好了。」

「姑老爺，您這次接文珍回家，是不是另有用意？」

「沒有啦，」楊通搖搖頭：「文珍已老大不小了，怎麼能老是住在那兒？」

「其實文珍也可以過門了，遲早是要去婆家的。」

「還早，還早。」楊通乾笑：「我還沒有考慮這件事兒。」

「姑老爺，我們也不算外人，您可不可以和我講句真話？」

「雲姨，我講的是真話呀！」

「姑老爺，恐怕您話中有話吧？」古美雲望著他臉上直笑。

「雲姨，妳是不是聽到什麼流言？」楊通反問。

「不錯，」古美雲點點頭：「不過我倒希望是假的。」

「不假，是有這回事兒。」楊通忽然臉一沈說。

古美雲一怔，她想不到他真是這種人。

「你們兩家是親上加親，又沒有失和，那是什麼原因呢？」

「雲姨，這就很難講了。」

「我是第三者，是站在中間的立場，您不妨講給我聽聽。」

「雲姨，我知道妳是見過世面的，妳當然知道現在的世界是在變了。」

「世界的確在變，我在外國待了幾年，當然知道。」

「這很好，不然我們就沒有辦法談了。」

「不過我覺得文珍和天行的婚姻可不能相提並論？」

「那又為什麼？」

「理由很多，我不講姑老爺當然也很明白。」

楊通沒有作聲，他望望古美雲，古美雲笑著問他：

「姑老爺，我先請教一下：男婚女嫁，最重要的是什麼？」

「當然是人。」楊通立刻回答。

「您是不是認為天行不好？」

「我也不能說他不好，不過我覺得他趕不上潮流。」

「他還年輕得很，怎麼會趕不上潮流呢？」

「雲姨，他古書唸得太多，腦筋轉不過來。像王進士那樣的人是沒有用的。」

「他古書雖然唸了不少，可不是王進士那一流人物呀！」

「即使不像王進士，也不過是二舅一流人物。」

「二哥又有什麼不好呢？」

「二舅是個公子哥兒，風雅是很風雅，但是不識時務，不切實際。」

「二舅也不是不識時務，不切實際，不過他做人做事都講原則罷了。」

「講原則就不是什麼好事兒，要迎合潮流就要變通。」

「可是有些事兒就非講原則不可。」

「但是講原則就會吃虧。」

「怎麼會吃虧呢？」

「比方說，這次他如果肯辦軍糧，那不賺飽了？不是比買骨董強一百倍、一千倍？」

「他買骨董有兩層用意。」

「那兩層用意？」

「一是想買回自己的東西，二是想買到稀世國寶，免得流到外國去。」

「別說那是大海撈針的事兒，流不流到外國去與他又有什麼關係？」

「那是老祖宗的遺產，做子孫的自然應該維護，怎麼說沒有關係？」

「放著熱騰騰的餑餑不吃，抱著祖宗的靈牌討飯，那怎麼值得？」

「姑老爺，如果人人都像您這麼精明，那國家的事兒就沒有人關心了。」

「天塌下來有長子去頂，有傻瓜去問。我是生意人，俗話說，殺頭的事兒有人幹，賠本的生意可沒有人做。」

古美雲怔怔地望著他，沒有講話。她在外國住了幾年，上自德國皇帝、皇后，下至販夫走卒，她都接觸過，外國人雖然比中國人現實，但也有講道義的，像楊通這樣現實的人也未多見。過了一會兒她才說：

「姑老爺，二舅也是生意人，可是他是道地的中國人，中國做風啊！」

「雲姨，二舅的時代已經過去了，現在也不能關起門來做皇帝啊！要睜開眼睛看看外面的世界行事才是。」

「姑老爺，想不到您的思想倒新得很！」

「要想發達起來，就不能被爛草繩綑住自己的手腳。」

「一個人如果只顧目的，只顧自己，未必就是好事？」

「最少也不會吃眼前虧。」

「姑老爺，我看文珍的想法和您可不一樣？」

「她像外婆家的人，所以我才把她接回來，我不想她再受外婆家的影響。」

「也因為她受了外婆家的影響，所以她才像個大家閨秀呀！」

「雲姨，我說了我是生意人，我不想附庸風雅，大家閨秀的女兒，對我沒有什麼幫助，公子哥兒的女婿，對我也沒有什麼益處。」

「姑老爺，當初您是怎麼結這門親的？」古美雲望著他的臉上問。

「雲姨，彼一時也，此一時也。現在的世界和以前大不相同啊！」楊通坦然一笑。

「幾千年來不知改換了多少朝代，中國還不是中國人的世界？難道現在黑頭髮還能變成黃頭髮？黃皮膚還能變成白皮膚不成？」

「雲姨，以前只是我們關起門來做皇帝，現在可不成哪！我看這次和外國人訂的十二條款，今後連皇帝老子也得處處看洋人的臉色，一百年也翻不了身。」

「因此你就找好了司徒威當靠山是不是？」

「妳別說的這麼難聽哪，我承認我們是有生意上的利害關係。」

「因此您就想走馬換將，用那個二毛子彼得來取代天行是不是？」

「妳既然知道了，那我也不想否認。」楊通點頭微笑，毫不在乎。

「那您怎麼向老太太、二舅、天行他們三代人交代？」

「這種事兒也打不起官司告不起狀，大不了彼此不來往就是了，還要什麼交代？」

古美雲望了他半天，看他滿面紅光，腦滿腸肥的樣子，想不到他會這樣絕情？

「您也不考慮姑奶奶的處境？」古美雲又問。

「這妳放心！」楊通胸有成竹地冷笑：「龍家的家教要她逆來順受，她是不會放潑或者上吊的。」

「那文珍呢？」

「在家從父，出嫁從夫。現在她也不能不聽我的。」

「怎麼這你又不學西洋時髦了？」

「該學的就學，不該學的不學，全看利害而定。」

「據我所知，文珍不但不愛彼得，還很討厭他，您一點兒也不考慮她的終身幸福嗎？」

楊通聽了古美雲的話笑了起來，他望著古美雲說：

「我的雲姨，我們中國自古以來，這麼多夫妻，有幾對是兩廂情願的？又有幾對是男歡女愛的？女人只要一入洞房，不愛也得愛了！」

古美雲一時答不上話來，她知道中國婚姻一向是父母之命，媒妁之言，不像西洋人有什麼自由戀愛的，只有休妻，沒有離婚這樁事兒。她紅著臉怔怔地望著楊通，楊通十分得意，又接著說：

「俗話說：『貧賤夫妻百事哀。』女人只要吃得飽，喝得足，就很幸福，這一層我早替她想到了。」

「她嫁天行是現成的少奶奶，不更幸福？」

「據說姑表結婚會生白癡，不但不會幸福，還會遺害下一代？」

「您聽誰說的？」古美雲笑了起來。「自古以來，我們中國人姑表結婚的多的是，歐洲王室也多是姑表結婚，可沒有那個是白癡。」

「我看天行既不是做官的料，也不是生意人，坐吃山空，只怕好景不常。」

「姑老爺，瘦死的駱駝比馬大，天行也絕不會是敗家子。他有學問，有志氣，您何必耽這個心？我也實在看不出來他那一點不如那個彼得？」

「他讀多了古書，揹多了包袱，一根爛草繩都會把他綑死。」

「姑老爺，您看錯了。」

「我怎麼看錯了？」

「天行不是王進士那個青石板腦筋，他還向柳老前輩學了不少真東西，他不會食古不化，他提得起，放得下。他有力量揹包袱，一根爛草繩也綑不住他。」

「彼得可不一樣。」

「他不是中國人？又有什麼兩樣？」

「他雖然是中國人，他腦袋裏裝的可不是中國東西，他不會揹中國包袱。」

「難道他是洋腦袋。」

「也可以這麼說，因為司徒威教他的全是外國東西，什麼事兒他都會放手去做，他不會畏首畏尾，城牆也擋不住他，何況他還是司徒威的養子？」

「您如果看中了彼得是司徒威的養子，又有錢有勢，我沒有話說；如果彼得真的知進而不知退，唯利是圖，未必就是好事？」

「我如果畏畏縮縮，瞻前顧後，那有今天？」

「有些事兒是人算不如天算的。」

「我可不信邪。」楊通笑著搖搖頭。

「那您也不承認您當年說過的話了？」

「什麼話呀？」他若無其事地笑著反問。

「當年你當著先夫和王進士他們面前答應天行、文珍兩人的婚姻呀！」

「雲姨，當年妳可不在場呀。」

「可是我聽先夫親口說過。」

「那不過是酒酣耳熱後的一句戲言，何必當真？」楊通輕輕一笑。

「姑老爺，您結識司徒威、彼得之前這麼些年，您怎麼不說那是一句戲言？」

「當時他們還小。」

「現在您的腰桿兒粗了，有了新靠山了是不是？」

「雲姨，我不想和妳耍嘴皮子，我重的是事實。」

「姑老爺，這樣說來，您是真的要棒打鴛鴦了？」

「他們還沒有拜堂，怎麼算得上是棒打鴛鴦呢？」

「說您毀約總該沒有錯吧？」古美雲望著他冷笑。

「這我倒不在乎。」他也笑著回答。

「那就沒有什麼話兒好講了。」

古美雲兩手一攤，站了起來，拿起放在桌上的兩千銀票，笑著對楊通說：

「姑老爺，本來我不想要這兩千銀票，今天向您學了不少，也使我聰明起來，不拿白不拿，您說對不對？」

楊通兩眼望著銀票，沒有作聲，似乎也有些捨不得。古美雲把銀票放進小香袋裏，又對楊通說：

「不過程慶餘程老闆送給我的可是五千銀票，還有三千銀票我就看在乾娘和二哥的面子上，讓給姑老爺好了。不過世界上的錢是賺不完的，也帶不進棺材去，姑老爺，您說是不是？」

古美雲看了楊通一眼，不等他回答，就一笑而去。

楊通卻在她背後拋出這樣的話來：

「妳要知道：大丈夫不可一日無權，小丈夫不可一日無錢。人只要有一口氣兒在，誰不要錢，誰不愛錢？」

古美雲聽見他的話，卻不再理他。她雖然拿了楊通兩千銀票，可是心裏實在很懊惱！她不知道怎樣去向老太太交代？更替天行、文珍難過。這麼好的一對姻緣，竟硬被楊通拆散，這真是他們兩人一輩子的憾事！

她回到龍家，大家都把眼睛望著她，使她有點發窘，她搭訕地對老太太說：

「乾娘，今天我總算認清楚姑老爺這個人了。」

「他到底怎樣？」老太太問。

「乾娘，您叫我怎麼說好呢？」古美雲同情地望了天行一眼說。

「一是一，二是二，妳就直說吧！」老太太說。

「乾娘，姑老爺真是司馬昭之心！」古美雲說。

大家聽了突然靜默下來，鴉雀無聲，空氣像冰凍了一樣。過了很久，老太太才慘然一笑說：

「他連我這張老臉皮也不顧了？」

「乾娘，他自己的臉都不顧，還顧您的？」

「美雲，他是怎樣自圓其說？」龍從雲問。

「他講的都是歪理，我不必再說，也免得您生氣。」

「妳倒是說說看？他為什麼要這樣做？也應該使我們口服心服才是。」龍太太說。

「二嫂，我都不服，妳怎麼會服呢？」

「以後他也不打算再見我們了？」龍太太問。

「我看他是早有這種打算。」

「他不要再見我們，我才真不要見他呢！」龍從雲說。

「做人做到這種地步，那還有什麼意思？」蝶仙說：「我們雖是下人，也不會這麼下作。」

「那二少爺和表小姐怎麼辦嘛？」香君急得滿臉通紅說。

「傻丫頭！那也不是一刀兩斷？」龍太太望著香君說。

香君哭了起來。天放憤憤地說：

「我們不能這樣便宜了姑爹！」

「新鞋不踩臭狗屎！你還想去惹騷惹臭？」龍從雲瞪了大兒子一眼。

「爹，姑爹就是看清楚了我們龍家這個弱點，所以他才敢做這種混帳事。」天放說。

「天放說得不錯，」古美雲說：「姑老爺對二哥瞭解得很清楚。」

「美雲，難道為了這件事兒，我們也能學他一樣無賴？」

「我們被他打了這一悶棍，總不能不哼一聲？」龍太太望著丈夫說。

「難道我還去和他打官司告狀不成？」龍從雲望著太太說。

「二哥，姑老爺老早料到你不會打官司告狀。」古美雲向龍從雲說。

「美雲，那我們不是被他將住了？」龍太太說。

「二嫂，這事兒是不大好辦。要是鬧起來，容姐更會左右為難。」

「要是捏著鼻子喝這一盅，我心裏也不是味道。」龍太太說：「我的兒子是那一點不如那個野種彼得？」

「二嫂，這話我也說過。」

「那他憑什麼要做這種混帳事？」

古美雲不能再瞞，只好原原本本說出來。龍太太更氣，冷笑一聲說：

「哦，原來他早已拉著何仙姑叫二姨啦！」龍太太一面說一面望望老太太：「娘，姑老爺現在用不著我們龍家了，還反過來倒打我們一釘耙，您看我們是不是認了？」

老太太感到十分為難，不知如何是好？天放看老太太又惱又窘，心裏更氣，他悄悄走到前面找卜天鵬，告訴卜天鵬這回事兒，卜天鵬不大相信，反而笑說：

「親上加親，這怎麼可能？」

「這是千真萬確的事兒，我怎麼會騙您？」天放急著說：「連老太太也氣得沒有主意。」

「要是真有其事，姑老爺也太不像人了。」卜天鵬說。

「我真想去向他討回公道，可是我是晚輩，不好下手。」天放說。

「這你倒不必著急，」卜天鵬拍拍天放的肩說：「如果姑老爺真像你說的一樣？我卜天鵬自會向他討回公道。」

「不信你可以去問雲姨。」

「她怎麼知道？」

「是她和姑爹當面說的。」

「那我會問她，我不能相信你的片面之詞。」

「如果我說的不假，您又怎樣？」

「姑老爺有姑老爺的開門計，我自然也有我的跳牆法。」

「我實在嚥不下這口氣！」天放憤憤地說：「您的跳牆法能不能先告訴我？」

卜天鵬莫測高深地一笑，沒有回答。

天放走後，天行看大家都窘在一起，沒有話說，他便帶著香君回到自己的房間。聽了古美雲的那番話之後，真正最難受的是他。但他自始至終一言未發。一回到房內他就問香君：

「妳見過彼得那個二毛子沒有？」

「見過。」香君點點頭。

「大約大你兩、三歲。」

「他多大年紀？」

「長得怎樣？」

「瘦竹竿兒，鷹眼、鷹鉤鼻，兩片薄薄的嘴皮子，很有心計，看起來就是這副德性。」

「好一個吃人不吐骨頭的東西！」

「少爺，你會看相？」香君兩眼望著天行說。

天行看過《麻衣》、《柳莊》、《冰鑑七篇》、《人倫大統賦》、《相理衡真》……許多人相書籍，他一聽香君說完就有這種印象。但他沒有回答香君。香君看他不作聲，又急著說：

「照你這樣說來，那小姐真是碰著鬼了？」

「姑爹這樣做不但使我難堪，對文珍更是虐待。」

「少爺，您們對付姑老爺那樣的人，真是太君子了！依我看，如果您們來硬的，把小姐搶過來，立刻給您們兩位成親，姑老爺也就沒有戲唱了！」

「香君，我們詩禮傳家，不是暴發戶，不是三塊石頭架一口鍋的人家，祖母和父親絕不會這樣做。」

「所以姑老爺看準了這一著棋，他才敢這麼下，您們一下子被將住了，成了輸家。我真替您和小姐抱屈。」

「姑爹說我們揹多了包袱，這一點不錯。」

「你們就不能摔下來？」

「祖宗的遺澤，摔那一樣好？」

「少爺，你也不能去揍彼得那小子一頓？」香君望著他，兩眼在他臉上打轉。

「揍他一頓那很容易，我相信兩個彼得也不是我的對手，但是揍了他問題並沒有解決。」

「出口氣也是好的呀！」香君大聲說。

「那我不成了義和團了？」

「少爺，那您也認了？」香君目不轉睛地望著他。

天行正在躊躇，他母親和古美雲一道走了過來，他母親對他說：

「天行，姑爹這樣做，我很生氣。要是依我的性子，我會派人去把文珍硬接回來，給你們成了親再說。」

「太太，我也是這樣想。」香君連忙接嘴。

「可是老太太和老爺不願這麼做，老爺更不想再有楊家這門親戚。」

「太太，姑奶奶還在，要斷也斷不了。」香君說。

「橋歸橋，路歸路，姑奶奶縱然斷不了，也會少來，楊通、楊仁父子是斷定了。」

「那表小姐怎麼辦？她是很冤的。」

「那也只能怪她老子絕情絕義，我們喜歡她也沒有辦法。」

「太太，少爺呢？」

「男子漢、大丈夫何患無妻？」龍太太望望兒子說：「別說我兒子一表人才，我們家也還沒有一敗塗地，只要我一放出空氣，上門求親的會多得是。」

「太太，只是少爺和表小姐的感情很深，這是很不容易斷的。」香君說。

「他姑爹既然如此絕情，那他也只好揮起慧劍斬斷情絲了！」龍太太一面說一面又拍拍兒子：「天行，不是娘心腸硬，要是娘做得了主兒，娘會叫卜師傅去把文珍硬接過來，讓你們成親；娘既做不了主兒，那你也只好受點委屈，不要為這件事兒消磨了志氣，讓你姑爹看笑話才是？」

「天行，我知道你的心情。」古美雲在他身邊坐下，輕言細語：「剛才大家也商量了一下，都不齒你姑爹的為人。如果講霸道，那是可以把文珍搶過來的。可是你祖母和你爹寧可自己受委屈，也不願意在別人面前逞強。」

「雲姑，這我知道，可是文珍會比我更苦。」天行說。

「天行，她爹橫了心，我們又有什麼辦法？」古美雲說。

「天行，雲姑已經盡了心，無奈你姑爹是個勢利小人，不念骨肉親情，你們兩人也只好認命吧！」龍太太望著天行說，話似安慰，語氣卻很堅決。

第二十七章 香閨劫傻人傻語

白日夢似幻似真

楊通一回到家裏，就將她和古美雲談話的情形告訴太太龍從容，龍從容聽後怔了半天，才流著眼淚對他說：

「你這樣絕情絕義，教我怎樣做人？文珍、天行又會是怎樣的心情？」

「這不簡單？」楊通向她冷笑：「妳要是沒有臉回去，不回去不就結了？」

「你說的倒輕鬆！我和娘家骨肉相連，我怎麼能斷的了這條路？」

「斷不了妳就去，我不會阻止妳。可是我決不准文珍再去。」

「妳太沒有良心了！你這樣逼我們母女，你會把我逼死，把文珍逼瘋的！」

「我很放心，妳死不了，文珍也不會瘋，時間會幫我解決問題。」

「你這樣沒有良心，你會不得好死！」龍從容氣得罵了起來。

楊通從來沒有聽她這樣罵過，也大聲向她吼叫，文珍從房裏趕了出來，龍從容摟著女兒又哭又說，文珍弄清楚了是怎麼一回事兒？更加傷心絕望，她淚流滿面地對楊通說：

「爹，您為什麼要做得這麼絕？您這樣一頭倒向司徒威，討好彼得，值不值得？」

「妳也教訓我？」楊通瞪了女兒一眼：「我過的橋比妳走的路多，值不值得？我比妳清楚。」

說過之後他就氣沖沖地走開，又吩咐下人小心門戶，還把喜兒叫到跟前，特別叮囑她：

「從今天起，妳要和小姐寸步不離，不許她出大門一步。要是小姐逃走了，我就要妳的狗命！」

「老爺，恐怕我一個人看不住？」喜兒戰戰兢兢地回答。

「大門口我另有吩咐，妳跟著她就是。」

喜兒唯唯諾諾。楊通賞給她一吊錢，喜兒又喜又怕，捧在手上不知道往那兒放好？楊通罵她：

「沒有出息的東西！還是存在我這兒好了，要用的時候再來向我拿。」

喜兒歡喜了一會兒，轉眼又落了空。她想她既然要守候小姐，那有空兒出去買什麼東西？就算抽著空兒，她也不敢向他要。她真後悔自己太笨，沒有想到先放進懷裏再藏到床底下瓦罐裏去，那就不會有人知道，用起來也方便多了。

喜兒回到文珍房間，她們母女兩人還在相對而泣。龍從容問她：

「剛才妳到那兒去了？」

喜兒結結巴巴，不知怎樣回答？龍從容罵她：

「看妳這樣笨頭笨腦我就生氣，妳要是有香君一半兒伶俐，小姐也不會這麼苦。」

「太太，當初您怎麼不給我換個腦袋？」喜兒傻乎乎地說。

「當初我要是知道妳這麼笨，我就不會收留妳。」龍從容說。

「娘，您和她說這些話沒有什麼意思，只怪女兒命苦！」文珍說著又哭了起來：「連一個丫頭也是不通氣兒的。」

「別難過，娘會再給妳找一個好的。」

「娘，您就是再找一個仙女來我也沒有福氣消受！」文珍又哭了起來。

「妳也不要想得這麼絕，或許老天爺會可憐我們母女，還有轉機也說不定？」

「娘，您也別盡往好處想，老天爺才不管我們這檔事兒。爹是鐵石心腸，他是不會改變主意的。除非二舅和天行也像外公一樣，立刻當上尚書，發筆大財，不然爹是不會回心轉意的。」

「就是真有這麼一天，也不能再上妳爹的當，被他利用。」

「那不更絕了！」文珍又淚如泉湧。「娘，您現在該做的是不讓彼得那東西進門，要是他進來了也要用大掃帚把他掃出去！」

隨後她又轉向喜兒說：

「妳要是再收彼得的東西，我會告訴娘砍斷妳的手！」

「小姐，上次我已經說過您不會收他的禮物，他不會像我一樣笨，當然不會再送了。」喜兒說。

「妳最好告訴他，說我不許他進我家的門。」

「小姐，老爺、少爺帶他來，那又怎麼辦？」

「妳別管老爺、少爺的，妳告訴他，說我不許他進門就是了。」

「小姐，妳這樣做，不是兩頭都落空了？」

「這不關妳的事兒！」文珍瞪著喜兒說：「我落空了又怎樣？最好妳去頂這個缺！」

喜兒笑了起來，邊笑邊說：

「小姐，您真會說笑話兒，要是我能頂您這個缺，不管頂那一邊，我都高興死了，可惜我沒有這個福氣。」

文珍又氣又哭又好笑，龍從容也氣得罵喜兒：

「妳真是個渾蟲，妳還不給我滾出去？」

喜兒顯得左右為難，站著不走，文珍又喝叱她：

「妳還不出去？」

喜兒滿腹委屈，走了幾步又停了下來，走到房門口就站著不動，不時用眼睛覷著文珍，生怕她逃了似的。

「娘，這渾蟲好像心裏有鬼？」文珍對母親說。

「她說話都不會轉彎，心裏會有什麼鬼？」

「或者有人買通了她也說不定？」

「誰會買通她？買通她又有什麼用處？」

「那可說不定？彼得那傢伙就不是好東西！我倒要問問看？」

文珍又把喜兒叫到跟前，望著她說：

「妳那麼鬼鬼祟祟的幹什麼？妳是不是又得了彼得什麼好處？」

「小姐，沒有，真的沒有？」喜兒連連搖頭。

「那妳又為什麼要那麼賊頭賊腦地望著我？」

喜兒低著頭不作聲，文珍母女一再追問，她才扭著衣角囁嚅地回答。

「小姐，我是怕您走了。」

「我走了與妳什麼相干？」

「小姐，您要是走了，老爺會打死我的！」喜兒說著哭了起來。

「好哇！娘！」文珍又氣得哭了起來：「爹竟要喜兒監視我了！」

「妳爹真不是東西！虧他做得出來？」龍從容也氣得眼淚直流，同時指著喜兒說：「我不許妳吃裏扒外！妳要是作內奸，我立即把妳攆出去！」

喜兒害怕起來，噗通一聲跪了下去，她在外面舉目無親，一個人也不認識，攆出去就會討飯。如果文珍走了，又怕楊通把她打死，她真是左右為難，她哭著對她們母女說：

「太太、小姐，求您們千萬不要給老爺知道，說我走漏了消息，不然他會把我打死；也求小姐不要逃走，不然我也只有死路一條！」

她一面說一面磕頭，龍從容心軟，馬上叫她起來，答應不說她走漏了消息，她又哀求文珍：

「小姐，您千萬不要走，就是要走，也請您先向老爺說一聲，免得我被活活打死！」

「渾蟲！真是渾蟲！」文珍哭著說：「我先告訴老爺我怎麼走得了？娘，她真的氣死我了！」

「珍兒，不要生氣，身體要緊。」龍從容拍拍女兒：「遇著妳這樣的老子，氣死也無益。這大概也是前世的孽？」

「娘，要是前世我真欠了爹的，我也心服；可是我知道爹現在對不起我，我並不知道前世有沒有欠他的？」

「要是我們投胎時不喝迷魂湯，記得前生的事兒，那就恩怨分明了。」龍從容說：「我嫁給妳爹，大概也是我前生欠了他的？」

「太太，小姐，我給您們做丫頭，大概也是我前生欠了您們的？」喜兒說。

她們母女兩人無可奈何地相互看了一眼，龍從容歎口氣說：

「這筆糊塗帳，只有到閻王爺那兒才能算清楚！」

「娘，我不想活了，我真想早點兒去見閻王爺！」文珍哭著說。

「珍兒，妳千萬別想不開！」龍從容哭著搖搖女兒：「妳要是有個三長兩短，娘也活不成了！」

「太太、小姐，您們這麼好的日子還不想活，那我真該死了。」喜兒傻乎乎地說。

她們母女兩人被喜兒說得哭笑不得，要她出去，她也只走到門口就不再走，龍從容無奈，只好囑咐女兒幾句，先行離開。她一走喜兒就進來，文珍沒有好氣地對喜兒說：

「妳別這樣陰魂不散的好不好？」

「小姐，妳別這樣討厭我好不好？我是您的丫頭，我也是沒有辦法呀！」

「妳聰明一點兒好不好？怎麼這樣不通氣兒呢？」文珍無可奈何地說。

「小姐，我老子、老娘就只給我這個笨腦袋瓜兒，怎麼聰明得起來？」喜兒笑著說。

文珍望著她直搖頭歎氣。她又接著說：

「小姐，我真弄不清楚老爺為什麼要這麼做？您哭斷了肝腸，他也不會掉一滴眼淚，男人的心腸怎麼這麼硬？」

文珍不作聲，她也想不透爹為什麼這樣鐵石心腸？連哥哥也無動於衷。不知道天行怎樣？他是不是會和自己一樣傷心？是不是還和從前一樣沒事人兒一般？一想到他那種樣子她又有點兒生氣。但聽娘說他會比自己更傷心也有道理，他傷心之外還有一種被侮辱的感覺。只是男人的眼淚貴如金，不像女人一樣愛哭哭啼啼，天行雖不是一個驕傲的人，卻是一個自尊心很強，骨頭很硬的人，這種奚落侮辱，實在使他難堪。如果她是天行，她更受不了。還有外婆、二舅、二舅媽，心裏也一定很不好過，他們一向受人尊敬，從來沒有受過這麼大的奚落、侮辱，他們會不會就此罷休？她真希望他們把她搶過去。但是二舅又不是這種人。他一向瞧不起爹的為人，他雖然嘴裏不說，但她看得出來，會不會順水推舟？趁機了斷這門親戚？如果再過兩天還沒有動靜，那十成兒是打落門牙和血吞了。想到這兒她又嚶嚶地哭了起來。

「小姐，別再哭嘛，哭壞了身子不值得。」喜兒站在一旁說：「您看那些貓兒、狗兒、雞兒、鴨兒，就不會有您這些苦惱。」

「妳胡說些什麼？」文珍罵她：「那些都是畜牲，不是人。」

「人要成雙成對，畜牲也要成雙成對呀，這又有什麼兩樣？」

「人有感情，畜牲沒有，妳知不知道？」

「小姐，您又不是畜牲，您怎麼知道畜牲沒有情感？」

「妳這個渾蟲！妳愈說愈不成話了！」

「本來嘛，人會生兒育女，大貓會生小貓，大狗也會生小狗，還不是和人一樣？我可就沒有看見牠們為了配對兒，哭哭啼啼的。」

「渾蟲！渾蟲！妳還不給我滾出去！」文珍指著門外說。

「小姐，我說錯了不再說就是嘛，何必攆我出去？」喜兒一面移動腳步一面望著文珍說。

「天哪！一樣的五穀雜糧，怎麼吃出不一樣的人來？」文珍雙手撫胸兩眼望天說。

「小姐，要是人人都一樣，怎麼我是丫頭您是小姐？彼得不也是男的？您又何必為龍少爺流淚？」

文珍氣得目瞪口呆，說不出話來。喜兒也不走了，她又接著說：

「小姐，我不會說假話，天下的男人都差不多，沒有什麼兩樣，看慣了就會順眼的。」

「那是妳有眼無珠！」文珍指著喜兒說。「人與人差得遠。」

「小姐，看得愈清楚愈苦惱，睜一隻眼閉一隻眼就不會了，還是瞎子最好。」

「妳真是一句砂糖，一句狗屎！」

「小姐，我可不挑精撿肥，只要是個男人就行。」

文珍被她說得一笑，隨後又生氣地說：

「瞎子、聾子、啞子，妳也會要？」

「小姐，那反而省事。」喜兒傻笑地說：「瞎子分不出美醜，聾子聽不出好壞，啞子更好，不會罵人，你罵他他也不會回嘴。」

文珍氣得笑了起來。喜兒看見她笑，更得意地傻笑。龍從容聽見女兒房裏發出笑聲，連忙趕過來看看，文珍對她說：

「娘，請您把這個渾蟲帶出去，不然我會被她氣死！」

「太太，小姐剛才笑了，您不要帶我出去。」

「帶出去，帶出去！」文珍一疊連聲地說。

龍從容拉喜兒出來，喜兒急得滿臉通紅，央求她說：

「太太，要是小姐走了我可活不成了，您放了我吧？」

「妳在外面坐著，讓小姐清靜一會兒。」

喜兒一出來，文珍就把房門關上，不讓她進去，喜兒坐在房門口守候，文珍在房裏歪在床上左思右想，終於迷迷糊糊地睡著了。一闔眼她就進入夢鄉！

她夢見二舅打發花轎來迎娶，花轎好漂亮，鼓樂十分熱鬧，一路吹吹打打來到翰林第。翰林第正中間的朱紅大門敞開，張燈結綵，兩邊石柱上貼著一副二舅書寫的紅紙王字大對聯：

百年好合
五世其昌

門口的一對石獅子也披紅掛綵，張口大笑。

花轎在大門口停下，鞭砲霹靂啪啪響了起來。天行親自打開轎門，輕輕掀起一角紅巾蓋頭偷看她一眼，他披紅掛綵，風度翩翩，神采奕奕，眉眼含笑，滿面春風。他牽著她的手扶她下轎。香君花團錦簇地站在他身旁，笑臉相迎，接替天行攙扶她跟在天行後面一步步走向後廳，地上舖著紅氈，走在上面十分柔軟舒適，香君不時在耳邊綿綿細語：

「少爺好不容易盼到今天，今天又從清早一直盼到現在，坐也不是，站也不是，我看了都好笑，他的一顆心哪，早已飛到妳身邊了……」

她感到一陣陶醉，彷彿喝了甜酒釀般地那種微醺，雙腳踩在紅地氈上輕飄飄的，要不是香君扶著身子都會飄了起來。

鞭砲一直響個不停，耳邊聽到的盡是男男女女的歡笑聲，不知道有多少人？她分辨不出來，她只覺得天行走在她的前面，一步一步都配合著她，導引著她，她安心地跟著他走，旁邊還有香君扶著，她覺得安全極了。

突然香君扶著她不走，在她旁邊站著，天行伸手揭開她的蓋頭，她覺得眼前突然一亮，看見天行向她甜蜜地一笑，外婆盛裝端端正正地坐在中間，向她慈祥地微笑，二舅、三舅媽也盛裝坐在外婆兩邊，也是滿臉歡欣慈愛地向她微笑，週圍的人個個笑容滿面。禮堂中間點著一對好大的龍鳳花燭，中間壁上掛著雙囍大紅字，囍幛掛得滿滿的。高管家擔任司儀，他們兩人隨著口令跪拜天地、祖先、外婆、二舅、二舅媽、年長的親戚。拜過堂後再開酒席，幾進屋子都擺得滿滿的，比外婆七十大壽還熱鬧得多，他們兩夫妻和外婆、父母、長輩、貴賓一桌，貴賓中有位戶部侍郎劉品仙是外公的門生部屬，外婆七十大壽時他也來過。他一再稱贊他們兩人說：

「真是郎才女貌，天作之合；一雙璧人，世間少有。」

其他的客人、親戚、長輩，也人人交口稱讚，外婆樂得眉開眼笑，二舅、二舅媽也是笑口常開，二舅媽平日不苟言笑，今天也格外和顏悅色，十分親切。

酒席散後，香君帶他們進入洞房，這是最大最好的一間房屋，佈置得囍氣洋洋，雅而不俗。銅床、錦被、鴛鴦枕、水紅羅帳、床前掛著一幅錦繡紅緞橫披，上面繡著麒麟送子圖，和「早生貴子」四個金字。

梅影、蝶仙、璧人、秋月、玉蘭這幾個年輕的丫鬟和天放、高管家、卜天鵬、棄兒……許多男人都來鬧新房，小貴兒因為自己是太監，怕犯忌，沒有敢來，黃嬤嬤、劉嬤嬤是寡婦，更不敢來。

新婚三天無大小，鬧新房時更是不分男女老少，大家盡情笑鬧。天放先抱怨說：

「我們家向來講究兄友弟恭，長幼有序。今天這件囍事兒天行卻搶在我的前頭，不合規矩，你們說該不該罰？」

有的說該罰，有的說不該罰，大家唧唧喳喳，不休不止，香君卻幫著天行講話，她說：

「大少爺，這件囍事兒可不能怪二少爺搶了個先。」

「此話怎講？」天放笑問香君。

「大少爺，人生最大的樂事兒是洞房花燭夜，金榜題名時。有的人少年及第，有的人七老八十還是個老童生，自己不努力，怎麼能怪別人搶先？洞房花燭也是同樣的道理，您自己平時不燒香，怎麼怪二少爺先入洞房？」

「香君有理，香君有理！」蝶仙、梅影她們拍手幫腔。

「香君和天行、文珍三人是一個鼻孔兒出氣，自然幫他們兩人講話。」天放笑著說：「我想燒香可找不到廟門，不像天行近水樓臺，從小兒就天天獻殷勤，現在他只顧成他自個兒的好事兒，卻把我這個老哥撂到背後，我這個光桿兒真不知道要打到什麼時候？」

「大少爺，你何必捨近求遠？璧人是您房裏的，今兒晚上要老爺、太太把你們送做堆，不也成雙成對了？」香君說。

「妳亂嚼舌根！」雙人兩隻粉拳在香君背上搥了起來，惹得大家一陣笑。

天放卻對香君笑說：

「香君，我看索性好事兒成雙，今兒晚上你們三人就大被同眠好了！」

大家又笑起來，香君卻紅著臉對天放說：

「大少爺，虧您是個大家公子，又是大哥，怎麼講出這種葷話來？」

「香君，今兒晚上是鬧新房，沒大沒小，不算犯規。」蝶仙笑說。

「蝶仙姐，要是人人都像大少爺這樣口沒遮攔，今兒晚上我們女人都要吃虧了！」香君笑著說。

「香君，我來講個笑話兒，替我們女人翻翻本好不好？」蝶仙說。

香君連忙鼓掌。天放他們知道蝶仙口齒伶俐，又會取笑，都睜大眼睛望著她，生怕自己吃虧。蝶仙故意掃了天放一眼，輕咳兩聲，然後一個字兒一個字兒講出來：

「從前有一文一武兩個舉人，都喜愛吹牛。」

蝶仙一講到這兒大家都笑了起來，天放連忙搖手說：

「不行，不行！這笑話兒不好聽。」

「大少爺，不要打岔兒，等她講完了再說。」香君連忙抗議，梅影她們齊聲附和。

蝶仙又笑著講下去：

他們兩人都說這世界上沒有人能比得上他們。有一次兩人同一個孕婦一同坐船進城，路途遠，船又行得慢，坐在艙裏十分無聊，於是文舉人提議吟詩消遣，武舉人不肯示弱，點頭同意，文舉人便出口成章地吟了四句：

我的筆兒尖，我的硯兒深；
文章三篇好，中個文舉人。

武舉人不服氣，他也隨口吟了四句：

我的箭兒尖，我的弓兒沈；
馬上射三箭，中個武舉人。

偏巧那孕婦也唸過唐詩三百首，她看那兩位舉人不可一世，便笑著對他們兩人說：

「我可不可以在兩位面前獻獻醜？」

那兩位舉人以為她肚子裏沒有什麼貨色，便滿不在乎地說：

「那妳說說看吧？」

那孕婦也脫口而出：

我的腳兒尖，我的肚兒深；
一胎生兩子，文武兩舉人。

大家一聽蝶仙說完，都笑得前撞後仰，香君更拍手大笑，文珍也伏在天行肩上笑得抬不起頭來，天放知道吃了大虧，笑對天行說：

「天行，今兒晚上我們兩兄弟陰溝裏翻船了！」

「哥哥，你明知道她們都不是好惹的，你又何必去搗馬蜂窩？害得我也跟著你吃虧。」

大家又笑了起來。梅影笑著說：

「這倒是一段吉慶話兒，是個好兆頭，但願我們的新娘子明年今日，真的一胎兩個舉人，那才教人高興呢！」

文珍聽了羞得低下頭來，天行卻高興地說：

「多謝梅影姐的金口！」

文珍扯扯天行的袖子，微微白了天行一眼，蝶仙卻笑著打趣：

「害什麼羞嘛？妳要是也生兩個舉人兒子我們才不吃虧呀！」

幾個男人都尷尬地一笑，天放卻對蝶仙說：

「蝶仙，妳討了便宜還要賣乖，下次你圓房時我可要大鬧一場。」

「大少爺，我八字兒還沒有一撇，您等著吧！」

「明兒我對老太太講，早點兒找個渾小子把妳嫁出去，讓你去對牛彈琴好了。」

大家又好笑，蝶仙卻對天放說：

「大少爺，妳還是早點兒去燒香許願吧？不然二少爺添了孫子，你還在打光桿兒呢！」

「蝶仙，妳和大少爺是來鬧新郎、新娘的，怎麼妳們反而自己鬧起來了？」梅影提醒她說。

「嗨！怪來怪去，只怪那兩個倒楣的舉人！」蝶仙風情萬種地一笑：「他們做了人家的兒子不打緊，害得我把新娘子也冷落了。」

文珍笑著連忙求饒：

「蝶仙姐，我情願受妳冷落，妳別尋我開心好不好？」

蝶仙在她身邊坐下，故意逗她說：

「從前有個新娘子……」

文珍連忙用手摀住她的嘴巴不讓她說下去，大家看了都好笑，天放便接著說：

「我講個新郎倌的笑話兒好不好？」

大家連忙說好，他便一臉正經地說：

「從前有個新郎倌……」

他說一句便打住，大家以為他把笑話兒忘了？香君急著催他：

「大少爺，您不會講笑話兒就不要獻醜，自古以來，那有開頭一句的笑話兒？真沒有意思！」香君說。

「是沒有意思！」天放笑著附和：「下面沒有了，我怎麼講得下去？」

「那算什麼新郎倌呀？」蝶仙白了天放一眼。

天放也看看她故意神祕兮兮地說：

「那個新郎倌像我們家裏的小貴兒一樣……」

起先大家還有些楞頭楞腦，隨後一想，不禁哄然大笑。蝶仙、香君羞得雙手蒙著臉笑，文珍和梅影背著男人笑。天行笑對天放說：

「哥哥，你怎麼挖苦起我來了？」

「不是挖苦你，剛才我們兩兄弟吃了蝶仙的虧，現在我要翻個本兒，羞她一下。」

「虧您是個大少爺，專講葷話！」蝶仙白他一眼。

「妳剛才說了今兒晚上是鬧新房，沒大沒小，不算犯規的。」天放笑著回答：「新郎倌下面沒有了，我也下不為例好了。」

大家又笑了起來，高管家和卜天鵬不好意思講笑話，他們兩人一拉一唱唱了兩段吉祥戲兒助興。

大家鬧得十分開心，意猶未盡。高管家年紀大，人情世故練達，他向大家使了一個臉色說：

「春宵一刻值千金，我們走吧，別留在這兒做蠟燭。」

大家都笑著跟他出來。

香君一人留在新房裏收拾收拾東西，她一面做事一面笑著對文珍說：

「大少爺平日端端正正的，沒想到今兒晚上他葷的素的都端出來了？」

「大概是哥哥喝了幾盅酒，一高興人就忘了形？」天行說。

「我看他是剛才酒喝多了，又來吃醋。」香君笑說：「您是弟弟，卻搶在他前頭圓房，大概他心裏不是味兒？」

「哥哥志在四方，他不會急著成家的，我怎麼能看著魚兒不撒網？」天行故意望了文珍一眼，笑著打趣。

「哼！像您這麼猴急，我看您不偷冷飯吃才怪呢！」香君也故意打趣。

「香君！」文珍紅著臉嬌嗔：「妳怎麼也不戴口罩兒？」

「小姐，我難得放肆一下，算我失言好了，您就原諒我這一遭吧？」

「香君，妳也葷的素的都端出來好了！人生只有這一次機會，我不會介意的。」天行笑著鼓勵。

「少爺，我怎麼敢像大少爺那樣不講規矩？」香君嫣然一笑。

「哥哥教我們三人大被同眠，其實這也沒有什麼關係，我們就聊到天亮，豈不是人生一大樂事兒？」

「少爺，您有這個雅興，我可沒有這個膽量。」香君笑著說：「小姐不吃醋才怪？」

「香君，我倒不會吃醋，我只怕敗了風俗，壞了規矩。」文珍坦然笑道。

「小姐，我也不會這麼不識趣兒，怎麼能壞了你們的好事兒呢？」

「香君，人生最難得的是紅粉知己，不是春宵一刻，妳又何必這麼俗氣？」天行說。

「少爺，我能給您們兩位鋪床疊被已經是很有造化的了。您也不要雅得離了譜兒。」

「只要心如明月，坐懷不亂，又何必在乎風風雨雨？」天行坦坦蕩蕩地說。

「少爺，縱然您有這麼高的道行，縱然小姐宰相肚裏好撐船，我也不會忘記我這個丫頭身份。」

「香君，今兒晚上妳說這種話兒不太掃興？」天行笑著問她。

「少爺，別忘了今兒晚上您還是主人？」香君說。

「我看我們三人大概是前生的緣分？所以今世才這麼形分而神不分。」文珍望著天行香君兩人說。

「小姐，不知道前世我們到底是什麼關係？」

「說不定我是丫頭，妳是小姐？」

「說不定妳是老爺，我是夫人？」天行向文珍說。

「要真的是這樣，那才有意思！」香君笑說。

「瘋話，我們說的都是瘋話。」文珍好笑。

「小姐，人生要帶一點兒瘋癲才夠味兒。」香君興致勃勃地說：「像蝶仙姐那麼聰明的人，說起笑話兒來才有絃外之音，像大少爺今兒晚上忘了形，我才覺得他原來也可親可近。」

「香君，但願我們能天天過這種日子。」天行說。

「少爺，要是我們能天天過這種日子，連大羅神仙也會眼紅了。」香君說。

天行和文珍相視一笑。突然一聲雞啼，香君知道時間不早，連忙收拾東西，收拾得乾乾淨淨之後，才拍拍身子，笑著對他們兩人說：

「小姐，少爺，今天晚上是您們兩人的好日子，我可不能奉陪了！」

說完她就風擺柳地碎步離開，輕輕把房門帶上。文珍望著她的背影，笑著對天行說：

「明兒我就對外婆講，讓你把香君正式收房。」

「只怕我沒有這麼好的福氣。」天行笑著回答。

他隨即過去把門閂好。回到床前，便捧起文珍的膚如白雪凝脂的臉兒仔細端祥，她羞得把頭一低，笑著埋進他的懷裏。

忽然她遇著一群紅頭髮、綠眼珠兒的強盜，硬把她搶過去，逼她成親，天行傷心欲絕……隨後又遇到一陣大風暴，看到一片汪洋大海，天行撇下她隻身揚帆鼓浪遠去，去到一個不知名的島上，遇到一位深愛他的美人……不知怎麼的？和他結婚的卻是另一位心兒沒有開竅的女人，他欲哭無淚，香君想嫁他也沒有嫁成，像是嫁了一塊大石頭……後來不知怎麼的，她看見天行爬上一座高山，忽地飄然而去？她用力睜大眼睛，但她什麼也沒有看見，眼前是一片白茫茫灰沈沈的霧海，她在霧海裏孑然一身，呼天不應……。

客廳裏的笑聲突然把文珍從夢中驚醒過來，她一聽是彼得、父親、哥哥三人的笑聲，她又急又傷心，大叫一聲暈了過去。

她母親趕來叫門，怎麼叫也叫不開，急得哭了起來，又哭又罵，楊涵、楊仁七手八腳把門橇開，龍從容跌跌撞撞地趕了進來，看文珍躺在床上不省人事，便把文珍上身托起，又在她臉上拍拍，她以為女兒服了毒，急得眼淚直流。

文珍悠悠甦醒過來，看見母親抱著她，大哭一聲說：

「娘，我不要活了！」

第二十八章 留書信文珍出走 探消息楊仁求饒

龍從容和丈夫大吵大鬧，楊通不理她，她一開口他就出去，她罵兒子楊仁，楊仁卻輕描淡寫地說：

「娘，不要窮緊張，天不會塌下來，過一陣子就會好的。女人就是這個調調兒，妹妹也不會例外。」

「你這個沒有良心的東西！你也想把妹妹和我整死？」龍從容又哭又罵。

「娘，妹妹的事兒不過是走馬換將，那有那麼嚴重？難道天行是什麼龍子龍孫？妹妹非嫁他不成？」

「你這個混帳東西！你怎麼說這種橫話？妹妹是一出生就許給天行的，不是因為他是龍子龍孫才訂親的，就算他是叫花子的兒子，我們也不能失信。你們父子兩人都是牆頭草，風吹兩邊倒，當初你和你老子一頭倒向我娘家，現在你們父子兩人又一頭倒向司徒威和彼得，居然做出這種絕情絕義的事來！你有沒有血性？有沒有良心？」

「娘，您有沒有完？」楊仁不耐煩地望著母親說。

「我沒有完，永遠沒有完！」龍從容氣呼呼地回答。

「您沒有完，我可要走了。」楊仁屁股一顛，揚長而去。

龍從容望著兒子大搖大擺的背影，恨得牙癢癢的，但是沒有一點辦法，她往椅子上一癱，不禁流下淚來。

文珍成天躲在房裏傷心欲絕，她回想那個夢境總覺得是真的，如果父親不中途毀約，她和天行成親就是那種場面、那種情形，如今好事成空，她真是心如刀割，隨時在隱隱作痛。

二舅家一直沒有動靜，怎麼沒有一個人來？二舅自己是不會來的，天行更不會來，怎麼香君也不來看看她呢？只要香君和她作伴她就會快樂。在廬山，在外婆家，她也有心事，就是因為香君善解人意，使她不覺得寂寞，也不覺得痛苦，反而有無限歡欣；夢裏的香君更是錦心慧口的可人，如果她與天行成親，她們兩人又終生相伴，那該是人間多麼美好的韻事？她現在不但失去了天行，也失去了香君，同時失去兩個知己，她實在承受不起。她心灰意冷，覺得人生好景不常，好夢易醒，太無意味，她突然想到遁入空門。

一想到出家，自然想到了空——應素蘭，還住在紫竹菴的王進士的元配正室劉師母。應素蘭和她的感情很好，應素蘭出家前把她當妹妹看待，出家後也帶她到紫竹菴玩過，還住了一夜，她歡喜紫竹菴一塵不染，四週綠竹漪漪，院中還有一叢方竹，竹身略帶紫紅色，十分稀罕，所以人稱紫竹菴，原名水月菴反而不彰。菴中供奉千手觀音，前來燒香的都是達官貴人、富商巨賈的眷屬，香火雖不鼎盛，奉獻的香油錢足夠住持月印、了空幾位師徒的開銷。

她決定留書出走，她想紫竹菴是父親想不到的，也絕對不會去的地方，尤其是信耶穌教之後，更不去寺、廟、宮、菴，這地方自然十分安全。只要月印答應給她剃度，便木已成舟，不能還俗。母親雖然反對父親的做法，但她無能為力，也決不會讓她出家，所以這個決定也不能讓母親知道。

喜兒捱了父親的打罵對她看得更緊，但她也有吃飯、睡覺、便溺的時候，喜兒尤其歡喜打盹兒，吃飽喝足之後她便打盹兒，一下子還不易清醒，總有疏忽的時候；前面雖有人把守，但後院的一個耳門向來不開，已經雜草叢生，少有人出入，她決定找個機會從那兒溜走。

她讀書寫字喜兒向不留意，因為喜兒連「人之初」都沒有讀過，認不得幾個大字兒。所以她不必耽心喜兒看她寫些什麼？或是洩漏天機，她伏在桌上流著眼淚寫信，寫寫停停，紙上淚痕斑斑，寫了半天才完成。重讀時還是淚如泉湧。

夫婦造端，人之大倫；男女居室，貴在同心。

大人既許婚於往日，復毀約於今朝，狐猾狐狸，是為不信；青梅竹馬，即詠〈關雎〉，原期百年好合，永結秦晉，不意時移勢易，河山未變而人心先變；國事蜩螗，兩小無猜而大人先猜，李代桃僵，是為不仁。不信不仁，何以立世？何以對人？

女兒自幼沫外祖之恩，錦衣玉食，噓寒問暖，教之以詩，訓之以禮，愛之以德，存之以仁。以為于歸之日，即報恩之時。詎料變生肘腋，非徒永負厚恩，且重傷外祖之心，罪何可逭？夙夜思之，心如刀割。女兒雖未出閣，然心已早許，此身可滅，此情不渝。午夜夢迴，肝腸寸寸斷矣！留書永訣，非關桑間濮上之行，敢吐心聲，乃作呼天籲地之請與夫不平之鳴。喜兒無辜，勿施夏楚。

不孝女文珍跪稟

她含著眼淚把信摺好，密藏在內衣裏，等待機會出走。

她為了使母親寬心，使喜兒、下人放鬆戒心，她強忍悲傷，不哭不鬧，平靜下來。龍從容最耽心她服毒，現在看她不像要尋短見的樣子，也放下心來。喜兒看她和平日差不多，心裏更暗自高興，自然看得不緊。楊通、楊仁父子兩人更加得意。楊通始終以為文珍翻不出他的手掌心，不管她們母女兩人怎樣哭鬧，他決不會回心轉意，現在文珍不哭了就表示她拗不過他。楊仁更把它當做好消息一般告訴彼得，彼得聽了更高興。楊仁還小丑表功地說：

「女人的法寶是一哭、二餓、三上吊。我妹妹只會哭，也只有一頓沒有吃飯，更沒有上吊。我說過你不必太耽心，這件事兒包在我身上好了。」

彼得笑著拍拍他的肩說：

「現在我們還只是兄弟，事成之後我們就是郎舅了，又多了一層關係，我自然會好好地關照你，說不定還會帶你去外國見識見識。」

楊仁一聽彼得說會帶他去外國見識見識，高興得幾乎跳了起來。他已經學會了不少英語，也能同洋人講講話，他就是希望能像古美雲那樣到外國去看看花花世界。

「要是真能跟你去外國見識見識，那就不虛此生了。」楊仁興奮地說。

「那很容易，我 father 每年要去香港、印度一趟，兩年要去倫敦一趟，他說過下次就要帶我去倫敦的。」彼得炫耀地說。

「您真好運氣，遇到司徒威這樣一個好 father！」

「所以我要爭氣，要利用 father 的關係，一步一步往上爬。」

「你何必急？金響兒落在井裏遲早總歸是你的。將來司徒威洋行的財產，八成兒是落在你的手裏，你就是現成的洋老闆了。」

「不管怎樣，我是他的養子，我有繼承權，日後總少不了我一份。」

「那你就拔一根汗毛兒，也比中國人的腰粗了。」

「我們的洋行和香港、印度、倫敦的大公司都有關係，一來一往，一進一出，錢是賺不完的。」

「我是小船靠在大船邊，不起火也生煙，這次已經託福了。」

「這次八國訂了十二條，以後我的事兒就更好辦，生意也更好做了。」

「以後只要我們兩人一條心，金山銀山也不愁。」

「可是你妹妹的事兒我還是不大放心？」

「她還鬥得過我和我爹不成？」

「她要是死心眼兒，不肯嫁我，那又怎麼辦？」

「自古以來，女人有幾個是鐵石心腸的？鐵杵也能磨成繡花針，何況我妹妹？」

「你真有把握？」

「她經不起我爹和我的折騰。」

「萬一她尋短見那怎麼辦？」

「放心，我爹和我不會讓她死的。再說，她花兒未開，果兒未結，也未必捨得死？螻蟻尚且貪生，何況人乎？」

「你少和我酸溜溜的，我最討厭之乎者也！」彼得沒有讀過幾天中國書，更討厭「之乎者也已焉哉」的文言。

「恕我失言，下不為例。」楊仁連忙道歉。

「不管怎樣，你妹妹的事兒你要特別留心，我是不到黃河心不死的。」彼得說。

「我早知道，我爹也明白，不然我們怎麼會得罪那麼多親戚長輩？」

彼得笑著握握楊仁的手。楊仁彷彿得到很大的安慰和鼓勵。

楊仁又將彼得的話告訴他父親。楊通一方面高興兒子有機會到外國去看看花花世界，兒子能去，將來自己這個岳老太爺自然更能去了。要是能多和外國人拉上些關係，多直接做一些生意，豈不更好？可是另一方面他也有點兒耽心，萬一文珍寧死不嫁彼得，那豈不是白費心機，前功盡棄？

一天晚上他們父子兩人一道回家，發現龍從容手上捧著一張紙坐在椅子上哭泣，喜兒跪在她旁邊，父子兩人覺得事情不妙，大步趕了過去。龍從容看見他們父子兩人，哭得更傷心，又哭又罵：

「你們這兩個沒有心肝的東西！現在好了，女兒給你們逼跑了，不知去向，不知死活，你們快還我的女兒來！」

楊通一把搶過她手上那張紙來看，臉上一陣紅一陣白，看完之後隨手交給楊仁，踢了喜兒幾腳，喜兒哇的一聲哭了出來，楊通指著她大罵：

「妳這個小賤人，妳還敢哭？我是怎麼交代妳的？難道妳是死人？」

「你打她有什麼用？罵她又有什麼用？女兒是在她上馬桶時從後面溜走的。」龍從容哭著說：「你們父子兩人還不快把她找回來！萬一有個三長兩短，我就和你們拼了！」

「娘，您別急，」楊仁說：「照信上看來，妹妹還沒有尋短見的意思。」

「縱然她不尋短見，她一個黃花閨女，從來沒有單獨出門，現在一個人走了，外面又不太平，那怎麼得了？」龍從容說著又哭了起來。

「說不定是妳娘家人來把她劫走的？」楊通說。

「你別以小人之心，度君子之腹！」龍從容罵丈夫：「我娘家光明正大，才不會做這種偷雞摸狗的事兒。」

「卜天鵬能飛簷走壁，他來把文珍劫走，那不是易如反掌的事兒？」楊通說。

「卜師傅雖然有這種本領，沒有二哥的命令，他也不會做這種事兒。我二哥絕對不會出此下策。」

「爹，照妹妹的信上看來，她是自己逃走的。」楊仁說。

「難道她不會使苦肉計、障眼法？」楊通說。

「誰像你這樣多心？你難道連自己的女兒也不相信？」

「相信別人，不如相信自己。」

「爹，您以為妹妹是到那兒去了呢？」楊仁問。

「除了你外婆家，她又有什麼地方可去？」楊通反問。

「她嘔氣回來，就沒有臉再去外婆家。」楊仁說：「除非外婆派人來接？可是外婆家一直沒有人來。」

「不管她去了沒有？你最好還是去外婆家探探虛實？」楊通說。

楊通知道自己做得太絕，他不能去自取其辱。他望望兒子，楊仁也有些膽怯，沒有作聲。楊通對他說：

「你年輕，又是晚輩，你去一趟好了？」

「爹，上次我去已經罰了跪，何況天行有言在先，不許我去他家，現在我是不能再去了！」

楊仁回答。

「你不去誰去呢？」

「要喜兒去看看好了。」楊仁說。

「她這個渾蟲去有什麼用？」楊通望了跪在地上的喜兒一眼：「人家把她賣了她都不知道，還是你去好。」

「爹，我實在不能去！」

「你不去，要是外婆先給她圓了房，生米煮成熟飯，那我們父子兩人不是都泡了湯？」

楊仁想起彼得對他講的那些話，要是妹妹的事兒成了，那日後的好處多得是；要是失敗了，那會前功盡棄。但是如果自己去外婆家，又怎樣進門？要是妹妹不在外婆家，那更下不了臺，出不了門。這真是一個難題。他沈吟了一會兒，忽然嘻皮笑臉的對母親說：

「娘，您大人大面，您陪我去一趟好不好？」

「我的臉早給你們父子兩人丟光了！我生得賤，陪你去捱罵？」龍從容說。

「女兒是妳的心頭肉，難道妳就不關心她？」楊通說。

「我可不是這樣關心法。」

「那妳是怎樣關心呢？」

「要是她在外婆家，你就不必去找，等二哥送日子來，讓她和天行成親，這才是正理。」

「妳這是存心和我唱反調！」楊通不高興地說。

「是你和我唱反調，是你出爾反爾，不是我和你唱反調。」龍從容也生氣起來。

「你去好了，看他們敢把你怎樣？」楊通賭氣地對兒子說。

「小心他們打斷你的狗腿！」龍從容也對兒子說。

楊仁左右為難，心裏也實在害怕。天行、天放都練過武功，要是動起武來，自己只有挨打的份兒，何況還有卜天鵬和幾個護院，就是想逃也逃不掉，母親的話不是放空砲。

「爹，我看外婆家還是不去為妙？」楊仁無可奈何地說。

「難道就讓你妹妹落在他們手裏？」

「爹，那您又有什麼妙策？」

楊通一時也想不出什麼辦法來。他看到喜兒跪在地上又心火上升，又踢了喜兒幾腳，喜兒翻倒在地，龍從容看不過去，便對他說：

「你少作點兒孽！你打死她又有什麼用？」

「真氣死我了，這個小賤人！」楊通氣呼呼地說。

「爹，您先別氣糊塗了，我們到您房裏去好好商量一下。」楊仁拉著父親往他的會客室走。

他們父子兩人一走開，龍從容就叫喜兒起來。喜兒哭哭啼啼，邊哭邊說：

「小姐要走怎麼也不告訴我一聲？害得我冤枉捱打。」

龍從容搖搖頭，又好氣又好笑。她倒希望女兒跑到外婆家去，但她瞭解文珍的個性，她斷定文珍不會去，那她又去那兒呢？今兒晚上又在那兒落腳？她真的心急如焚，淚落如雨。

楊通楊仁父子再仔細研究文珍那封信，也找不出一點兒頭緒，她並沒有說到什麼地方去？楊仁卻對妹妹的信頗為賞識，他對楊通說：

「爹，說良心話，妹妹的書唸得比我好，她的文筆我更趕不上，我看她是我們家的朱淑真、李清照。」

「是又怎樣？我還有那些閒錢讓她吟風弄月？讓她去風雅？」楊通說。

「爹，您看我們這樣待她是不是公道？」

「公道？」楊通冷笑一聲：「天又何嘗公道？地又何嘗公道？何況人間，那有公道？你要記住：這是一個大魚吃小魚，小魚吃蝦子的世界。你不吃別人，別人就會吃你！再說，我們這樣做也是為她好，別的女人還求之不得呢？像李桂花兒，從前跟王進士作小，三餐不繼，自從嫁給錢來奇之後，不是過得頂好？養得白白胖胖的？」

提起李桂花兒，楊仁是十分清楚的，他三天兩頭就會碰見她一次，她現在養得又紅又白，春風滿面，眉開眼笑，比從前更漂亮、更多風情，比跟王進士時彷彿脫了胎換了骨似的。

「爹，您說的有理！」楊仁用力點頭：「人不能靠露水過活；肥皂泡泡雖然五彩繽紛，但是轉眼成空，一點兒也不實在。」

「你妹妹正在吹肥皂泡泡，自尋煩惱，還惹我生氣。她就是不瞭解我的苦心！要是當年不讓她唸書，今天就不會出這個毛病。」

「爹，不過話說回來，要是妹妹沒有唸書，彼得或許不會這麼看重她，非她不娶？」

「你說的也有道理，現在的問題是我們怎樣才能把她找回來？」

「爹，我倒有個主意。」

「什麼主意？」

「今兒晚上我們先到各家旅館、客棧去查查，要是查到了，那就不必去外婆家自討沒趣。」

「要是沒有查到，明天你還得去。」

「爹，那也等明天再說吧。」

楊仁用緩兵計，楊通也只好同意，他也希望能在旅館、客棧找到文珍。

他們父子兩人立刻分頭去查，很多旅館、客棧他們都熟，可是查來查去，就是沒有文珍的影子。他們回家時天都快亮了。楊通決定要楊仁去外婆家看看。

「爹，您教我怎麼進門嘛？」楊仁愁眉苦臉。

「俗話說：『伸手不打笑臉人。』你帶幾樣禮物去，裝個笑臉，多陪小心，一定要查個水落石出，慎防他們使詐，把文珍藏了起來。」

楊仁推不掉，一吃過早飯，就悄悄地帶著一斤老蔘和紅棗、桂圓之類的禮物到龍家來。龍家現在是大門常開，由小貴兒充當門房，小貴兒有一身武功，人又老到，他上下打量他一眼，冷冷地說：

「表少爺，你們不是有了洋靠山了？怎麼還到這兒來？」

「『衣不如新，人不如故』。我是來看看外婆，來向她老人家請安的。」楊仁堆著笑臉說。

「這還像句人話！總算你小子還有一點兒良心。」

小貴兒說著便放他進去。想不到他一進門便碰著天放，他裝個笑臉親熱地叫了一聲「表哥」。

「你來幹什麼？」天放沒有好氣地問他。

「我來看看外婆。」楊仁笑著亮亮手上的禮物。

「不看也罷。」天放沈著臉說。

「表哥，那是什麼緣故？」楊仁低聲下氣地問。

「你自己做的好事兒你自己還不明白？」天放冷笑一聲：「你水仙花兒不開，裝什麼蒜？」

「表哥，我不是裝蒜，我是不明白。」

「那我明白告訴你好了！婆婆不要見你這個吃裏扒外的東西！」

「表哥，就算我犯了錯，我也該向外婆請罪呀！見一面又有什麼關係呢？」

「婆婆一見你就生氣，我希望你識相一些，不要再去惹她生氣。」

「表哥，大人不見小人怪，外婆何必生外孫的氣呢？」

「你這個外孫可與眾不同，要不是婆婆宰相肚裏能撐船，老早被你氣死了！」

「表哥，我真該死！」楊仁括了自己一個耳光，又陪著笑臉說：「我去看看天行該可以吧？」

「天行病了！」天放鐵青著臉說。

「他生的什麼病？」楊仁微微一驚。

「見不得你的病！」天放指著楊仁的鼻尖說。

楊仁倒退一步，又陪個笑臉，低聲下氣地說：

「表哥，那我想請教你一件事兒？」

「什麼事兒？」天放一臉的不耐煩。

「文珍在不在這兒？」

天放聽了先是一驚，隨即氣往上湧，指著楊仁說：

「文珍不是你帶回去了？怎麼？你還想要賴？問我們要人？」

楊仁看天放一步步逼近，生怕捱揍，連連倒退說：

「表哥，不是要賴，是文珍不見了。」

「還不是要賴？姑爹出爾反爾，你把文珍從我們家帶回去了，現在又來向我們要人，這還不是要賴？婆婆和爹胳膊斷了往袖子裏藏，你們還以為我們好欺負？真是瞎了眼睛打錯了主意了！我可沒有他們那麼好的修養，今天我非好好地教訓你一頓不可！」天放一說完，就左右開弓霹霹啪啪地打了他好幾個耳光，打得楊仁暈頭轉向。天放還要再打，楊仁連忙跪下求饒，小貴兒看楊仁鼻青臉腫，鼻子還在流血，連忙把天放拉住。

「大少爺，您就看在姑奶奶的面子上，饒了表少爺吧？」小貴兒央求說。

「要不是看在姑姑的面子上，我老早就打上門去了，還會等他送上門來？」天放怒氣未息，又指著楊仁說：「你還不趕快給我滾？」

楊仁爬起來就往外跑，東西沒有拿走。天放撿起來對他大喝一聲：

「站住！」

楊仁一驚，乖乖站住。天放大聲對他說：

「我告訴你：我可沒有天行那麼好的脾氣！以後不許你們父子兩人再來，你們不要以為有了洋主子，就狗眼看人低？我們才不稀罕你這門親戚！你回去撒泡尿照照自己！」天放一說完就把禮物朝楊仁臉上扔去。

楊仁接住禮物，連忙低著頭弓著背逃跑。

高管家、卜天鵬他們都趕了過來，連忙問發生了什麼事兒？天放不作聲，小貴兒一五一十說了出來。卜天鵬對天放說：

「我正想去找姑老爺替你們出口氣，既然楊仁送上門來，你自己教訓了他一頓，他回去一定會告訴姑老爺，那就免得我再動手腳了。」

「大少爺給他這一頓教訓也夠了。」小貴兒說。

「要是不給他一頓教訓，姑老爺真會把我們看扁了。」高管家也說。

這件事兒很快就傳到龍從雲夫婦和老太太的耳裏，一下子全家人都知道了。大家都認為天放打得對，龍從雲夫婦和老太太也沒有作聲。古美雲說：

「也算給天行出了一口氣，不過這樣一來，這門親是斷定了。」

「姑爺既然不存好心，斷就斷吧！」龍太太說。

「可憐文珍這孩子，她跑到那兒去了呢？」老太太流著眼淚說。

「算她有志氣，沒有跑到我們家來。」龍太太說。

「她像龍家的人，不過她這就太苦了！」古美雲說。

「二少爺也是啞子吃黃連，苦在心裏。」香君說。

「這都是楊通造的孽。」老太太說。

楊通也沒有想到楊仁會捱一頓打。當楊仁回去悄悄向他哭訴時，他也不知道怎麼說好？

「爹，我說不能去，您偏要我去，害我白白討了這一頓打，真不值得！」

「這也只怪你運氣不好，偏偏碰上天放那個六親不認的東西。」楊通說。

「爹，要不是叨了娘一點光，他早就打上門來了！恐怕連您也會吃眼前虧？」

楊通不禁打了個冷顫，他知道天放的武舉人不是撿來的，他經不起天放幾下子。不過他心裏雖然很怕，嘴裏卻不示弱：

「我是他的長輩，他還敢犯上？那不反了？」

「爹，人在氣頭上，是什麼事兒都做得出來的。」楊仁說：「這次要不是為了妹妹的事兒，他也不會打我。」

「這樣說來，還是天行好些？」

「那倒未必。天行有天行的脾氣，也不好欺，這次他是啞子吃黃連，有苦說不出，更因為您是長輩，不然恐怕也不會甘休，以後還是少惹為妙。」

「以後橋歸橋，路歸路，怎麼會惹他？」

龍從容不知道楊仁去了外婆家，她發現楊仁鼻青臉腫時也不知道是怎麼回事兒？她看了有些心疼，忍不住問楊仁：

「你這是怎麼搞的？在那兒闖了禍？」

「娘，今天起早了，和別人打了一架。」楊仁輕鬆地回答。

「怎麼被人打得鼻青臉腫？身上有沒有內傷？」

「娘，我雖然掛了彩，對方也開了果子舖。」

「有話好講，怎麼隨便和人家動手？」

「娘，秀才遇到兵，有理說不清。最後自然只好靠拳頭了。」

「你正事不幹，妹妹不找，倒去和人家打架？」龍從容責怪他。

「娘，您不知道，我就是因為找妹妹才和人家打架的。」楊仁理直氣壯地說。

「你去那兒找她？」

「我去客棧、旅館打聽，有一家客棧蠻不講理，不讓我進去，反而兇巴巴地慫恿打手攆我出來，所以才打了起來。」

「你妹妹找到了沒有？」

「娘，大海裏撈針，那兒去找？」

龍從容又哭了起來。她一夜未睡，眼睛紅紅的，這一哭兩眼更紅了。

「妳別哭好不好？妳哭得我好煩！」楊通滿臉不高興地對她說。

「你煩你活該！你把我女兒逼走了還不准我哭，你有沒有心肝？」龍從容哭著說。

楊通心裏比她更急。龍家這條路真的斷了，文珍不在龍家還好，要是在龍家他對彼得就沒有辦法交代，一切心機都付於流水了！龍家的一線希望還是在太太身上，因此他又滿臉堆笑地對她說：

「要找回文珍，我看還只有你親自去婆家一趟才行。」

龍從容的想法剛好和丈夫相反，她耽心的是文珍逃到別的地方去了。她倒希望文珍逃回外婆家，那她就不必耽心，丈夫也就沒有戲唱了。她才不會去娘家呢！

「廢話！」她朝丈夫吐出兩個字就憤然離開。

楊通、楊仁父子面面相覷，不知如何是好？楊通惱羞成怒，把喜兒叫來，用雞毛撣子狠狠抽了一頓，打得喜兒叫爹叫娘，他還恨恨地罵著：

「妳這個小賤人，真壞了我的大事了！」

第二十九章 紫竹菴中求解脫 翰林第內讀無題

文珍突然來到紫竹菴，使應素蘭喜出望外，她真沒有想到文珍會一個人來？最少她也應該有個丫鬟陪伴。王進士的太太劉氏更沒有想到，她年齡大，世故深，她嘴裏沒有說什麼，心裏卻已想到一定有什麼重大的事情。

應素蘭把她帶到一間素淨的客房，這間客房以前她也住過一夜，雖然比外婆家的她那間香閨差得很遠，比自己家的那間閨房也不能相提並論，但窗外綠竹漪漪，室內十分素淨，她倒十分喜歡。不過這次進入這個房間的心情和上次大不相同，上次是臨時作客，這次她打算長住下去，和應素蘭一樣長伴古佛青燈。她一走進這個房間就彷彿身入空門，眼淚不禁撲簌簌地掉下來。

應素蘭連忙摟著她，輕柔地問：

「文珍，這是怎麼回事兒？真的把我搞糊塗了！」

「素蘭姐，我是來出家的，我也要當尼姑！」文珍哭著回答。

應素蘭驚得倒退兩步，目瞪口呆，怔怔地望著她，看她花容慘澹，珠淚雙垂，楚楚可憐，心裏十分難過。她是過來人，經過感情的折磨，她知道那是怎樣的痛苦？但她感受的是被遺棄的無限屈辱和怨恨，不是纏綿悱惻的愛情。文珍和天行的情形與她完全不同，兩人是親上加親，自幼青梅竹馬，耳鬢廝磨，相知相愛，又在長輩重重呵護下，錦衣玉食，風不吹，雨不打，而且還未圓房，怎麼會發生這種痛斷肝腸的憾事呢？

「文珍，這到底是怎麼回事兒？」應素蘭又摟著她，用力搖了幾下：「妳要醒著說話！」

「素蘭姐，我沒有睡著，我知道我自己說些什麼？」文珍擦擦眼淚說。

「妳怎麼會突然想到走我這條路？」

「素蘭姐，我是被逼上梁山的。」文珍說著又哭了起來。

應素蘭拍拍她，要她講出原因。文珍便從她父親要她信教開始，一直講到他蓄意毀約，她和天行嘔氣離開外婆家，父親軟禁她，逼她改嫁彼得，她決心出家為止。應素蘭聽完之後歎了一口氣說：

「妳父親怎麼會做出這種事來？」

「他已經做出來了，逼得我走投無路，我只好出家。」

「妳應該回外婆家去。」應素蘭說。

「素蘭姐，覆水難收，我既然嘔氣出來，我怎麼能再回去？」

「妳和二少爺並沒有隔閡，妳外婆一家人又都愛妳。妳怎麼不能回去？」

「素蘭姐，現在不是我和表哥的問題。」

「那又是什麼問題呢？」

「爹不但傷了表哥的自尊心，也傷了外婆、舅舅、舅媽的自尊心，他們從來沒有受過這樣的侮辱，何況他們又都是最愛面子的人，我看我們兩代的親戚關係，這一次是完了！」

「唉！一下子傷了這麼多人，還有你母親。這真不值得！」

「爹一向說他不做賠本的生意，我看這次也是賠定了。」

「如果妳這一出家，他不是賠了夫人又折兵了。」

「素蘭姐，這也只怪爹聰明一世，糊塗一時。」

「妳在這兒住幾天再說，也許事情還有轉機？」

「素蘭姐，爹做這件事不是一時興起，他處心積慮了很久，而且做得太絕，不會有轉機的，不然我也不會到紫竹菴來。」

「出家是一件大事，不能冒失，妳也應該考慮到二少爺和妳娘，妳不能使他們絕望。」

應素蘭一提到天行和她母親，文珍更傷心的哭了起來。哭了一陣之後又說：

「我不出家，也不能斷絕我爹和哥哥以及彼得的妄想。」文珍說。

「妳出家的原因太複雜，牽涉的人太廣，因為愛妳、關心妳的人太多，不像我完全是自己了斷。我看這件事兒不能一下子決定，我師父也不會答應妳皈依的。」

「素蘭姐，我下定了決心，拜托妳懇求月印師太一下，她要是肯收我為徒，我就取名了緣，表示塵緣已了，六根俱淨。」文珍說。

應素蘭笑了起來，拍拍她說：

「文珍，妳說得太輕鬆了！這問題我們晚上再談吧。出家的事兒我先去請教妳的師母王太太一下，看看她的意見如何？」

應素蘭一面說一面安慰她，隨後逕自來找王太太劉氏。

王太太還是以居士的身份，住在另一間小客房裏，她因為經濟狀況不好，菴裏一切打掃、洗衣、煮飯、種菜這些事兒她和別的尼姑一樣操作，不過因為年紀大了，住持月印和應素蘭的師姐妹都不讓她多做，應素蘭更常為她代勞，所以她和應素蘭也處得很好。當應素蘭把文珍的情形告訴她時，她簡直不敢相信真有這種事兒？

「沒有想到，真的沒有想到！」她連連搖頭。

「王居士，她決心要出家，您看怎麼辦？」

「她一個黃花閨女，年紀輕輕的，又是龍老夫人的外孫女兒，雖然有了婚姻苦惱，並不是真的看破紅塵，妳師父未必肯收她？」王太太說。

「我也是這個意思。她年紀輕、福氣好，花兒未開，果兒未結，塵緣未盡，怎麼能遁入空門呢？可是看她的意思好像倒很堅定？」

「了空，她是千金小姐，年紀又輕，一時想不開是有的，要說看透人生，那還早得很呢！她現在的話怎能作準？」王太太說完，不禁一笑。

「王居士，她要是有您這種閱歷，那就不會有這種苦惱了。」

「她老師白活了六十歲，還是看不開，結果送了老命，妳說這是何苦？文珍年紀輕，人生最難過的又是情關，這倒不能怪她。」

「王進士要是有您這份慧根，那就不會有那樣的下場了。不過我看文珍倒是很有慧根的。」

「文珍是頗有慧根，比她老師那個俗人是強多了。不過『不經一番寒澈骨，焉得梅花撲鼻香』？現在說來還太早了！我都還是一隻腳站在門裏，一隻腳站在門外呢！」

「我雖然出了家，也沒有您老人家這種悟性。」應素蘭肅然起敬地說：「您可不可以去開導她一下？」

王太太遲疑了一下，隨後又點點頭，同應素蘭一道過來。

文珍看王太太進來，連忙起立，叫了聲「師母」，王太太便在文珍身邊坐下，打量了她一眼說：

「妳的事兒了空已經對我講過，我很同情妳和天行兩人，不過妳出家的主意不妨打消，妳的路還沒有走到盡頭。」

「師母，我真的無路可走了！」文珍眼圈一紅，又流下淚來。

「妳年紀輕輕的，不要說這種話。我的情形妳該知道？我也沒有說我無路可走。」

文珍看看她，發現她面有菜色，看來比外婆還蒼老得多，但是顯得十分恬淡、寧靜。過去她並沒有怎麼看重這位師母，以為她只是一位三從四德、逆來順受、庸庸碌碌的舊式女人，想不到她會說出這種話來？她真不知道如何回答才好？

王太太看她不作聲，又接著說。

「路在心裏，不在別處。出家只是一種形式，不是真正的歸宿，一個看透人生的人，可以隨遇而安，寵辱不驚，不為形役。妳的另一位老師柳敬中，他不是進退自如嗎？」

文珍更睜大眼睛望著這位一生默默毫不起眼的師母，她突然覺得她比王老師王進士高多了，簡直是柳老師一流人物。想起柳老師她又有無限感慨，不知道他到那兒去了，不然她真想去請教他，跟她去深山修道。

「柳老師太高了，我這個俗人，怎麼能學到？」她慨歎地說。

「那妳也不必急著出家啦！」王太太望著她，看她正像一朵含苞待放一塵未染的出水芙蕖，十分憐惜地說：「我想改天和了空一道去和妳外婆談談，說不定會有轉機？」

「這事兒是由我爹而起，不在外婆。」文珍說。

「妳爹是生意人，我就說不上話來。」王太太無可奈何地說。

「現在只有找比司徒威錢多勢大的洋人，才能說得上話來。」文珍說。

「我又不認識洋人，這到那兒去找？」

「師母，這是死症，您不必多費心。」

「和妳外婆商量一下，也未嘗不可？她見的世面多，看看她有什麼萬全之策？」

應素蘭也贊成王太太的意見，她們決定改天去龍家一趟。文珍也不好再說什麼。王太太又安慰她幾句，才逕自離開。應素蘭等王太太走後又對文珍說：

「我覺得妳也該和二少爺見見面，心裏有什麼話不妨對他直說。事情已經到了這種地步，就不必顧忌那麼多了。」

「素蘭姐，過去我們說話一向是隔靴搔癢，上次嘔氣就是這麼引起的。」

「其實你們兩人和別人不同，說話不該這麼轉彎抹角兒的。」

「素蘭姐，妳知道我們不是生長在三家村的人家，講究的是一個禮字，不能那麼赤裸裸的講話，那又有什麼辦法？」

「世家有世家的好處，世家也有世家的壞處，妳這件事兒也就吃了大世家的虧。要是小門小戶，單刀直入，妳就不會受這種煎熬。」

「素蘭姐，我的丫頭喜兒說得更妙，她把人和貓兒、狗兒、雞兒、鴨兒相比，人要是和那些畜牲一樣，就沒有苦惱。但是我們是人，我們辦不辦得到？」

應素蘭啞然失笑，隨即念了一聲「阿彌陀佛」。

文珍要求應素蘭帶她去見月印，應素蘭不能拒絕，以前她來過，彼此認識，在禮貌上也應該見見住持。

月印大約有六十多歲，歲月也掩蓋不住她一臉的秀氣，看來出塵脫俗。聽說她是大家閨秀出身？也是感情糾紛才跳到方外，由於她無俗氣，所以紫竹菴的香客都不是愚夫愚婦。她對文珍第二次來紫竹菴，顯得十分高興，看文珍出落得比以前更標緻可人，不禁讚了一句：

「真不愧是名門之後。」

「師太過獎。」文珍恭敬地回答。

「歡迎到紫竹菴來多住幾天，給我們添幾分書香氣味。」

「師太，我這次來恐怕不止打擾三天、兩天，我是來求您收我做徒弟，在紫竹菴長伴古佛青燈的。」文珍說著又眼圈一紅。

月印一驚，連連倒退，打量了她一眼，然後淡然一笑：

「楊小姐，妳和老尼說什麼笑話兒？」

「師太，我怎麼敢和您說笑話兒？」文珍誠惶誠恐地說：「我這次來是真心誠意求您替我落髮的。」

月印望望了空，了空搖頭笑說：

「師父，楊小姐不過是有些苦惱，她現在的情形和我當年完全不同。」

「妳不說我也知道。」月印向了空笑笑，又望著文珍說：「人生本來就有許多苦惱，如果一苦惱就出家，那這世界不都是和尚廟、尼姑菴了？楊小姐，妳是聰明人，又讀了聖賢書，應該明白老尼的意思？」

「師太，我的苦惱只有出家才能解脫。」文珍含淚說。

「楊小姐，不是落了髮，穿上袈裟就能解脫。和尚、尼姑不能解脫的還多得是，因為我們都是凡人，一切煩惱都是因貪、瞋、癡而起，所以貪、瞋、癡也稱三毒。妳的苦惱是由癡引起的，妳現在正是發癡的年齡，不是一出家就能解脫的。」

月印的話使文珍一怔，她迷惘地望著月印說：

「師太，那這世界上為什麼還有這麼多和尚廟、尼姑菴呢？」

「阿彌陀佛！」月印雙手合十：「不可說，不可說。」

文珍不敢再問，她希望月印不是真的拒絕，以後再向她請求，或許會准？

晚上應素蘭參加晚課，文珍也請求一道去佛殿禮佛，月印同意。她跟著月印、王太太、了空她們一起跪在燈光黯澹的佛殿中，她們念經，會的她就跟著念，不會的她就聽，她把頭伏在蒲團上不抬起來。她跪在那兒思潮起伏，一點兒也靜不下來。她想到父親、哥哥心裏就生氣，想到彼得就討厭，想到外婆、母親就悲從中來，想到天行、香君，她就忍不住哽咽，淚如泉湧，滴滴落到蒲團，不多久蒲團就濕了一大片。

隨後月印她們又一面口誦佛號一面繞佛，先後大約兩個小時。

晚課做完，應素蘭便悄悄帶文珍回到客房，陪她過夜。應素蘭忽然發現她眼睛紅紅的，又輕柔地問她：

「妳哭了是不是？」

應素蘭這一問，她更傷心的哭了起來。應素蘭拍拍她說：

「哭吧！痛快地哭吧！不要老是憋在心裏，那會憋出病來的。」

「素蘭姐，我怎麼辦嘛？我看我只有死了才乾淨！」她絕望地說。

「別說傻話！」應素蘭又拍拍她。「妳的日子還長得很呢。」

「活下去只有更痛苦，妳們又不贊成我出家，像我這樣，縱然活一百歲，又有什麼意思？」

「文珍，妳沒有出家，以為一出家，一切痛苦都解脫了是不是？」

「一入空門，不是四大皆空嗎？」

「其實不然！縱然身入空門，心還是很難空的。」

「素蘭姐，妳青燈木魚，不是過得很自在嗎？」

「妳只看到一個表面，妳不知道我暗地裏流過多少眼淚？」

文珍怔怔地望著她，她又接著說：

「我時常半夜起來念經、繞佛，弄到精疲力竭，才再上床闔闔眼。」

「妳不想睡？」

「不是不想睡，是不到精疲力竭，就睡不著。妳太年輕，不知道這裏面的痛苦，所以師父告訴妳，不是一出家就能解脫的。」

「難道她也沒有解脫？」

「師父年紀大了，定力深，現在自然少有苦惱。她當年一定也受過不少煎熬。人總是人，得道成佛不是那麼容易的事兒。」

「素蘭姐，妳還有苦惱？」

「我是人，又沒有七老八十，我的修持功力也沒有那麼深，要真的六根清淨，談何容易？所以我不贊成妳出家。」

「為什麼?」

「怕妳後悔。」

「我不會後悔。」文珍搖搖頭。

「說得容易，」應素蘭一笑:「當年我比妳更堅決!說來罪過，中間我曾經有幾次想還俗。」

文珍望望她，看她臉色蒼白，不像一般少婦那麼紅潤，滿面春風，不知道是什麼道理?應素蘭又對她說:

「成佛得道只有極少數有特別慧根的人才能修到，一般男女還是婚嫁的好。妳雖有慧根，只怕未必能忘情?」

文珍心頭一震，就是這個「情」字令她苦惱，那個夢境她這一輩子也不會忘記，除非她燒成了灰，否則她和天行、香君那段生活，怎能忘情?因此她說:

「男婚女嫁也有良緣、孽緣。如果是心心相印的良緣，自然很好，如果是同床異夢的孽緣，那就會痛苦一生。」

「妳放心，我會盡力而為，讓你們有情人終成眷屬。」

「素蘭姐，要是妳真能扭轉前坤，那就功德無量，勝造七級浮圖，我會感激妳一輩子。」文珍既高興又感激，不禁雙淚直流。

素蘭給她拭拭眼淚，十分輕柔地說：

「別說這種傻話，我不是外人，妳的心情我很瞭解，人非太上，孰能無情？我師父表面上看來心如止水，古井無波，可是她從來不敢碰這個情字，她不但詩寫得好，詞也填得好，可是她就不敢看朱淑真、李清照的詩詞。」

「我不知道師太有這麼好的學問，想必她也是傷心人？」

「我不清楚師父的身世，也不敢問。」應素蘭說：「反正看破紅塵再出家的人並不太多，因為人不到眼睛一閉、兩腳一伸時，很難看破紅塵，像我們女人出家的總有一頁傷心史，不然我不會出家，妳也不會想要出家。」

「老天！人間為什麼有這麼多傷心事？」文珍雙手撫著胸口自言自語。

「這都是人自己造成的！」應素蘭說：「人都以為自己最聰明，其實人最愚蠢。『天下本無事，庸人自擾之』。這就叫做自作孽。」

「素蘭姐，妳這是漸悟還是頓悟？」

「神秀是漸悟，惠能是頓悟，我是自己看出來的。」應素蘭回答。「我不客氣地說，像令尊大人，就是自以為最聰明的人。」

「素蘭姐，妳的話真是一針見血。」

「文珍，我現在已經是方外人，如果不是妳，我真不會再惹塵埃。」

「素蘭姐，我會永遠感激妳。」

「時間不早了，我們早點兒睡吧！五更天我就要去佛堂做早課呢。」

「素蘭姐，妳先睡，我還不想睡。」文珍說。

應素蘭勸她寬心一些，身體要緊，應該休息休息。可是文珍心事太重，毫無睡意。應素蘭只好自己先睡。但是她在床上翻來覆去，怎麼也睡不著。她想想文珍現在的處境，十分同情，又想想自己當年被休的情形，心裏還有一股屈辱的感覺。這些年來，她一直在努力忘記過去，可是每當夜深人靜時，過去便像一個如影隨形的幽靈，自然出現在她眼前，念《金剛經》、〈白衣神咒〉也趕它不走。只有在跟師父和師姐妹做早晚課和白天忙碌於菴中瑣事時，才能忘記。她常常懷疑自己修持的定力，是不是真要到師父那種年紀才能心如古井？算來還差三、四十年，那是多麼漫長的時間？

她假裝入睡，不聲不響，可是自己彷彿聽到自己的心跳。無可奈何，不到五更天她就起來了。

文珍一直在左思右想，黯然落淚。看她起來，十分抱歉地說：

「素蘭姐，真對不起，我打擾妳了！」

「也不能怪妳，是我自己心中有魔。」應素蘭黯然一笑。

她隨即用冷水洗臉，喝了一口冷水，在嘴裏咕了幾下，又吐了出來，便匆匆摸黑，趕往佛堂去了。

文珍一個人在房裏更是思潮起伏，想來想去都是外婆、天行、香君、母親、父親、哥哥、彼得……這些人，他們糾纏在一起，變成了一個解不開的大結，她覺得這個大結會把她纏死。

她覺得她有千言萬語要對天行說個明白，她對彼得確實沒有一點兒好感，這完全是父親、哥哥從中攪和，她是無辜的羔羊，她對他一片癡心，他怎麼那麼粗心大意，體會不出來！……她決定趁應素蘭和師母去看外婆時，讓他徹底明白。寫信又不知從何說起，傳話也不妥當。她發現抽屜裏有一把大剪刀，既然月印師太不肯替她剃度，不如先剪下一綹青絲帶給他，豈不勝過千言萬語？他不是傻瓜，應該明白她的心意？

她平日最愛她一頭烏溜溜的長髮，保護得很好，生怕弄髒了、弄亂了，現在她什麼也不顧了，她解開大辮子，選了其中一股，咬著銀牙，以大剪用力一絞，絞下一段，彷彿絞下心頭一塊肉，眼淚也隨之滴落下來。她小心地把它纏好，放進她平日隨身著帶的翠綠色的織錦香袋裏，這隻香袋也是天行最熟悉的，他曾拿在手上把玩過很多次，有一次還藏了起來，不肯還她，當時她曾對他說：「遲早會給你的。」他才還給她。現在是她給他的時候了。

當應素蘭告訴她說要和王太太去看她外祖母時，問她有沒有什麼話要帶過去？她便把香袋交給應素蘭說：

「素蘭姐，麻煩妳把這個香袋交給他，他就是一根木頭，也該明白我的心意了。」說著不禁淚下。

應素蘭把香袋打開一看，發現是一綹烏溜溜的頭髮時，感動地說：

「文珍，我想二少爺看到妳這綹青絲時，一定會飛來的。」

「他要是不來，我也只好認命了！只要他明白我的心意，我就死也瞑目了！」文珍說著又哭了起來。

「妳放心！我一定會交到二少爺的手裏，」應素蘭拍拍她說：「還有沒有什麼話想要對外婆講的？」

「素蘭姐，我的心思妳完全明白，用不著我再講了。」文珍拭拭眼淚說。

王太太行前也來看她、安慰了幾句，才和應素蘭一道來到龍家。

老太太很久沒有看到應素蘭，見了她很高興。她們兩人把文珍在紫竹菴的情形告訴她，老太太聽了一怔，眼圈一紅說：

「唉！她怎麼會跑到紫竹菴去呢？她居然想要出家？真苦了她了！」

梅影、蝶仙更是一驚，歎息地說：

「表小姐也真是的！怎麼不早回到這兒來呢？」

「她知道父親做得太絕，傷了老太太、舅舅、舅媽的心，她自己又和天行嘔了一點兒氣，更對她父親、哥哥傷透了心，所以才逃到紫竹菴去要出家。王居士和我都不贊成，我師父也不肯收她，因此我們才來稟告老夫人，請老夫人拿個主意。」應素蘭說。

老太太歎了一口氣，自怨自艾地說：

「這真是平地風波，也不知道我前世作了什麼孽，弄得他們兩人受這種苦？」

「老夫人，這只怪姑老爺，不能怪您。」王太太說。

「王太太，妳知不知道？王進士的如夫人李桂花兒也是姑老爺作的媒，嫁給了司徒威洋行裏的錢來奇的。」蝶仙說。

「這我倒不知道。自從把死鬼送上山後，我就沒有回去過。」王太太說。「不過我知道她守不住，但是沒有想到她會改嫁得這麼快？也沒有想到是姑老爺作的媒？」

「現在姑老爺是剃頭擔兒一頭熱，表小姐和二少爺受這種苦也就是這個原因。」

「老夫人，您老人家應該為他們兩位設想一下，拿個主意？」應素蘭說。

「素蘭，我老早想過，只是我們家上上下下都不齒楊通父子的為人，天放還痛打了楊仁一頓。」

「先把表小姐接回來再說，以後不理他們就是了。」蝶仙說。

「楊通不像我們，他不會罷休的。」老太太說。

「老夫人，難道我們還怕了他不成？」蝶仙說：「姑老爺要是真的不識相，就叫卜師傅去對付他，保險他會和表少爺一樣，夾起尾巴逃跑。」

「我們不是這種人家，也不能讓外人看笑話。」老太太說。

「老夫人，姑老爺就是看清楚了這個弱點，所以他才敢耍無賴，要是以眼還眼，以牙還牙，他就沒有戲唱了。」

「老夫人，為了文珍，我看也只好先把她接過來，以後的事兒以後再說。」應素蘭說：「文珍還託我帶了一樣東西給二少爺。」

「什麼東西?」老太太連忙問。

「是她的頭髮。」應素蘭說著把香袋兒遞了過去。

老太太接到手上一看，眼淚便掉了下來，說了一聲「可憐的傻孩子!」梅影、蝶仙看了也都落淚。應素蘭說她要拿去送給二少爺，老太太便對應素蘭說：

「妳要他和香君同妳們兩位一道去紫竹菴把文珍接回來，一切後果由我負責。」

應素蘭高興地來找天行。自從文珍走後，他經常關起門來讀書或是獨自納悶。應素蘭輕輕地敲門，香君悄悄地前來開門，一看是應素蘭，便高興地回過頭去對天行說：

「少爺，素蘭姐來了!」

天行正在讀《全唐詩》，一聽說應素蘭來了，也展顏一笑，站起來迎接，素蘭笑著走近他的書桌，看看他讀什麼書?發現他正在讀李商隱的〈無題二首〉：

鳳尾香羅薄幾重，碧文圓頂夜深縫；
扇裁月白羞難掩，車走雷聲語未通。
曾是寂寥金燼暗，斷無消息石榴紅；
斑騅只繫垂楊柳，何處西南任好風。
垂帷深下莫愁堂，臥後清宵細細長；

神女生涯原是夢，小姑居處本無郎。
風波不信菱枝弱，月露誰教桂葉香；
直道相思了無益，未妨惆悵是清狂。

她看了心頭微微一怔，她怕觸到他的痛處，遲遲不敢把文珍的香袋兒拿出來，等天行問她：

「素蘭姐，是什麼風兒把妳吹來的？」

「是你想不到的風兒。」她笑著回答：「我先拿一樣東西給你看看。」

她一面說一面掏出那隻翠綠的香袋兒。天行眼尖，一把搶到手裏，望著她說：

「素蘭姐，妳這是從那兒得來的？」

素蘭還沒有來得及回答，香君也趕過來說：

「這是表小姐的嘛！怎麼落到妳的手裏了？」

「你們不妨先看看裏面是什麼東西？我再告訴你們。」應素蘭說。

天行打開一看，是綹黑髮，眼淚便掉了下來。香君一把搶過去，摟到胸前，喃喃地說：

「小姐，可憐的小姐！」

「素蘭姐，這究竟是怎麼回事兒？」天行急著問。

應素蘭便從頭說到尾，天行聽了十分感傷，一言不發，香君卻不停地擦眼淚，跺著腳說：

「她為什麼要這樣自苦？不早點兒跑過來？」

「老夫人已經決定，要你們兩位去接她。」

香君高興得兩腳直跳，把天行一拉說：

「少爺，走！我們現在就去！」

「倒也不必急在這一陣子，」應素蘭向香君笑說：「我們一道去，王居士還在老夫人那邊呢！」

「王師母也來了？」天行問。

「本來她是不輕易出紫竹菴的，為著你們兩人的事兒，她也只好和我一道來了。」

香君念了一聲「阿彌陀佛」，三人便一道來老太太這邊，老太太對天行說：

「還不趕快謝謝師母？」

天行向王太太深深一鞠躬，說了聲「多謝師母」，王太太便要告辭，老太太過意不去，要留她們兩人吃飯，並吩咐梅影、蝶仙通知廚房立刻把飯菜開過來，她們便不好堅辭了。

飯後四人高高興興地同去紫竹菴，一走近那叢紫竹，便覺得氣氛不對，應素蘭的一位師姐匆匆走下石階，責備素蘭說：

「師妹，妳怎麼不早一步回來？」

「發生了什麼事兒嗎？」應素蘭和王太太齊聲問。

「楊小姐的父親和哥哥把她弄走了！」

四個人都楞在紫竹叢邊，像釘子釘在那兒，一動也不動。突然香君哭了起來，拉著天行說：

「少爺，我們打到姑老爺家去！把小姐搶回來！」

「香君，不必衝動，進去問清楚了再說。」王太太說。

天行為這件事情已經忍了很久，心裏一直很不舒適，天放打了楊仁消了他不少氣，現在聽香君一哭一說他胸中又有一股氣直湧上來，正要發作，王師母的話卻像一盆冷水澆了下來，他又暫時按捺下去，跟隨王太太和應素蘭走進菴裏。

應素蘭請她師姐詳細說明經過情形，她師姐便照實告訴她。

原來她和王太太走了沒有多久，楊通、楊仁父子就找上菴來。文珍看見他們大吃一驚，不知道他們是怎麼找到這個尼姑菴來的？他們父子兩人見了文珍又驚又喜，不但沒有嚴辭責備，楊通反而和顏悅色地對她說：

「文珍，爹真耽心妳出了事兒，爹找妳找得好苦。」

「爹，多謝您這麼好心，我的死活您最好不要過問。」文珍冷冷地回答。

「妳是我的親生骨肉，我怎能不關心、不過問？」楊通滿臉堆笑地說。

「您要是真把我當親生骨肉，就不要這樣逼我。」

「爹不是逼妳，爹是愛妳？」

「父母愛子女那有這樣的愛法？」

「父母愛子女不是一個樣子的，妳還年輕，妳不瞭解爹的心意。」

「我瞭解得很。」

「既然瞭解就跟我回去，免得我耽心。」

「我不回去。」

「妳怎麼能老住在菴裏？」

「我要在這兒當尼姑！」

「妳年紀輕輕的，那怎麼行？」

「您已經逼得我走投無路了？」文珍又哭了起來。

「妳先回去再說，一切都好商量。」

「沒有什麼好商量的，我就是不嫁彼得。」

「不嫁彼得也可以，不過妳總得回去？」

「我不想再入牢籠！」

「妳娘急病了，妳也不回去看看？」楊通說。

文珍聽說母親急病了，又淚如雨下，她的決心動搖起來，不過她想等應素蘭和王太太回來，更希望見到天行再說。因此她說：

「就是要回去也不是現在。」

楊通沒有看見王太太，又沒有看見應素蘭，心裏已經狐疑，聽文珍這麼說，心想她們八成兒是去龍家通風報信了。他便針對文珍的弱點，加緊催促：

「自妳出來之後，妳娘滴水未進，一粒米也沒有吃，病懨懨的躺在床上，妳要是有一丁點兒孝心，就應該趕快回去，不然妳後悔也來不及了！」

文珍知道娘為她受盡了折磨，她一走娘更受不了，她又傷心地哭了起來，楊仁又加油加醋地說：

「我出來找妳時娘還對我說，要是今天不把妳找回去，她就不活了！娘是死是活？就全看妳的了。」

「哥哥，你說的可是真話？」文珍哭著問楊仁。

「我怎麼能拿娘來跟妳開玩笑？」楊仁說。

「爹，你說話可要算話？」文珍又對父親說。

楊通笑著點頭，眼神卻閃閃爍爍。

文珍卻信以為真，她生怕遲走一步就後悔不及，便不等應素蘭、王太太回來，只要天行明白她的心意她就滿足了，何況父親答應她不嫁彼得，她就不必再耽心了。

她匆匆向月印告辭，月印念了一聲「阿彌陀佛」，就送她出去。文珍他們走後不久，天行他們就趕來了。

香君聽完了應素蘭的師姐的敘述之後，連連跺腳說：

「小姐，小姐，妳怎麼這麼老實？姑老爺、表少爺的謊話妳也相信？」

「香君，這就叫做旁觀者清，當局者迷！」應素蘭說。

王太太念了一聲「阿彌陀佛」。

天行六神無主，一言不發，他從口袋裏掏出香袋兒來看看，自言自話：

「難道這真是命嗎？」他淚隨聲下，點點滴滴落在翠綠的香袋兒上。

「少爺，這不是命！我們去把小姐搶回來！」香君哭著搖搖天行說。

「香君，」應素蘭對香君說：「就是要搶回來，也不必二少爺親自動手，卜師傅、大少爺，還有那個小賣兒和護院的，他們都是好身手，隨時都可以辦到，那用得著你們兩人去？」

「素蘭姐，我也急瘋了，氣糊塗了！」香君紅著臉含淚一笑。

王太太看了香君一眼，又念了一聲「阿彌陀佛」。

天行癡癡獃獃地看著香袋兒，一無所覺。月印悄悄走到他面前，捻著念珠說：

「龍少爺，『色即是空』，不要執著。」

他突然狂笑一聲，跑了出來。香君又哭又叫，踉踉蹌蹌地跟在他後面追趕……。